ŒUVRES

DE

BOILEAU DESPRÉAUX.

TOME PREMIER.

Cet ouvrage se trouve à Paris,

Chez { BOISTE, imprimeur, rue Hautefeuille, n°. 21 ;
ARTHUS BERTRAND, libraire, quai des Augustins, n°. 35.

Prix des deux vol. pap. ordin. broch. en cart. . . 12 fr.
papier vélin. . . . . 24 fr.

On trouve chez les mêmes,

OEUVRES COMPLÈTES DE STERNE, *in-8°.* 6 volumes imprimés avec soin sur beau papier, ornés de seize gravures très-bien exécutées par *Saint-Aubin*, sur de nouveaux dessins, et publiées par *Jean-François Bastien*. Prix, pap. ordin. broch. en carton. . 30 fr.
papier vélin. . . . . 60 fr.

OEUVRES

DE

BOILEAU DESPRÉAUX.

TOME PREMIER.

A PARIS,

Chez JEAN-FRANÇOIS BASTIEN.

AN XIII. (1805.)

AVIS DE L'ÉDITEUR.

Dans cette nouvelle édition des Œuvres de Boileau, précédée d'une notice historique sur sa vie, et de son éloge par d'Alembert, je n'ai conservé absolument que les notes et les remarques de l'auteur.

Le poëme du Lutrin est enrichi de figures supérieurement exécutées à l'eau-forte ainsi que le portrait, par un très-habile artiste.

Je ne parlerai pas de toutes les différentes éditions des ouvrages de Boileau faites en France, en Hollande, etc. etc. avec ou sans commentaires, je dirai seulement que j'ai apporté à celle-ci, comme à celles de tous les auteurs dont j'ai publié les ouvrages, les soins nécessaires à la pureté et à l'ordre du texte. Les amateurs de la saine littérature la distingueront assurément de toutes celles qui ont paru depuis la mort de l'auteur, à qui j'en fais hommage.

J.-Fr. BASTIEN.

Gravé à l'Eau forte par Saint Aubin.

BOILEAU.

PRECIS HISTORIQUE

DE LA VIE DE DESPRÉAUX.

Nicolas Boileau, sieur Despréaux, naquit à Paris le premier jour de novembre 1636; onzième enfant de Gilles Boileau, greffier de la grand'chambre du parlement de Paris: il étudia au collége d'Harcourt où il achevoit sa quatrième, lorsqu'il fut attaqué de la pierre. L'opération de la taille faite en apparence avec succès, lui causa cependant une incommodité dont il se sentit toute sa vie. Il fit sa troisième au collége de Beauvais sous un maître qui par sa grande habitude de vivre avec les jeunes gens jugeoit bien de leur esprit. Le premier, il découvrit le talent de Despréaux pour la poësie.

Sa philosophie achevée, il étudia en droit et se fit recevoir avocat. Sa mémoire heureuse, sa vivacité, son élocution facile et son jugement sûr et pénétrant, sembloient l'y destiner, mais il n'y avoit pas la moindre inclination; la chicane et ses détours ne convenoient pas à sa candeur, il répugnoit à suivre un état où le mensonge prend souvent le caractère de la vérité. Il la quitta et étudia la théologie : ne trouvant encore dans cette science que nouvelle chicane sous un habit différent, il abandonna son dessein et se livra tout entier à la poësie.

La France étoit remplie de poëtes médiocres qui faisoient grand bruit, on en vantoit quelques-uns comme des modèles; Despréaux fâché de voir triompher le mauvais goût, crut devoir venger le bon sens et la poësie; il fit quelques satires qui lui attirèrent un grand nombre d'ennemis. Dans les commencemens il se contenta de les lire à ses amis; mais voyant qu'on avoit abusé de sa confiance pour en répandre de mauvaises copies, et même en faire une édition très-furtive dans laquelle on avoit inséré des pièces qui n'étoient pas de lui, il se décida à en publier une lui-même en 1666. Cet ouvrage causa de grands mouvemens sur le Parnasse françois, les auteurs maltraités s'en vengèrent par des critiques et des libelles, et ceux qu'il paroissoit estimer le craignirent. Despréaux tranquille au milieu de cet orage littéraire se justifia par l'exemple d'Horace, de Perse, de Juvénal et de Virgile. Dans une autre satire il prouva de cent manières que sans blesser l'état, ni sa conscience, on peut trouver d'excellens vers méchans, s'ennuyer à la lecture de certains livres et rendre compte des raisons de son ennui et de son dégoût.

La réputation naissante de Despréaux lui acquit beaucoup d'amis; il étoit très-lié avec les hommes de mérite de son temps; on trouve dans ses satires justesse d'esprit, élégance, facilité, versification, et cette force d'expression qui font déclarer un ouvrage immortel.

L'*Art poëtique* succéda aux neuf premières satires, et parut en 1673; il convenoit à Despréaux de donner des règles et des préceptes; de faire connoître toutes les qualités nécessaires à un grand poëte, lui-même étant poëte d'un rang supérieur. Cet ouvrage rempli de règles et d'exemples bien choisis est lui-même un poëme agréable et intéressant qui a trouvé des admirateurs dans tous les pays. A l'*Art poëtique* il joignit le *Traité du Sublime et du merveilleux dans le discours* qu'il avoit traduit du grec de Longin, à la tête duquel il rend un compte particulier de sa traduction. Il y ajouta des réflexions pleines de critiques judicieuses.

Despréaux jouissoit d'une réputation fort étendue et bien méritée quand le président de Lamoignon lui donna l'idée du *Lutrin*: il fit son plan qu'il communiqua au magistrat, et de tous ses ouvrages, il n'y en a point où il ait mieux montré la fécondité de son génie et la supériorité de son esprit. Plusieurs fois il chanta les conquêtes de Louis XIV, il en reçut des éloges flatteurs avec une pension considérable et la lettre d'historiographe de France. L'académie française et celle des belles-lettres se hâtèrent de l'accueillir dans leur sein (1).

Sa santé avoit toujours été fort délicate, et au commencement de 1706 elle éprouva une altération qui fit prévoir qu'il n'y survivroit pas long-temps. Il devint sourd, et sa situation lui étant connue, le reste de sa vie ne fut qu'une retraite partagée entre la ville et la campagne. Content d'un petit nombre d'amis il attendit tranquillement la mort que lui annonçoit des douleurs aiguës, des évanouissemens, et une fièvre presque continuelle qui l'emporta le 11 mars 1711, âgé de soixante-quatorze ans quatre mois et quelques jours.

(1) On trouve dans l'éloge suivant des détails particuliers sur la vie littéraire de l'auteur.

ÉLOGE
DE DESPRÉAUX,

PAR D'ALEMBERT.

Nicolas Boileau Despréaux naquit le 1er. novembre 1636, de Gilles Boileau, greffier de la grand'chambre, et d'Anne de Nielle sa seconde femme. Sa famille étoit noble, ancienne même, et connue dès le quatorzième siècle. Aussi disoit-il de l'évêque de Noyon Clermont-Tonnerre, aux yeux duquel la noblesse étoit le premier de tous les mérites : *Il m'estimeroit bien davantage, s'il savoit que je suis gentilhomme.* Une grande ville et un petit village, Paris et Crône, se disputent la gloire de l'avoir vu naître, comme autrefois plusieurs villes grecques se disputèrent l'honneur d'avoir été le berceau d'Homère, qu'elles avoient, dit-on, laissé manquer de pain durant sa vie. La patrie de Despréaux sera quelque jour l'objet d'une importante controverse d'érudition, et pourra bien, pour appliquer ici un vers de notre poëte,

Aux Saumaises futurs préparer des tortures.

Déjà Paris et Crône citent chacun en leur faveur des autorités imposantes, que nous nous garderons bien de discuter ici, de peur de commencer nous-mêmes à être un peu Saumaises. Les hommes supérieurs n'appartiennent en propre, ni à la ville, ni au village, ni à la nation qui s'en glorifie ; jetés au hasard et en petit nombre sur la surface de la terre, ils sont moins l'ornement que l'exception de l'indéfinissable espèce humaine, qui dans le reste de ses individus semble n'avoir été qu'ébauchée par la nature, dont elle a reçu tant d'activité avec tant d'impuissance, et des lumières si courtes avec une curiosité si insatiable et si présomptueuse.

Despréaux fut dans ses premières années le contraire de ces petits prodiges de l'enfance, qui souvent dans l'âge mûr sont à peine des hommes ordinaires ; esprits nés avant terme, que la nature s'épuise à faire éclore, et renonce à faire croître, comme si elle ne se sentoit pas la force de les achever. Cet homme, qui devoit jouer un si grand rôle dans les lettres, et y prendre un ton si redoutable, paroissoit dans son enfance pesant et taciturne ; non de cette taciturnité d'observateur qui décèle un fond de malice, mais de cette taciturnité stérile qui n'annonce qu'une bonhommie insipide et sans caractère. Son père disoit de lui, en le comparant à ses autres enfans : *pour celui-ci, c'est un bon garçon qui ne dira jamais de mal de personne*. On sent à quelle médiocrité sans ressource un père croit son fils condamné, quand il se borne à lui donner un éloge si modeste. Tous les frères de Despréaux marquoient des talens précoces, et sembloient promettre d'être de grands hommes ; lui seul ne promettoit rien, et a tenu ce que promettoient ses frères.

Par complaisance pour sa famille, il commença par être avocat. La sécheresse du code et du digeste le dégoûta bientôt de cette carrière ; et ce fut une perte pour le barreau. Plein des lumières du bon goût, il eut été législateur sur ce grand théâtre, comme il l'a été sur le Parnasse ; il eût introduit la véritable éloquence dans un pays où de nos jours même elle n'est que trop souvent ignorée, et où elle l'étoit bien plus il y a cent ans ; il eût fait main-basse sur cette rhétorique triviale, qui consiste à noyer un tas de sophismes dans une mer de paroles oiseuses et de figures ridicules. Despréaux ne dissimuloit pas dans l'occasion ce qu'il pensoit des déclamations dont le palais est si sujet à retentir. Défendant un jour la cause du bon goût devant un grave magistrat, qui se croyoit un aussi grand juge en littérature qu'en affaires, et qui peut-être avoit plus de raison qu'il ne pensoit, notre illustre poëte louoit Virgile de ne dire jamais rien de trop. *Je ne me serois pas douté*, dit finement le magistrat, *que ce fut là un si grand mérite*.... *Si grand*, répondit Despréaux, *que c'est celui qui manque à toutes vos harangues*.

L'anecdote suivante peut faire juger de son goût pour le métier de jurisconsulte, auquel ses parens vouloient le contraindre. M. Dongois, son beau-frère, greffier du parlement, l'avoit pris chez lui pour le former au style de la procédure, dont la barbarie absurde devoit paroître bien rebutante à un jeune homme qui avoit lu Cicéron et Démosthène. Ce Dongois avoit un arrêt à dresser dans une affaire importante. Il le composoit avec enthousiasme en le dictant à Despréaux, et le dictoit avec emphase, bien satisfait de la sublimité de son ouvrage. Quand il eut fini, il dit à son scribe de lui en faire la lecture; et comme le scribe ne répondoit pas, Dongois s'aperçut qu'il s'étoit endormi, et avoit à peine écrit quelques mots de ce chef-d'œuvre. Outré d'indignation, le greffier renvoya Despréaux à son père, en plaignant ce père infortuné d'avoir un fils imbécille, et en l'assurant que ce jeune homme, sans émulation, sans ressort, et presque sans instinct, *ne seroit qu'un sot tout le reste de sa vie.*

Il passa des épines de la jurisprudence aux chicanes de la théologie scolastique, dont la ténébreuse et puérile subtilité étoit moins faite encore pour un esprit tel que le sien. Il lutta ainsi pendant quelques années contre la nature, frappant à toutes les portes qu'elle avoit fermées pour lui. Il devint enfin ce qu'elle vouloit; il fut poëte, et comme pour démentir dès ses premiers essais la prédiction de son père, il débuta par être poëte satirique.

Ce dangereux genre d'écrire par lequel il s'annonça, produisit son effet naturel. Il déchaîna contre l'auteur la foule des écrivains qu'il attaquoit, et lui fit des amis, ou plutôt des lecteurs, dans cette partie du public, pour le moins très-nombreuse, qui par une inconséquence dont le motif cruel est au fond du cœur humain, aime à voir humilier ceux même qu'elle estime le plus. Mais quelque faveur et quelque encouragement que promit à Despréaux une disposition si générale et si bénévole, il ne put éviter d'avoir aussi des censeurs dans la très petite classe des hommes honnêtes ou sévères, qui pensoient, comme il l'a dit lui-même, que

c'est un méchant métier que celui de médire.
Du nombre de ces derniers étoit le duc de
Montausier, qui se piquoit d'une vertu inflexible et austère. *Il se levoit tous les jours,*
disoit-il, *dans l'intention de réprimer le satirique;* mais il ajoutoit, que *dès qu'il avoit
fait sa prière du matin, il sentoit sa colère
amortie.* Despréaux ne crut pourtant pas devoir se reposer sur l'efficacité de cette *prière*,
pour lancer ses traits en sûreté. Il étoit pour
lui de la plus grande importance de mettre
dans ses intérêts un des premiers hommes
de la cour, dont le crédit étoit d'autant plus
redoutable, qu'il étoit appuyé sur cette considération personnelle qui ne s'y joint pas
toujours, parce qu'elle est le fruit de l'estime
publique, et que le crédit est celui des places.
En poëte qui connoissoit le pouvoir des
louanges, ou plutôt en philosophe qui connoissoit les hommes, le satirique glissa dans
un de ses ouvrages un mot d'éloge pour le
duc de Montausier; et toute la sévérité du
courtisan misanthrope échoua contre ce petit
grain d'encens. Il est vrai que l'encens étoit
habilement préparé pour chatouiller la modestie revêche du Caton rigide à qui Despréaux
avoit besoin de plaire. Les vers où il lui rendoit hommage étoient en très-petit nombre,
et en même temps très-flatteurs, sans néanmoins avoir trop l'air de l'adulation;

> Et plût au ciel encor, pour couronner l'ouvrage,
> Que Montausier voulût m'accorder son suffrage!
> C'est à de tels lecteurs que j'offre mes écrits.

L'éloge n'étoit ni fade, ni exagéré; il pouvoit
être entendu, sans rougir, par un homme

qui affectoit d'abhorrer également la satire et les louanges; et ce fut, pour avoir été renfermé dans cette juste mesure, qu'il eut l'effet dont le poëte s'étoit flatté. Encouragé par ce premier succès, Despréaux se hâta de porter le dernier coup à l'austérité chancelante de son détracteur, en lui avouant, avec un air contrit, combien il se sentoit *humilié* de n'avoir pas pour ami *le plus honnête homme de la cour*. Dès ce moment, le plus honnête homme de la cour devint le protecteur et l'apologiste du plus caustique de tous les écrivains.

Cependant d'autres personnes d'une piété plus douce, et par-là disposées à pardonner tout, excepté la satire, ne furent pas aussi faciles à convertir que l'avoit été le stoïcien de Versailles, et le poëte essuya plus d'un reproche de leur part, sur les traits dont le *prochain* étoit percé dans ses ouvrages; mais les auteurs de ces remontrances étoient sans crédit à la cour, et Despréaux n'écouta point leurs scrupules.

Il continua donc de se livrer au genre satirique; mais heureusement pour sa gloire, il ne s'y borna pas. Il sentit que l'honneur de foudroyer de mauvais écrivains est aussi mince que triste; qu'un auteur destiné à l'oubli entraîne avec lui son censeur dans la même tombe, quand le censeur se borne au foible mérite de l'écraser; qu'au contraire, tout ouvrage vraiment digne de son succès, est assuré de survivre à la satire la plus ingénieuse et à la critique même la plus juste, parce qu'il est difficile de produire des beautés, et facile de remarquer des fautes; qu'enfin,

fin, pour passer à la postérité, il ne faut pas se contenter d'offrir quelques alimens éphémères à la malignité de ses contemporains, mais qu'il faut être, en vers comme en prose, l'écrivain de tous les temps et de tous les lieux. Convaincu de ces maximes, dignes d'être méditées et suivies par tous les gens de lettres qui se connoissent en véritable gloire, et qui joignent l'honnêteté aux talens, Despréaux produisit ces ouvrages, qui assurent à jamais sa renommée. Il fit ses belles *épîtres*, où il a su entremêler à des louanges finement exprimées, des préceptes de littérature et de morale rendus avec la vérité la plus frappante et la précision la plus heureuse; son *Lutrin*, où avec si peu de matière il a répandu tant de variété, de mouvement et de grâces; enfin son *Art poëtique*, qui est dans notre langue le code du bon goût, comme celui d'Horace l'est en latin; supérieur même à celui d'Horace, non-seulement par l'ordre, si nécessaire et si parfait, que le poëte françois a mis dans son ouvrage, et que le poëte latin semble avoir négligé dans le sien, mais surtout parce que Despréaux a su faire passer dans ses vers les beautés propres à chaque genre dont il donne les règles; bien différent de ces précepteurs arides, et pour ainsi dire morts, dont les leçons glacées ne seroient propres qu'à tuer le génie, si le génie daignoit les entendre, et qui sont aux véritables législateurs en poësie ce que les scolastiques sont aux vrais philosophes; artistes, ou plutôt artisans malheureux, dont le sort est de refroidir tout ce qu'ils touchent, et d'user tout ce qu'ils polissent.

Nous n'examinerons point si l'auteur de ces chefs-d'œuvres mérite le titre d'homme de génie, qu'il se donnoit sans façon à lui-même, et que dans ces derniers temps quelques écrivains lui ont peut-être injustement refusé : car n'est-ce pas avoir droit à ce titre que d'avoir su exprimer en vers harmonieux, pleins de force et d'élégance, les oracles de la raison et du bon goût, et surtout d'avoir connu et développé le premier, en joignant l'exemple au précepte, l'art si difficile, et jusqu'alors si peu connu, de la versification française? Avant Despréaux, il est vrai, Malherbe avoit commencé à démêler ce secret ; mais il n'en avoit deviné qu'une partie, et avoit gardé pour lui seul ce qu'il en savoit ; et Corneille, quoiqu'il eût fait *Cinna* et *Polieucte*, n'avoit de secret que son instinct, et n'étoit plus Corneille dès que cet instinct l'abandonnoit. Despréaux a eu le mérite rare, et qui ne pouvoit appartenir qu'à un homme supérieur, de former le premier en France, par ses leçons et par ses vers, une école de poësie ; ajoutons que de tous les poëtes qui l'ont précédé ou suivi, aucun n'étoit plus fait que lui pour être le chef d'une pareille école. En effet, la correction sévère et *prononcée* qui caractérise ses ouvrages, le rend singulièrement propre à servir d'étude aux jeunes élèves en poësie ; c'est sur les vers de Despréaux qu'ils doivent, si l'on peut parler de la sorte, *modeler* leurs premiers essais, pour se plier de bonne heure à cette correction si nécessaire ; comme les jeunes élèves en peinture, pour acquérir la précision et la pureté du dessin, doivent se former sur des figures dont les contours soient austères, et les muscles fortement exprimés.

Despréaux, fondateur et chef de l'école poëtique française, eut dans Racine un disciple qui auroit suffi pour lui assurer l'immortalité, quand il ne l'auroit pas d'ailleurs si bien méritée par ses propres écrits. De bons juges ont même prétendu que le disciple avoit surpassé le maître. C'est une question sur laquelle nous nous abstiendrons de prononcer; il n'appartient de fixer les rangs entre les grands hommes, qu'à celui qui a le droit de se placer au milieu d'eux. Nous dirons seulement que Despréaux, inférieur ou égal à son élève, conserva toujours sur lui cet ascendant qu'un amour-propre brusque et naïf doit prendre sur un amour-propre timide et sensible, car celui de Racine étoit de cette dernière espèce. L'auteur de *Phèdre* et d'*Athalie* eut constamment, soit par déférence, soit par adresse, la complaisance de laisser la première place à celui qui se vantoit d'avoir été son maître. Heureux les gens de lettres, ceux du moins qui par leurs talens ont des droits réels à l'estime publique, s'ils pouvoient sentir, à l'exemple de Racine et de Despréaux, combien leur union mutuelle peut ajouter à cette estime, et combien au contraire les jalousies et les haines peuvent leur faire perdre de considération et de gloire! le moyen de voir échapper le laurier qui les attend, est d'être ardens à se l'arracher.

Il est vrai que Despréaux avoit pour son disciple un mérite qui devoit être aux yeux de ce dernier d'un prix inestimable; ce fut d'avoir senti de bonne heure ce que Racine valoit, ou plutôt ce qu'il promettoit d'être ; car il n'étoit pas facile de démêler dans l'auteur des *Frères enñemis* celui d'*Andromaque* et de *Britannicus*. Molière, et Molière seul, partagea ce mérite avec Despréaux. Corneille n'avoit pas été aussi heureux à deviner, puisqu'après avoir lu l'*Alexandre*, il conseilla de très-bonne foi à l'auteur de ne plus faire de tragédies. Racine crut Molière et Despréaux, par bonheur pour le théâtre, pour sa propre gloire, et pour celle de Corneille lui-même. Car il eût été moins honorable au créateur de la tragédie française de ne point rencontrer de rival, que d'en trouver un qui n'a pu parvenir à l'effacer dans l'opinion publique : la supériorité du génie qui ouvre le premier une grande et belle carrière, est bien moins décidée quand il y court seul, que quand d'autres y courent en même temps sans pouvoir aller plus loin que lui, et sans obtenir d'autre gloire que celle de l'atteindre. Ce partage égal entre Racine et Corneille, semble avoir été prononcé par Despréaux lui-même, qui, malgré son amitié pour le premier, et les traits qu'il a lancés contre le second, n'a jamais expressément donné à l'un de ces deux grands hommes le sceptre de la scène tragique à l'exclusion de l'autre.

Quoi qu'il en soit, Despréaux voyant sans doute dans les premiers essais de Racine le germe de ce qu'il seroit un jour, sentit combien ce germe, pour faire éclore tout ce qu'il cachoit, demandoit de soins et de culture. *Je lui ai appris*, disoit-il, *à faire des vers difficilement*. Il avoit mieux fait encore, et peut-être plus qu'il ne croyoit ; il lui avoit appris à faire *difficilement* des vers *faciles ;* car cette facilité si délicieuse pour l'esprit et pour l'oreille, est un des principaux charmes que la lecture de Racine fait éprouver. Cependant il est dans la poësie un autre mérite, qui n'a guère moins de prix que la sévère et correcte facilité du disciple de Despréaux ; c'est cette espèce d'abandon et de négligence heureuse, qui semble faire naître les vers librement, et pour ainsi dire d'eux-mêmes, sous la plume du poëte, comme une belle suite d'accords sous la main d'un musicien qui prélude de génie. Ne seroit-il pas facile, d'après ces principes, de comparer ensemble nos trois plus grands maîtres en poësie, Despréaux, Racine et Voltaire ? ne pourroit-on pas dire, pour exprimer les différences qui les caractérisent, que Despréaux frappe et fabrique très-heureusement ses vers ; que Racine jette les siens dans une espèce de moule parfait, qui décèle la main de l'artiste sans en conserver l'empreinte ; et que Voltaire, laissant comme échapper des vers qui coulent de source, semble parler sans art et sans étude sa langue naturelle ? ne pourroit-on pas observer, qu'en lisant Despréaux, on conclut et on sent le travail ; que dans Racine, on le conclut sans le sentir, parce que si d'un côté la facilité continue en écarte l'apparence, de l'autre la perfection continue en rappelle sans cesse l'idée au lecteur ; qu'enfin dans Voltaire, le travail ne peut ni se sentir ni se conclure, parce que les vers moins soignés qui lui échappent par intervalles, laissent croire que les beaux vers qui précèdent et qui suivent n'ont pas coûté davantage au poëte? Enfin ne pourroit-on pas ajouter, en cherchant dans les chefs-d'œuvre des beaux-arts un objet sensible de comparaison entre ces trois grands écrivains, que la manière de Despréaux, correcte, ferme et nerveuse, est assez bien représentée par la belle statue du *Gladiateur;* celle de Racine, aussi correcte, mais plus moëlleuse et plus arrondie, par la *Vénus de Médicis;* et celle de Voltaire, aisée, svelte, et toujours noble, par l'*Apollon du belvédère?*

Revenons à Despréaux. Il sut se procurer à la cour un protection plus puissante que celle du duc de Montausier, celle de Louis XIV lui-même. Il prodigua au Monarque des éloges d'autant plus flatteurs, qu'ils paroissoient dictés par la voie publique, et n'être que l'expression vive et sincere de l'ivresse où la nation étoit de son Roi. Pour donner encore plus de prix à son hommage, l'habile satirique eut l'adresse de mettre à profit la réputation de franchise qu'il s'étoit faite. Elle servoit de passeport à des louanges que le poëte sembloit donner comme malgré lui; la délicatesse du prince, vraisemblablement peu difficile, étoit rassurée par la liberté avec laquelle son panégyriste immoloit des auteurs accrédités, qui à la vérité n'étoient pas rois; et Chapelain payoit pour Louis XIV.

Despréaux avoit surtout grande attention, en louant tous ceux dont le crédit pouvoit ou l'appuyer ou lui nuire, de conserver toujours au Monarque la place sans comparaison la plus éminente; il se félicitoit entr'autres, comme d'un grand trait de politique, d'avoir su placer dans ses vers *Monsieur*, frère du Roi, à côté du Roi même, sans que la délicatesse du Souverain pût en être blessée, et d'avoir loué le vainqueur de *Cassel* plus foiblement que le conquérant de *la Flandre*. Les vers dont il s'applaudissoit si fort étoient ceux-ci, tirés de l'épître à M. *de Lamoignon*:

> Un bruit court que le roi va tout réduire en poudre,
> Et dans Valencienne est entré comme un foudre ;
> Que Cambrai, des François l'épouvantable écueil,
> A vu tomber enfin ses murs et son orgueil ;
> Que devant Saint-Omer, Nassau par sa défaite
> De Philippe vainqueur rend la gloire complète.

Despréaux faisoit remarquer à ses amis que les deux derniers vers, destinés à l'éloge de *Monsieur*, étoient d'un ton moins élevé que les quatre premiers, qui renfermoient celui du Roi. Dans ces six vers, il ne paroissoit flatté que de faire observer l'art du courtisan ; il pouvoit encore y faire sentir l'art du poëte dans la dégradation des teintes ; il pouvoit se faire un mérite du soin qu'il avoit eu, après les deux vers *foudroyans* qui ouvrent cette tirade, de commencer déjà à baisser un peu le ton dans les deux vers du milieu, afin que le passage ne fût pas trop tranchant et trop brusque de la *fierté* des premiers vers à la *modestie* des derniers. Nous ignorons si personne avant nous a fait cette remarque ; mais nous avons cru qu'il seroit encore plus utile de démêler dans ce morceau chéri de Despréaux les finesses du goût qu'il a passées sous silence, que celles de l'adulation dont il a cru pouvoir se parer.

Il avoit cependant l'art, ou plutôt le mérite, de faire passer quelquefois, à la faveur de ce débordement de louanges, des leçons utiles au Souverain qu'il célébroit. Louis XIV, jeune encore, et avide de renommée, qu'il prenoit pour la véritable gloire, se préparoit à faire la guerre à la Hollande. Colbert, qui savoit combien la guerre la plus glorieuse est funeste aux peuples, vouloit en détourner le Monarque. Il engagea Despréaux à seconder des vues si louables, en adressant à *Louis XIV* sa première Epître, où il prouve que la vraie grandeur d'un Roi est de rendre ses sujets heureux, en les faisant jouir de tous les avantages de la paix. Tout le monde a retenu les beaux vers de cette épître sur l'empereur Titus,

Qui rendit de son joug l'univers amoureux,
Qu'on n'alla jamais voir sans revenir heureux,
Qui soupiroit le soir, si sa main fortunée
N'avoit par ses bienfaits signalé la journée.

Le Roi se fit redire ces vers jusqu'à trois fois, loua beaucoup l'épître, et fit la guerre.

Tant de soins pour plaire au Monarque, et surtout tant de talens, ne demeurèrent pas sans récompense. Despréaux fut comblé des grâces du Roi, admis à sa cour, et nommé, conjointement avec Racine, pour écrire l'histoire du Prince qu'il se montroit empressé de célébrer. Les deux poëtes parurent s'occuper beaucoup de cet ouvrage; ils en lurent même au Roi plusieurs morceaux; mais ils s'abstinrent d'en rien donner au public; persuadés que l'histoire des souverains, même les plus dignes d'éloge, ne peut être écrite de leur vivant, sans que l'historien courre le risque, ou de se décréditer par la flatterie, ou de se compromettre par la vérité. Despréaux ne s'étoit chargé qu'avec répugnance d'un travail si peu assorti à ses talens et à son goût. *Quand je faisois*, disoit-il, *le métier de satirique, que j'entendois assez bien, on m'accabloit d'injures et de menaces; on me paye bien cher aujourd'hui pour faire le métier d'historiographe que je n'entends point du tout.*

Aussi la faveur dont il jouissoit, bien loin de l'éblouir, lui étoit quelquefois importune. Il a dit souvent que le premier sentiment que lui inspira la fortune qu'il avoit faite à la cour, fut un sentiment de tristesse. Il croyoit trop acheter les bienfaits du Souverain par la perte de sa liberté, bien si précieux en effet, et que toutes les jouissances de la vanité, ces jouissances vides et passagères, ne peuvent remplacer auprès du sage. Despréaux cherchoit à recouvrer peu-à-peu cette liberté si chère, à mesure que l'âge sembloit l'y autoriser; et les dix ou douze dernières années de sa vie, il cessa enfin tout-à-fait d'aller à la cour. *Qu'irois-je y faire*, disoit-il? *je ne sais plus louer.* Il auroit pu cependant y trouver autant de matière à ses éloges que dans le temps où il les avoit prodigués avec le moins de réserve. Ce n'étoit plus à la vérité les beaux jours de *Louis-le-Grand;* des jours de désastres et de larmes les avoient remplacés; et quelques années d'une guerre malheureuse faisoient oublier à la France même soixante années de victoires, tant célébrées par Despréaux et par cent autres. Mais l'adversité, le vrai et l'unique maître des rois, avoit développé dans le Monarque des vertus qu'une prospérité constante auroit étouffées; et Louis XIV vaincu de toutes parts, voulant aller combattre et périr à la tête de sa noblesse, prêt à sacrifier jusqu'à son petit-fils pour donner la paix à ses peuples, déployant dans les revers une grandeur d'ame qui n'étoit qu'à lui, et dont il ne partageoit la gloire ni avec ses généraux ni avec ses ministres, n'étoit pas moins digne d'être chanté par Despréaux, que Louis XIV sur les bords du Rhin, ordonnant ce dangereux passage à une nombreuse armée qu'il animoit *de ses regards*, dictant ensuite la paix à Nimègue avec trop de fierté, forçant enfin à se réunir contre lui l'Europe entière irritée de ses triomphes, et accablée du poids de sa gloire.

Quoique Despréaux ne se reposât sur personne du soin de louer ses ouvrages, il a plus d'une fois avoué, que dans tout ce qu'il avoit écrit, il restoit un côté foible, et comme il s'exprimoit lui-même, *le talon d'Achille*, qu'aucun de ses ennemis n'avoit pu trouver; il n'a jamais voulu s'expliquer davantage; et ses commentateurs, car il en a déjà trois ou quatre, et qui ont bien le génie des commentateurs, se sont épuisés en raisonnemens dignes d'eux, pour découvrir ce côté foible. Des hommes plus faits pour juger Despréaux, ont mieux rencontré ce *talon d'Achille* dans la partie du *sentiment* dont il paroît avoir été privé. C'étoit, qu'on nous permette cette expression, une espèce de sens qui manquoit à cet illustre écrivain. Car si le poëte doit avoir le tact sûr et le goût sévère pour connoître ce qu'il doit saisir ou rejeter ; si l'imagination, qui est pour lui comme le sens de la vue, doit lui représenter vivement les objets, et les revêtir de ce coloris brillant dont il anime ses tableaux ; la sensibilité, espèce d'odorat d'une finesse exquise, va chercher profondément dans la substance de tout ce qui s'offre à elle, ces émotions fugitives, mais délicieuses, dont la douce impression ne se fait sentir qu'aux seules ames dignes de l'éprouver. On peut, il est vrai, désirer ce dernier sens à Despréaux ; mais il possède si supérieurement tous les autres, qu'à peine s'aperçoit-on du sens qui lui manque. On le regrette même d'autant moins, que les matières traitées par ce grand poëte ne paroissent pas l'exiger. Je dis qu'elles ne *paroissent pas l'exiger*, et je me garde bien d'ajouter qu'elles en interdisent l'usage. La sensibilité, ce présent de la nature, dirai-je précieux ou funeste, poursuit sans cesse, si l'on peut parler ainsi, ceux qui ont le bonheur ou le malheur d'être nés pour en recevoir les impressions profondes. Aussi inséparable de leur existence que l'air qu'ils respirent, elle s'empare comme malgré eux de toutes leurs productions, elle les pénètre, elle y donne le mouvement et la vie ; elle y répand surtout ce tendre intérêt qui fait aimer l'auteur et jouir de son ame encore plus que de son génie. Veut-on connoître par un exemple frappant la différence que le charme ou la privation du sentiment peut mettre dans deux ouvrages ? La fable *de la Mort et du Bu-*

cheron a été mise en vers par Lafontaine et par Despréaux; qu'on les compare ensemble. La sensibilité respire à chaque vers dans la fable de Lafontaine, chaque vers de celle de Despréaux semble flétri par la sécheresse.

Ce défaut de sensibilité rendit absolument nul pour notre grand poëte le mérite si touchant de Quinault, et si bien senti par notre siècle, qui semble vouloir venger cet auteur charmant du peu de justice que lui ont rendu ses contemporains; triste et tardive récompense du talent oublié ou persécuté durant sa vie. Despréaux entreprit conjointement avec Racine, un opéra, dans lequel ils crurent effacer ce poëte qu'ils méprisoient, et montrer la facilité d'un genre d'ouvrage, dont ils ne parloient qu'avec dédain: Despréaux en fit le prologue, que par malheur aucun musicien ne put venir à bout de mettre en musique; Orphée même y auroit échoué. Notre poëte ne laissa pas de le faire paroître avec une préface, où l'on trouve, sur l'expression musicale, des assertions aussi étranges que celles de Pascal sur la *beauté poëtique*; grande leçon aux plus heureux génies, et de ne point forcer leur talent, et de se taire sur ce qu'ils ignorent. Mais le trait le plus singulier de cette préface, c'est la phrase par laquelle elle débute. On y lit que *mesdames de Montespan et de Thiange, lasses des opéras de Quinault, proposèrent au Roi de chercher un autre poëte lyrique.* Mesdames de Montespan et de Thiange, lasses des opéras de Quinault! c'est-à-dire ennuyées d'*Alceste*, d'*Atys*, de *Thésée*, et de *Proserpine*; car pour leur honneur *Armide* n'existoit pas encore. C'est bien ici le cas du vers de la *Métromanie* :

Voilà de vos arrêts, messieurs les gens de goût!

L'espèce d'éloignement que Despréaux montra toujours pour Quinault, tenoit à une cause secrète que le satirique ne put s'empêcher de laisser entrevoir. Lorsqu'ils se furent réconciliés, ou plutôt lorsque Despréaux se fut réconcilié avec Quinault, (car celui-ci fut toujours sans fiel) Quinault alloit le voir quelquefois ; et Despréaux disoit de lui avec une sorte d'humeur naïve et plaisante : *Il ne s'est raccommodé avec moi que pour venir me parler de ses vers, et il ne me parle jamais des miens.*

Despréaux n'avoit pas la même plainte à faire de Lafontaine; le *bon homme* (conservons-lui ce nom si cher, cet aimable nom que Molière lui a donné) le *bon homme* ne parloit jamais de ses vers, lui seul en ignoroit le prix et le charme. Mais pourquoi Despréaux ne l'a-t-il jamais nommé dans les siens? pourquoi même, dans son *Art poëtique* où il n'a pas dédaigné de parler du madrigal et du rondeau, n'a-t-il pas dit un mot de *la fable*, comme s'il eût craint d'avoir à louer l'admirable écrivain qui parmi nous a créé ce genre, et l'a créé tellement, qu'il y est encore incomparable après les efforts de tant de fabulistes pour approcher de lui ? écrivain dont la simplicité naïve, si fine et si vraie tout ensemble, étoit bien faite pour être sentie et célébrée par un aussi excellent juge que Despréaux, par celui qui a dit si bien :

Rien n'est beau que le vrai, le vrai seul est aimable.

Despréaux prétendoit, dit-on, que Lafontaine n'avoit rien inventé ; que sa naïveté étoit celle de Rabelais et de Marot. Il oublioit que Rabelais n'est point naïf ; que son caractère est une gaieté souvent excessive, et par-là très-éloignée de cette disposition calme et douce que la naïveté suppose ; il oublioit que la naïveté de Marot tient à son vieux langage, celle de Lafontaine à son ame ; que sa langue même lui appartient si uniquement, que soit avant, soit après lui, elle n'a été celle de personne ; que dans ce poëte plus que dans aucun autre, on trouve pour appliquer ici un vers charmant de Lafontaine même,

> Cet heureux art
> Qui cache ce qu'il est, et ressemble au hasard ;

qu'enfin parmi les écrivains célèbres du siècle de Louis XIV, si Lafontaine n'est pas le plus grand, il est au moins le plus singulièrement original, le plus désespérant pour le peuple imitateur, en un mot, si on peut parler de la sorte, celui que la nature aura le plus de peine à refaire.

Ceux qui ont reproché à Despréaux d'avoir été injuste à l'égard de Quinault et de Lafontaine, l'ont encore accusé, mais avec beaucoup moins de raison, de n'avoir pas rendu assez de justice à Molière. Il seroit suffisamment disculpé de cette imputation par la réponse qu'il eut le courage de faire à Louis XIV, qui lui demandoit quel étoit l'écrivain auquel il croyoit le plus de génie ; *Sire, c'est Molière*, répondit Despréaux sans hésiter, et sans aucun retour d'amour-propre sur lui-même, quoiqu'assurément il ne fût pas disposé à céder légérement le trône à ses rivaux. On peut seulement être étonné que dans la satire adressée à ce grand homme, il se borne à lui demander où *il trouve la rime*. Il eût mieux fait de lui demander où il avoit trouvé les chefs-d'œuvres dont il avoit déjà enrichi la scène dans le temps où cette satire fut écrite, l'*Ecole des maris* et l'*Ecole des femmes* ; il eût encore été plus digne de Despréaux de prévoir et de démêler dans ces chefs-d'œuvres ceux qui devoient les suivre et presque les effacer, le *Misanthrope*, les *Femmes Savantes*, l'*Avare*, et surtout le *Tartuffe*, cet ouvrage unique au théâtre, d'une utilité qui devroit réconcilier avec les spectacles les véritables gens de bien, et auquel Louis XIV eut le courage, malgré les clameurs de l'hypocrisie intéressée, d'accorder une protection qui est un des plus beaux traits de la vie de ce Monarque. Despréaux prétendoit que chaque demi-siècle, et presque chaque lustre, auroit besoin d'une comédie nouvelle sur cet objet, si intéressant pour l'instruction et la vindicte publique ; en effet il n'y auroit pas à craindre, si le peintre étoit digne du sujet, que les portraits se ressemblassent, tant l'hypocrisie est habile à changer de forme, audacieuse et entreprenante quand elle se croit protégée, souple et insidieuse quand elle craint d'être reconnue, humble et rampante quand elle se voit démasquée. Mais si chaque siècle abonde en tartuffes, chaque siècle n'a pas un Molière ; il est plus difficile à la nature de produire en ce genre des peintres que des originaux. On pourroit être étonné, d'après ces réflexions, qu'un sujet de satire si favorable et si fécond ait été négligé par Despréaux, qui en a traité de bien moins importans. Il y a quelque apparence que la supériorité de la comédie de Molière le détourna d'un travail si propre à exercer sa verve; on voit même qu'il résista sur ce point aux sollicitations de ses amis. Un d'entr'eux, qui aimoit la bonne chère, et qui se piquoit de s'y connoître, sachant qu'il travailloit à la *satyre du festin*, lui représenta très-sérieusement que ce n'étoit pas là un sujet sur lequel il dût plaisanter. *Choisissez plutôt les hypocrites*, lui disoit-il avec chaleur, *vous aurez tous les honnêtes gens pour vous; mais pour la bonne chère, croyez-moi, ne badinez point là-dessus.*

Dans cette même pièce adressée à Molière, sur la difficulté de *trouver la rime*, si le fond n'est pas assez digne de celui à qui elle étoit adressée, les détails contiennent des leçons dont l'utilité doit faire oublier le peu d'intérêt du sujet. On y trouve surtout deux vers bien remarquables. Despréaux dit en parlant d'un bon écrivain,

Et toujours mécontent de ce qu'il vient de faire,
Il plaît à tout le monde et ne sauroit se plaire.

Voilà, lui répondit Molière, *une des plus grandes vérités que vous ayez jamais dites.* Molière avoit bien raison. L'auteur le plus justement applaudi surprendroit beaucoup, et peut-être humilieroit ses censeurs les plus acharnés, s'il faisoit lui-même la critique sévère de ses ouvrages. Combien d'endroits foibles dont il est le seul confident, et qui
sont,

sont, pour d'autres yeux que les siens, une espèce de mystère, soigneusement renfermé entre son amour-propre et lui? On ne doit jamais être plus docile pour son censeur, que lorsqu'il met le doigt sur ces plaies secrètes, et qu'on peut dire, *il m'a deviné.*

Despréaux écrivoit ordinairement ses ouvrages en prose avant que de les mettre en vers. On assure que Racine en usoit de même pour ses tragédies. La nature du génie de ces deux grands poëtes, formé d'une heureuse combinaison de verve et de sagesse, les autorisoit à cette marche lente et mesurée. Mais ce ne seroit pas un conseil à donner à tous ceux qui écrivent en vers. Combien en est-il dont les productions seroient desséchées dans leur germe par cette méthode, propre à faire avorter plus d'un poëte? que celui dont le pas est ferme et sûr sans être tardif et pesant, suive et achève pas à pas sa route; que celui qui en modérant sa marche la rendroit chancelante et pusillanime, s'élance dans la carrière en courant: la sage lenteur de Raphaël eût énervé la vigueur du Tintoret, et le travail rapide de l'auteur des *Métamorphoses* eût été mortel à l'*Enéide.*

Despréaux, trop supérieur et trop vrai pour vouloir paroître ce qu'il n'étoit pas, ne se piquoit nullement d'être philosophe, dans l'acception même la plus innocente qu'on puisse aujourd'hui donner à ce mot. Cependant on lui est redevable d'une plaisanterie, qui dictée par les seules lumières du bon sens, n'a pas été moins utile à la vraie philosophie, que ses autres ouvrages l'ont été au bon goût. C'étoit *un arrêt burlesque* rendu en faveur de l'Université, contre *une inconnue nommée LA RAISON*, qui cherchoit à s'introduire dans les écoles. Cette plaisanterie prévint l'effet des démarches que les partisans de la vieille philosophie se préparoient à faire pour éterniser son règne, démarches qui auroient peut-être eu le malheur d'être punies par le succès; et l'arrêt burlesque empêcha un arrêt ridicule. Les magistrats, heureusement pour eux, avoient alors à leur tête, dans le premier président de Lamoignon, un homme de beaucoup d'esprit, que le progrès des lumières n'effrayoit pas; ils se souvinrent, avec un remords salutaire, d'un autre arrêt trop réellement rendu cinquante années auparavant, et pour lequel la qualification de *ridicule* seroit trop douce; arrêt qui défendoit, *sous peine de la vie*, de rien enseigner de contraire aux *ouvrages approuvés*; et ces ouvrages *approuvés* étoient ceux où dominoit le péripatétisme. Quelques lois de cette espèce auroient suffi pour ramener le siècle de Louis-le-Grand à celui de Louis-le-Jeune, et pour précipiter dans la barbarie cette multitude toujours prête à y retomber, si on ne la soutient par de fortes lisières.

On a imprimé *l'arrêt burlesque* avec les variantes des différentes éditions; et ces variantes sont très-remarquables. On y voit les suppressions que Despréaux avoit été obligé de faire à cette plaisanterie quand il la publia pour la première fois; tant il faut prendre de précautions avec les sottises accréditées! à mesure que l'auteur se sentit plus accrédité lui-même, et que cette *inconnue nommée*

LA RAISON, dont il réclamoit les droits, craignit moins de se compromettre, il fut moins timide sur les ménagemens; il fit disparoître peu à peu, dans les éditions successives de l'*arrêt burlesque*, les adoucissemens et les palliatifs. La raison fit dans cette circonstance, si j'ose employer une comparaison qui n'est pas bien noble, mais qui n'en paroîtra moins juste, ce que font dans une fable charmante et bien connue certains petits animaux, à l'aspect du chat leur ennemi:

Mettent le nez à l'air, montrent un peu la tête,
 Puis rentrent dans leurs nids à rats,
 Puis ressortant font quatre pas,
 Puis enfin se mettent en quête.

Si Despréaux abandonnoit les anciens sur la philosophie, on sait avec quelle chaleur il a défendu leur cause en matière de littérature et de goût. Cette controverse, assez semblable à une dispute de religion, par l'aigreur et la haine qu'on y mit de part et d'autre, est aujourd'hui rebattue jusqu'à l'ennui, et nous n'avons garde de la renouveler dans cet éloge. Nous nous bornerons à une seule réflexion. C'est que Perrault et ses partisans, tout occupés à rendre bien ou mal à Despréaux les ridicules qu'ils en reçoivent, auroient peut-être trouvé fort aisément, avec un sens plus rassis et plus de connoissance des hommes, le moyen de ramener ou de calmer au moins leur adversaire. Car supposons pour un moment que dans le fort de cette violente querelle, Perrault eût dit à Despréaux: *Euripide est sans doute* un grand poëte tragique ; mais, de bonne foi, votre ami Racine ne l'a-t-il pas surpassé ? Horace, Juvénal et Perse, étoient des satiriques du premier ordre ; mais vous, Despréaux, n'êtes-vous pas supérieur à chacun d'eux, puisque vous les réunissez tous trois ? Homère est le prince des poëtes ; mais donnez-nous une traduction entière de l'Iliade, semblable à quelques morceaux que vous nous avez déjà traduits ; croyez-vous que l'Iliade françoise dût alors rien envier à l'Iliade grecque ? Ces questions auroient vraisemblablement refroidi le zèle religieux de Despréaux pour les anciens, qui se seroit trouvé aux prises avec son amour-propre ; et si Perrault eût ajouté : « Croyez-vous que » Louis-le-Grand ne soit pas supérieur à » Auguste ? » la dévotion du satirique auroit pu se changer en apostasie.

Quelque excessive néanmoins que cette dévotion parut aux antagonistes de Despréaux, il convenoit lui-même qu'elle n'étoit rien auprès de celle de monsieur et de madame Dacier ; ceux-ci faisoient sans scrupule des espèces de saints de tous les grands philosophes du paganisme, et regardoient presque Despréaux comme un esprit fort ou un hérétique, parce qu'il étoit plus modéré dans son culte : il n'eût pas tenu à madame Dacier que Sapho même, la scandaleuse Sapho ne fût canonisée comme les autres ; et quand Despréaux lui représentoit modestement que cette Sapho, si digne des honneurs divins, avoit poussé le déréglement des mœurs jusqu'à outrager la nature et son sexe par des passions honteuses, madame Dacier croyoit la bien défendre, en répondant froidement *qu'elle avoit eu des ennemis*. Ennuyé quelquefois des rodomontades érudites du mari et de la femme, si prodigues d'encens pour tout ce qui avoit l'honneur d'être ancien, et de mépris pour tout ce qui avoit le malheur d'être moderne, Despréaux leur disoit dans ses accès de franchise et d'impatience: *Je n'appelle gens d'esprit que ceux dont les pensées leur appartiennent, et dont le mérite ne se borne pas à entendre les pensées des autres.* Il ne faisoit pas plus de grâce aux traductions pesantes ou insipides de ces chefs-d'œuvres de l'antiquité qu'il admiroit avec tant de raison, et que Dacier, qui prétendoit les admirer aussi, avoit si cruellement défigurés dans notre langue. Justement blessé de les voir ainsi travestis et dégradés, Despréaux applaudissoit à la comparaison que faisoit madame de la Fayette, d'un mauvais traducteur avec un valet sans esprit, qui porteur d'un message intéressant, répète de travers ce que son maître l'a chargé de dire.

Fontenelle, qui avoit des liaisons avec Perrault, et qui étoit persuadé d'ailleurs que la littérature devoit, comme la philosophie, secouer le joug de l'autorité, et ne souscrire que par conviction à l'admiration même de vingt siècles, s'étoit déclaré contre l'adoration aveugle de Pindare et d'Homère, avec une franchise et une liberté qui lui aliéna Despréaux. Néanmoins ce même Fontenelle, toujours modéré dans ses opinions, avouoit sans peine que Perrault avoit été trop loin, et qu'il ne falloit pas souscrire sans réserve à toutes ses assertions. Aussi disoit-on de

Fontenelle, *qu'il avoit été le patriarche d'une secte dont il n'étoit pas.* Mais l'inexorable Despréaux, trop dévoué aux anciens pour souffrir qu'on fût seulement tiède à leur égard, ne vit dans l'ami de Perrault que leur ennemi déclaré ; il le traita comme le voyageur traite la cigale qu'il rencontre parmi des sauterelles, et qu'il écrase avec elles impitoyablement, par la seule raison qu'elle a le malheur de se trouver dans une compagnie qui lui déplaît. Le poëte harcela le philosophe par des satires, dont le philosophe conserva le ressentiment jusqu'à la fin de sa vie, lors même que sa gloire n'avoit plus rien à craindre ; car Fontenelle, qui par modération ou par prudence ne se vengeoit jamais et se plaignoit rarement, oublioit encore moins. Il est vrai que Despréaux ne fut pas assez juste à son égard. Ce n'étoit pas encore à la vérité le Fontenelle de l'Académie des sciences, c'étoit même l'auteur de ces Lettres du chevalier d'Her***. qu'il avoit écrites étant encore à Rouen sa patrie, lettres où l'esprit semble avoir pris à tâche d'outrager le bon goût, et dont on a dit assez plaisamment qu'elles partageroient avec les autres ouvrages de Fontenelle, *comme des filles de Normandie ;* mais le père de ces malheureuses lettres étoit aussi celui des *Mondes*, de l'*Histoire des Oracles*, et surtout de *Thétis et Pelée*, opéra dont Quinault embrassa l'auteur avec tendresse en lui disant, *vous serez mon successeur.* Despréaux pouvoit du moins traiter Fontenelle aussi bien qu'il avoit fait Voiture, chez qui l'affectation du bel esprit se montre à chaque ligne. Il avoit aussi donné à Benserade quelques louanges prématurées, mais dont il se repentit sur la fin de sa vie. Il avoit même fait une épigramme qu'il donnoit pour mauvaise, et il disoit que par son testament il en feroit un legs à Benserade. Mais en mettant Voiture à côté d'Horace dans une de ses satires, et en s'obtinant à l'y laisser, il a persisté dans son erreur, si on peut s'exprimer ainsi, jusqu'à l'impénitence finale.

Ferme et inébranlable dans ses affections, comme il l'avoit fait voir par le courage avec lequel il avoit combattu pour les anciens, Despréaux n'étoit guère moins dévoué aux écrivains de l'illustre société de Port-royal, dont les ouvrages ont tant contribué à rétablir parmi nous l'étude et le goût de la saine antiquité. Le célèbre Arnauld, leur chef et presque leur oracle, avoit surtout la plus grande part à ses hommages. Néanmoins son attachement pour ces écrivains, si estimables à tant d'égards, ne fut pas assez aveugle pour lui faire prendre part aux affligeantes querelles où ils avoient eu le malheur de perdre leur temps et leur repos. Il s'écrioit souvent à l'occasion des disputes *sur la grâce*, dont toute la France retentissoit alors, *que Dieu est grand, et que les hommes sont fous!* Il avouoit cependant, en parlant de ces disputes, qu'entraîné par l'exemple de tant d'hommes qui s'en occupoient sans y rien entendre, il avoit eu aussi la fantaisie d'avoir un avis sur ce sujet; mais que cette fantaisie, grâce à la clarté de la matière, n'avoit abouti qu'à d'inutiles efforts; de sorte, disoit il, que *m'étant quelquefois couché janseniste tirant au calviniste, j'étois tout étonné de me réveiller moliniste approchant du pélagien.* Il ne flotta pas long-temps dans ces vaines incertitudes ; bientôt il ne s'endormit plus qu'indifférent, et ne se réveilla plus que raisonnable.

Mais s'il n'étoit nullement disposé à se rendre le martyr des opinions d'Arnauld, il étoit encore plus éloigné de le désavouer pour ami. Il en faisoit ouvertement profession, à la cour même, sous les yeux du Monarque qui avoit exilé et proscrit ce docteur célèbre. Un courtisan lui disoit, dans l'antichambre du Roi, que ce prince faisoit chercher Arnauld par tout pour le mettre à la bastille : *Le Roi*, répondit-il, *est trop heureux, il ne le trouvera pas.* Ce Prince lui demandoit un jour : *Qu'est-ce qu'un prédicateur qu'on nomme le Tourneux ? On dit que tout le monde y court. Sire*, répondit-il, *votre Majesté n'ignore pas qu'on court toujours à la nouveauté. C'est un prédicateur qui prêche l'évangile.* On sait combien le Tourneux, ami et disciple d'Arnauld, étoit attaché aux opinions de Port-royal ; et on peut croire que les ennemis de cette maison, qui prétendoient bien prêcher aussi l'évangile, ne surent pas gré à Despréaux d'une réponse, qui rendoit, selon eux, si peu de justice à leur zèle. Il portoit le courage jusqu'à oser afficher son respect et son attachement pour Arnauld, en présence même des Jésuites, si implacablement déchaînés contre tout ce qui portoit ce nom. Il étoit cependant aussi réservé que son caractère pouvoit le permettre, à l'égard de cette société vindicative, alors très-puissante et très-dangereuse ; mais il la ménageoit beaucoup plus qu'il ne l'aimoit. Il permettoit même à son aversion secrète de s'exhaler à petit bruit par quelques traits contre des Jésuites subalternes et ignorés; mais il avoit grand soin de conserver des liaisons avec les jésuites les plus célèbres, et surtout qui avoient le plus de crédit; on juge bien que le P. de la Chaise étoit de ce nombre. On peut même voir par une lettre de Despréaux à Racine, toute la déférence que le poëte courtisan marquoit pour le redoutable jésuite; le soin qu'il eut d'aller lui lire son épître sur l'*Amour de Dieu*, pour prévenir le mécontement de *la société* qu'il avoit lieu de craindre ; la précaution qu'il prit de se faire accompagner dans cette visite par son frère le docteur Boileau, comme garant de la pureté de sa doctrine et de ses intentions ; les applaudissemens que le docteur et le poëte donnèrent à tout ce que disoit le P. confesseur; le suffrage qu'ils en obtinrent en faveur de l'épître qu'ils étoient venus soumettre à ses profondes lumières ; la profusion de science théologique que le P. de la Chaise leur débita sur la différence de l'amour *effectif* et de l'amour *affectif*, qu'il falloit, disoit-il, bien se garder de confondre ; enfin les *grands éclats de rire* avec lesquels il entendit, si l'on en croit Despréaux, les derniers vers de cette épître, où cependant il n'y a pas trop le mot pour rire. Mais le poëte avoit un besoin si essentiel et si pressant de se concilier son juge, qu'il dut s'applaudir beaucoup de l'avoir fait rire à si bon marché.

Parmi les gens de lettres de cette société, que Despréaux voyoit quelquefois, et qu'il appeloit ses amis, on doit surtout compter le P. Bouhours, qui dans un de ses livres, l'avoit loué et cité plusieurs fois. Mais comme il avoit en même temps loué et cité beaucoup d'auteurs médiocres, Despréaux ne lui en avoit qu'une obligation très-légère : *Vous m'avez mis*, lui disoit-il, *en bien mauvaise compagnie.*

Il y avoit néanmoins de temps en temps quelques nuages dans l'amitié politique des Jésuites et de Despréaux. Bourdaloue fut piqué d'une chanson du poëte, où il se croyoit compromis ; il échappa au jésuite de dire : *Si Despréaux me met dans ses satires, je le mettrai dans mes sermons.* Il y a apparence que ce n'auroit pas été dans le sermon du pardon des injures.

Despréaux pensa trouver chez le jésuites un ennemi bien plus terrible que Bourdaloue ; il fut accusé d'avoir composé une satire où la société entière étoit maltraitée : cette satire, ouvrage sorti de la poussière de quelque collége, fut attribuée à Despréaux par le P. le Tellier, qui se connoissoit mieux en intrigue qu'en vers, mais qui, pour n'avoir point de goût, n'en avoit pas moins de crédit. Il fut d'autant plus difficile à détromper, qu'il n'avoit nulle envie de l'être, et ne cherchoit qu'un prétexte pour perdre Despréaux qu'il n'aimoit pas. Ce n'est ni la première ni la seule fois qu'on a vu des hommes plus redoutables par leur pouvoir que par leurs lumières, employer ce moyen lâche et honteux pour nuire à des écrivains estimables, en leur attribuant des satires qui auroient été meilleures, s'ils avoient pu s'avilir à les écrire, et s'ils eussent daigné employer contre la méchanceté puissante l'arme du ridicule, la seule qui soit aujourd'hui propre à l'effrayer.

Une des raisons pour lesquelles Despréaux eut beaucoup de peine à obtenir grâce ou justice du P. le Tellier, c'est que ce jésuite moins accommodant que le P. de la Chaise, n'avoit jamais pardonné au poëte cette épître sur l'*amour de Dieu*, où *sa compagnie* avoit eu la maladresse de se croire attaquée, comme si le précepte d'aimer Dieu eût été une satire contr'elle. Mais en supposant, ce que Despréaux a toujours nié, que les jésuites fussent réellement l'objet de cet ouvrage, ils pouvoient sans un grand effort de christianisme pardonner une si foible injure; car cette épître, prônée dans le temps par tous les ennemis de ces pères, est un des médiocres ouvrages de l'auteur; et si en le composant il a prétendu faire voir, comme il le disoit, que les matières de religion peuvent être traitées en vers aussi heureusement que les matières profanes, cette assertion aussi douteuse qu'édifiante, resteroit encore à prouver. Despréaux a dit quelque part qu'il fit cette épître pendant un carême, pour s'exciter à la piété, même en composant des vers. On croiroit plutôt qu'il s'est imposé ce travail pour se mortifier durant un si saint temps; car on est bien tenté de regarder cette production comme un ouvrage de pénitence.

Les fréquens traits de satire que Despréaux s'étoit permis contre plusieurs membres de l'Académie françoise, lui fermèrent long-temps l'entrée de cette compagnie, que ses rares talens auroient dû lui ouvrir beaucoup plutôt. Mais enfin le temps de la justice arriva, et il y fut reçu à l'âge de quarante-huit ans le 3 juillet 1684. Il est vrai que l'équité seule ne détermina pas les suffrages en sa faveur. La protection dont le Monarque l'honoroit, fit taire le ressentiment que ses épigrammes avoient dû laisser au fond des cœurs; et les Académiciens offensés se montrèrent en cette circonstance moins auteurs que courtisans. Il ne dissimula dans son discours de réception, ni la *surprise* que lui causoit un honneur si *extraordinaire* et si *inespéré*, ni sa reconnoissance pour le Monarque plus encore que pour ses confrères. On croira sans peine qu'un tel discours ne fut pas extrêmement goûté de la compagnie; mais, ce qui est plus surprenant, il fit même assez peu de fortune auprès du public, malgré l'air de satire qu'on y respiroit à travers les complimens d'usage, et qui devoit lui concilier quelque faveur.

Despréaux, quoique d'une humeur brusque et sincère, portoit rarement dans la société la causticité dont on accusoit ses écrits; sa conversation étoit douce, et n'avoit, comme il le disoit lui-même, *ni ongles ni griffes*. Des actions de générosité bien connues, et les secours qu'il a souvent donnés à des familles indigentes, ont fait dire de lui qu'*il n'étoit cruel qu'en vers*. Néanmoins le désintéressement qu'il a montré en plus d'une occasion n'a pu le mettre à l'abri de l'imputation d'avarice; calomnie ordinaire à cette classe d'hommes qui savent perdre et qui ne savent pas donner, et qui ignorent que le défaut d'économie, même avec un caractère bienfaisant, est une espèce de vol qu'on fait aux malheureux.

Le respect de Despréaux pour la religion étoit pur et sévère. S'il n'a pas fait contre les incrédules huit cents épigrammes, comme un pieux versificateur de nos jours, il n'a du moins laissé échapper dans ses vers aucune occasion de les rendre ridicules, surtout ceux qui incapables même d'une mauvaise logique, mettent à l'incrédulité plus de prétention que de bonne foi, et dans lesquels, disoit-il, l'erreur est encore moins un malheur qu'une sottise. Il a montré dans la pratique de la religion un discernement aussi éclairé que dans son attachement pour la croyance de ses pères. Simple et vrai dans cette pratique comme dans tout le reste de ses actions, il n'y porta jamais, ni hypocrisie, ni vain scrupule. Il fut toujours l'apologiste déclaré des spectacles, quoique Louis XIV eût cessé d'y aller d'assez bonne heure, et que Racine, aussi bon courtisan que bon chrétien, y eût sévèrement renoncé. Despréaux écrivit même quelques pasges pour la défense de la comédie; matière dont le pour et le contre a tant produit de volumes, et sur laquelle on ne dira jamais rien de meilleur que le mot d'un prédicateur célèbre à une femme qui lui demandoit si elle faisoit du mal en allant aux spectacles : *Madame*, répondit-il, *c'est à vous à me le dire*.

Quoique Despréaux ait conservé à sa mort les sentimens de christianisme dont il avoit été pénétré pendant sa vie, il finit ses jours en poëte, et parla en vers jusqu'à son dernier moment ; lorsqu'on lui demandoit ce qu'il pensoit de son état, il répondoit par ce vers de Malherbe :

Je suis vaincu du temps, je cède à ses outrages.

Un instant avant d'expirer, il vit entrer un de ses amis : *bon jour et adieu,* lui dit-il froidement, *l'adieu sera bien long.* Racine mourant lui avoit fait des adieux plus tendres : *Je regarde comme un bonheur pour moi de mourir avant vous,* lui avoit dit ce père de famille, qui laissoit une femme et six enfans.

Despréaux mourut d'une hydropisie de poitrine le 11 mars 1711, et donna par son testament presque tout son bien aux pauvres.

Son convoi fut suivi d'un grand nombre de personnes ; ce qui fit dire à une femme du peuple : *Il avoit donc bien des amis ? on assure cependant qu'il disoit du mal de tout le monde.*

Le reproche que lui faisoit cette femme est celui dont on a le plus chargé sa mémoire, et qu'il avoit le plus essuyé de son vivant. Il a entrepris de se disculper dans le discours qu'il a mis à la tête de ses satires, et qui a pour objet de justifier la satire littéraire. Mille échos ont répété l'apologie qu'il en a faite, et en même temps mille voix se sont élevées contre lui. C'est une question sur laquelle il sera toujours impossible d'accorder les gens de lettres, parce qu'on aura toujours affaire à-la-fois à deux genres d'amour-propres inconciliables, celui des auteurs qui ne veut point être offensé, et celui des critiques de profession, d'autant plus empressés à profiter de leurs avantages, que ce métier leur en offre de très-faciles. Car il ne faut pas se le dissimuler ; la classe des écrivains satiriques trouvera toujours des motifs d'encouragement, bien propres à favoriser la propagation de l'espèce. Il y a eu de tout temps une ligue secrète et générale des sots contre les gens d'esprit, et de la médiocrité contre les talens supérieurs; espèce de démembrement de la confédération secrète et plus étendue des pauvres contre les riches, des petits contre les grands, et des valets contre leurs maîtres. Cette ligue de sots est composée, dans sa plus grande partie, de poltrons qui n'ont pas le courage de frapper, mais qui sont toujours prêts d'applaudir à ceux dont la main plus hardie sans être plus forte osera porter quelques coups perdus aux objets de l'envie. La satire sera donc dans tous les temps le talent de ceux qui ne s'en trouveront point d'autre, parce qu'ingénieuse ou grossière, gaie ou triste, amère ou fine, elle sera toujours offensante, et par conséquent toujours lue, peut-être même secrétement protégée. Un écrivain dont on exige si peu, trouve à chaque instant sa plume prête à le servir, et peut dire avec sûreté en se mettant à l'ouvrage :

Le style n'y fait rien,
Pourvu qu'il soit méchant, il sera toujours bien.

Nous sommes donc fort éloignés de vouloir disputer avec aigreur, et cette ressource à la médiocrité, car il est juste que tout le monde vive, et ce léger plaisir au public, car il est juste que tout le monde s'amuse. Mais nous demanderons modestement et sans amertume, si dans les pays où la presse n'est pas libre, c'est-à-dire, où tous les rangs et tous les états ne sont pas indifféremment livrés à la censure et au ridicule, il est plus juste de laisser outrager un écrivain estimable qui honore sa nation, qu'un homme puissant qui l'avilit; s'il est nécessaire que la critique, dont personne ne conteste l'utilité, soit dure et offensante pour être profitable; si même la satire n'est pas plus propre à décourager et à étouffer les talens, que la critique à les éclairer et à les fortifier; si douze beaux vers de l'*Art poëtique* de Despréaux ne sont pas plus utiles aux progrès de l'art, que ceux où les noms de Chapelain et de Cotin sont tant répétés; enfin si le public, même en s'amusant d'une critique injurieuse, s'engage à en estimer l'auteur, et si le mépris n'est pas beaucoup plus souvent le revenu de la satire pour celui qui en fait profession, que pour celui qui la souffre et la dédaigne. Un paysan, dit Bocalini, vint offrir à son seigneur quelques brins de paille, qu'il prétendoit avoir ôtés avec grand soin d'un boisseau de bled. Le seigneur soufla sur la paille, et remercia ainsi le paysan de la peine qu'il avoit prise. Despréaux nous a fait connoître lui-même ce qu'il pensoit du métier de satirique, lorsqu'en parlant *à son esprit* dans la satire IX, il dit de ses propres vers :

> A peine quelquefois je me force à les lire,
> Pour plaire à quelque ami que charme la satire,
> Qui me flatte peut-être, et d'un souris moqueur,
> Rit tout haut de l'ouvrage, et tout bas de l'auteur.

Par ces derniers vers il désignoit l'abbé Furetière,

retière, si connu par son caractère caustique et mordant qui a fini par le déshonorer et le perdre. Quand Despréaux lut sa première satire à cet abbé, il s'aperçut qu'à chaque trait Furetière sourioit malignement, et laissoit voir une joie secrète de la nuée d'ennemis qui alloit fondre sur l'auteur : *Voilà qui est bon*, disoit-il, *mais cela fera du bruit.* Cette perfide approbation fut bien remarquée par Despréaux, et peut-être lui auroit fait brûler ses satires, s'il n'étoit presque impossible, malgré les réflexions et les exemples, d'échapper à son caractère et à sa destinée.

D'ailleurs, quoique dans la classe des écrivains satiriques, il ait été un des moins injustes, il s'en faut bien qu'il ait été exempt de l'espèce de malversation à laquelle cette profession est exposée. Il avoit toujours sous la main, pour la plus grande commodité de la satire, quatre ou cinq noms différens, la plupart de même mesure et de même rime, et qu'il substituoit les uns aux autres dans ses vers, selon qu'il étoit bien ou mal avec ceux qui les portoient ; et par malheur la plupart de ceux qui portoient ces noms, étoient des hommes très-estimables.

Le plus grand inconvénient que ses satires aient produit (si néanmoins on peut appeler inconvénient ce qui ne fait réellement de mal à personne), c'est d'avoir donné l'essor à un nombreux essaim de misérables imitateurs, qui croyant avoir hérité de son talent, n'ont pas même hérité de son aiguillon, et qui *tâchent* pour emprunter ici une heureuse expression de Montagne, *d'être pires qu'ils ne peuvent*. Despréaux, s'il revenoit parmi nous, rougiroit des enfans nains et contrefaits qui osent l'appeler leur père, et qui se croient descendus de lui parce qu'ils portent quelques méchans lambeaux de sa livrée. Nous avons vu des hommes qui versifient comme Gacon, et qui jugent comme ils écrivent, s'ériger en législateurs du Parnasse, où même on ne les souffriroit pas aux derniers rangs; et on peut appliquer à ces infortunés disciples, ou plutôt à ces mauvais singes d'un grand homme, ce que Saint-Pavin a dit très-injustement de leur maître :

S'il n'eût mal parlé de personne,
On n'eût jamais parlé de lui.

Car il faut bien remarquer, entre Despréaux et ses malheureux successeurs, cette différence très-fâcheuse pour eux, qu'il a commencé par des satires, et fini par des ouvrages immortels ; et qu'au contraire ils ont commencé par de mauvais ouvrages, et fini par des satires plus déplorables encore; conduits à la méchanceté par l'impuissance, c'est le désespoir de n'avoir pu se donner d'existence par eux-mêmes qui les a ulcérés et déchaînés contre l'existence des autres. Nous n'ajouterons plus que deux mots, que nous devons à Despréaux lui-même; l'un doit rassurer ceux qui sont l'objet de la satire, et l'autre est un conseil utile à ceux qui l'exercent. Lorsqu'il avoit donné au public un nouvel ouvrage, et qu'on venoit lui dire que les critiques en parloient fort mal : *Tant mieux*, disoit-il, *les mauvais ouvrages sont ceux dont on ne parle pas*. Il se ressouvenoit alors de ce mot d'un philosophe ancien, que le génie seroit bien orgueilleux de sa gloire, s'il pouvoit entendre le concert harmonieux qui résulte des clameurs de l'envie. D'un autre côté, lorsqu'on lui représentoit que s'il s'attachoit à la satire, il se feroit des ennemis qui veilleroient sans cesse sur ses actions, et ne chercheroient qu'à le décrier : *hé bien ! répondoit-il, je serai honnête homme, et je ne les craindrai point.* Il le fut, et donna par son exemple cette grande leçon à tous les auteurs de satires. Nous ne déciderons point si la leçon a été suivie par ceux à qui elle étoit si nécessaire ; nous inviterons seulement les satiriques dont notre siècle abonde, à faire là-dessus leur examen de conscience.

PRÉFACE
DE L'AUTEUR.

Comme c'est ici vraisemblablement la dernière édition de mes ouvrages que je reverrai, et qu'il n'y a pas d'apparence qu'âgé de plus de soixante et trois ans, et accablé de beaucoup d'infirmités, ma course puisse être encore fort longue, le public trouvera bon que je prenne congé de lui dans les formes, et que je le remercie de la bonté qu'il a eue d'acheter tant de fois des ouvrages si peu dignes de son admiration. Je ne saurois attribuer un si heureux succès qu'au soin que j'ai pris de me conformer toujours à ses sentimens, et d'attraper, autant qu'il m'a été possible, son goût en toutes choses. C'est effectivement à quoi il me semble que les écrivains ne sauroient trop s'étudier. Un ouvrage a beau être approuvé d'un petit nombre de connoisseurs, s'il n'est plein d'un certain agrément et d'un certain sel propre à piquer le goût général des hommes, il ne passera jamais pour un bon ouvrage, et il faudra à la fin que les connoisseurs eux-mêmes avouent qu'ils se sont trompés en lui donnant leur approbation.

Si on me demande ce que c'est que cet

PRÉFACE

agrément et ce sel, je répondrai que c'est un je ne sais quoi, qu'on peut beaucoup mieux sentir que dire. A mon avis néanmoins, il consiste principalement à ne jamais présenter au lecteur que des pensées vraies et des expressions justes. L'esprit de l'homme est naturellement plein d'un nombre infini d'idées confuses du vrai, que souvent il n'entrevoit qu'à demi ; et rien ne lui est plus agréable que lorsqu'on lui offre quelqu'une de ces idées bien éclaircie et mise dans un beau jour. Qu'est-ce qu'une pensée neuve, brillante, extraordinaire ? Ce n'est point, comme se le persuadent les ignorans, *une pensée que personne n'a jamais eue, ni dû avoir :* c'est au contraire *une pensée qui a dû venir à tout le monde, et que quelqu'un s'avise le premier d'exprimer.* Un bon mot n'est bon mot qu'en ce qu'il dit une chose que chacun pensoit, et qu'il la dit d'une manière vive, fine, et nouvelle. Considérons, par exemple, cette réplique si fameuse de Louis douzième à ceux de ses ministres qui lui conseillèrent de faire punir plusieurs personnes qui, sous le règne précédent, et lorsqu'il n'étoit encore que duc d'Orléans, avoient pris à tâche de le desservir. *Un roi de France*, leur répondit-il, *ne venge point les injures d'un* duc d'Orléans. D'où vient ce mot frappe-t-il d'abord? N'est-il pas aisé de voir que c'est parce qu'il présente aux yeux une vérité que tout le monde sent, et qu'il dit, mieux que tous les plus beaux discours de morale, *qu'un grand prince, lorsqu'il est une fois sur le trône, ne doit plus agir par des mouvemens particuliers, ni avoir d'autre vue que la gloire et le bien général de son état?*

Veut-on voir au contraire combien une pensée fausse est froide et puérile? Je ne saurois rapporter un exemple qui le fasse mieux sentir, que deux vers du poëte Théophile, dans sa tragédie intitulée: *Pyrame et Thisbé*, lorque cette malheureuse amante ayant ramassé le poignard encore tout sanglant dont Pyrame s'étoit tué, elle querelle ainsi ce poignard:

Ah! voici le poignard qui du sang de son maître
S'est souillé lâchement. Il en rougit, le traître.

Toutes les glaces du nord ensemble ne sont pas, à mon sens, plus froides que cette pensée. Quelle extravagance, bon Dieu! de vouloir que la rougeur du sang dont est teint le poignard d'un homme qui vient de s'en tuer lui-même soit un effet de la honte qu'à ce poignard de l'avoir tué! Voici encore une pensée qui n'est pas moins fausse, ni par conséquent moins froide. Elle est de Benserade, dans ses métamorphoses en rondeaux, où parlant du déluge envoyé par les dieux pour châtier l'insolence de l'homme, il s'exprime ainsi :

Dieu lava bien la tête à son image.

Peut-on, à propos d'une aussi grande chose que le déluge, dire rien de plus petit ni de plus ridicule que ce quolibet, dont la pensée est d'autant plus fausse en toute manières, que le dieu dont il s'agit en cet endroit, c'est Jupiter, qui n'a jamais passé chez les païens pour avoir fait l'homme à son image, l'homme dans la fable étant, comme tout le monde sait, l'ouvrage de Prométhée.

Puisqu'une pensée n'est belle qu'en ce qu'elle est vraie, et que l'effet infaillible du vrai, quand il est bien énoncé, c'est de frapper les hommes, il s'ensuit que ce qui ne frappe point les hommes n'est ni beau ni vrai, ou qu'il est mal énoncé, et que par conséquent un ouvrage qui n'est point goûté du public est un très-méchant ouvrage. Le gros des hommes peut bien, durant quelque temps, prendre le faux pour le vrai, et admirer de méchantes choses : mais il n'est pas possible qu'à la longue une bonne chose ne lui plaise ; et je défie tous les auteurs les plus mécontens du public de me citer un bon livre que le public ait jamais rebuté, à moins qu'ils ne mettent en ce rang leurs écrits, de la bonté desquels eux seuls sont persuadés. J'avoue néanmoins, et on ne le sauroit nier, que quelquefois, lorsque d'excellens ouvrages viennent à paroître, la cabale et l'envie trouvent moyen de les rabaisser, et d'en rendre en apparence le succès douteux : mais cela ne dure guère; et il en arrive de ces ouvrages comme d'un morceau de bois qu'on enfonce dans l'eau avec la main : il demeure au fond tant qu'on l'y retient; mais bientôt, la main venant à se lasser, il se relève et gagne le dessus. Je pourrois dire un nombre infini de pareilles choses sur ce sujet, et ce seroit là matière d'un gros livre : mais en voilà assez, ce me semble, pour marquer au public ma reconnoissance et la bonne idée que j'ai de son goût et de ses jugemens.

Parlons maintenant de mon édition nouvelle. C'est la plus corrrecte qui ait encore paru : et non-seulement je l'ai revue avec beaucoup de soin, mais j'y ai touché de nouveau plusieurs endroit de mes ouvrages; car je ne suis point de ces auteurs fuyant la peine, qui ne se croient plus obligés de rien raccommoder à leurs écrits dès qu'ils les ont une fois donnés au public. Ils allèguent, pour excuser leur paresse, qu'ils auroient peur, en les trop remaniant, de les affoiblir, et de leur ôter cet air libre et facile qui fait, disent-ils, un des plus grands charmes du discours : mais leur excuse, à mon avis, est très-mauvaise. Ce sont les ouvrages faits à la hâte, et, comme on dit, *au courant de la plume*, qui sont ordinairement secs, durs, et forcés. Un ouvrage ne doit point paroître trop travaillé, mais il ne sauroit être trop travaillé ; et c'est souvent le travail même qui, en le polissant, lui donne cette facilité tant vantée qui charme le lecteur. Il y a bien de la différence entre des vers faciles et des vers facilement faits. Les écrits de Virgile, quoiqu'extraordinairement travaillés, sont bien plus naturels que ceux de Lucain, qui écrivoit, dit-on, avec une rapidité prodigieuse. C'est ordinairement la peine que s'est donnée un auteur à limer et à perfectionner ses écrits qui fait que le lecteur n'a point de peine en les lisant. Voiture, qui paroît aisé, travailloit extrêmement ses ouvrages. On ne voit que des gens qui font des choses médiocres ; mais des gens qui en fassent même difficilement de fort bonnes, on en trouve très-peu.

Je n'ai donc point de regret d'avoir encore

DE L'AUTEUR.

employé quelques unes de mes veilles à rectifier mes écrits dans cette nouvelle édition, qui est, pour ainsi dire, mon édition favorite : aussi y ai-je mis mon nom, que je m'étois abstenu de mettre à toutes les autres. J'en avois ainsi usé par pure modestie : mais aujourd'hui que mes ouvrages sont entre les mains de tout le monde, il m'a paru que cette modestie pourroit avoir quelque chose d'affecté. D'ailleurs j'ai été bien aise, en le mettant à la tête de mon livre, de faire voir par-là quels sont précisément les ouvrages que j'avoue, et d'arrêter, s'il est possible, le cours infini de méchantes pièces qu'on répand sous mon nom. J'ai même, pour mieux prévenir cet inconvénient, fait mettre au commencement de ce volume une liste exacte et détaillée de tous mes écrits, et on la trouvera immédiatement après cette préface. Voilà de quoi il est bon que le lecteur soit instruit.

Il ne reste plus présentement qu'à lui dire quels sont les ouvrages dont j'ai augmenté ce volume. Le plus considérable est une onzième satire que j'ai tout récemment composé, et qu'on trouvera à la suite des dix précédentes. Elle est adressée à M. de Valincourt, mon illustre associé à l'histoire,

PRÉFACE

J'y traite du vrai et du faux honneur; et je l'ai composée avec le même soin que tous mes autres écrits. Je ne saurois pourtant dire si elle est bonne ou mauvaise; car je ne l'ai encore communiquée qu'à deux ou trois de mes plus intimes amis, à qui je n'ai fait que la réciter fort vîte, dans la peur qu'il ne lui arrivât ce qui est arrivé à quelques autres de mes pièces, que j'ai vues devenir publiques avant même que je les eusse mises sur le papier, plusieurs personnes à qui je les avois dites plus d'une fois les ayant retenues par cœur et en ayant donné des copies. C'est donc au public à m'apprendre ce que je dois penser de cet ouvrage, ainsi que de plusieurs autres petites pièces de poësie qu'on trouvera dans cette nouvelle édition, et qu'on y a mêlées parmi les épigrammes qui y étoient déjà. Ce sont toutes bagatelles, que j'ai la plupart composées dans ma plus tendre jeunesse, mais que j'ai un peu rajustées pour les rendre plus supportables au lecteur. J'y ai fait aussi ajouter deux nouvelles lettres; l'une que j'écris à M. Perrault, et où je badine avec lui sur notre démêlé poëtique, presque aussi-tôt éteint qu'allumé; l'autre est un remer-ciement à M. le comte d'Ericeyra, au sujet de la traduction de mon Art poëtique faite par lui en vers portugais, qu'il a eu la bonté de m'envoyer de Lisbonne, avec une lettre et des vers françois de sa composition, où il me donne des louanges très-délicates, et auxquelles il ne manque que d'être appliquées à un meilleur sujet. J'aurois bien voulu pouvoir m'acquitter de la parole que je lui donne à la fin de ce remerciement, de faire imprimer cette excellente traduction à la suite de mes poësies : mais malheureusement un de mes amis, à qui je l'avois prêtée, m'en a égaré le premier chant; et j'ai eu la mauvaise honte de n'oser récrire à Lisbonne pour en avoir une autre copie. Ce sont là à-peu-près tous les ouvrages de ma façon, bons ou méchans, dont on trouvera ici mon livre augmenté. Mais une chose qui sera sûrement agréable au public, c'est le présent que je lui fais, dans ce même livre, de la lettre que le célèbre M. Arnauld a écrite à M. Perrault à-propos de ma dixième satire, et où, comme je l'ai dit dans l'épître à mes vers, il fait en quelque sorte mon apologie. Je ne doute point que beaucoup de gens ne m'accusent de témérité, d'avoir osé associer à mes écrits l'ouvrage d'un si excellent homme; et j'avoue que leur accusation est bien fondée. Mais le moyen de résister à la tentation de montrer à toute la terre, comme je le montre en effet par l'impression de cette lettre, que ce grand personnage me faisoit l'honneur de m'estimer, et avoit la bonté *meas esse aliquid putare nugas!* (1)

Au reste, comme, malgré une apologie si authentique, et malgré les bonnes raisons que j'ai vingt fois alléguées en vers et en prose, il y a encore des gens qui traitent de médisance les railleries que j'ai faites de quantité d'auteurs modernes, et qui publient qu'en attaquant les défauts de ces auteurs je n'ai pas rendu justice à leurs bonnes qualités, je veux bien, pour les convaincre du contraire, répéter encore ici les mêmes paroles que j'ai dites sur cela dans la préface de mes deux éditions précédentes. Les voici:

Il est bon que le lecteur soit averti d'une chose, c'est qu'en attaquant dans mes ouvrages les défauts de plusieurs écrivains de notre siècle, je n'ai pas prétendu pour cela ôter à ces écrivains le mérite et les bonnes qualités qu'ils peuvent avoir d'ailleurs. Je n'ai pas prétendu, dis-je, nier que Chapelain, par exemple, quoique poëte fort

---

(1) On trouvera dans le second volume page 100, cette lettre annoncée si positivement.

DE L'AUTEUR.

dure, n'ait fait autrefois, je ne sais comment, une assez belle ode, et qu'il n'y ait beaucoup d'esprit dans les ouvrages de Quinault, quoique si éloigné de la perfection de Virgile. J'ajouterai même sur ce dernier, que dans le temps où j'écrivis contre lui, nous étions tous deux fort jeunes, et qu'il n'avoit pas fait alors beaucoup d'ouvrages qui lui ont dans la suite acquis une juste réputation. Je veux bien aussi avouer qu'il y a du génie dans les écrits de Saint-Amand, de Brébeuf, de Scuderi, de Cotin même, et de plusieurs autres que j'ai critiqués. En un mot, avec la même sincérité que j'ai raillé de ce qu'ils ont de blâmable, je suis prêt à convenir de ce qu'ils peuvent avoir d'excellent. Voilà, ce me semble, leur rendre justice, et faire bien voir que ce n'est point un esprit d'envie et de médisance qui m'a fait écrire contre eux.

Après cela, si on m'accuse encore de médisance, je ne sais point de lecteur qui n'en doive aussi être accusé, puisqu'il n'y en a point qui ne dise librement son avis des écrits qu'on fait imprimer, et qui ne se croie en plein droit de le faire du consentement même de ceux qui les mettent au jour. En effet, qu'est-ce que mettre un ouvrage au jour ?

N'est-ce pas en quelque sorte dire au public, *Jugez-moi*? Pourquoi donc trouver mauvais qu'on nous juge? Mais j'ai mis tout ce raisonnement en rimes dans ma neuvième satire, et il suffit d'y renvoyer mes censeurs.

TABLE

TABLE DES MATIÈRES

CONTENUES DANS CET OUVRAGE.

TOME PREMIER.

Avis de l'Éditeur,	page v
Précis historiques de la vie de Boileau,	vij
Éloge de Boileau par d'Alembert,	xj
Préface de l'auteur,	liij
Discours au roi.	1

SATIRES.

Discours sur la satire.	9
I. Sur l'inconvénient du séjour des grandes villes,	19
II. Sur l'accord difficile de la rime et de la raison,	24
III. Sur un repas ridicule,	29
IV. Sur la folie de la plupart des hommes,	37
V. Sur la véritable noblesse,	42
VI. Sur les embarras de Paris;	47
VII. Sur son génie pour la satire,	52
VIII. Sur l'homme,	56
IX. A son esprit,	67
Avertissement sur la satire X,	78
X. Sur les femmes,	80
XI. Sur le vrai et le faux honneur,	105
Avertissement sur la satire XII,	112
XII. Sur l'équivoque,	121

ÉPÎTRES.

Avertissement sur l'épître première,	135
I. Sur les douceurs de la paix,	137
II. Sur la folie des plaideurs,	144
III. Sur la mauvaise honte,	146
Avertissement sur l'épître IV,	150
IV. Sur le passage du Rhin,	152
V. Sur le bonheur,	158
VI. Sur les douceurs de la campagne,	163
VII. Sur l'utilité des ennemis,	169
VIII. Remerciement au roi,	173
IX. Éloge du vrai,	177

TABLE.

Préface pour les trois dernières épîtres,	183
X. A mes vers,	189
XI. A mon jardinier,	194
XII. Sur l'amour de Dieu,	198

L'ART POÉTIQUE.

Chant I,	209
Chant II,	217
Chant III,	224
Chant IV,	239

LE LUTRIN.

Avis au lecteur,	249
Argument,	254
Chant I,	255
Chant II,	263
Chant III,	269
Chant IV,	275
Chant V,	283
Chant VI,	291

ODES.

Discours sur l'ode.	299
Ode sur la prise de Namur,	303
Ode sur les Anglois,	309

ÉPIGRAMMES.

A un médecin,	311
A M. Racine,	ibid.
Contre Saint-Sorlin,	ibid.
A MM. Pradon et Bonnecorse,	312
Contre l'abbé Cotin,	ibid.
Contre le même,	ibid.
Contre un athée,	313
Vers en style de Chapelain,	ibid.
Le mari imprudent,	ibid.
A Climène,	ibid.
Épitaphe,	314
Imitation de Martial,	ibid.
Sur une harangue d'un magistrat, dans laquelle les procureurs étoient fort maltraités,	ibid.
Sur l'Agésilas de Corneille,	ibid.
Sur l'Attila du même auteur,	315
Sur la manière de réciter du poëte Santeuil,	ibid.
Sur la fontaine de Bourbon,	ibid.
L'amateur d'horloges,	ibid.

TABLE. lxvij

Sur ce qu'on avoit lu à l'académie des vers contre Homère et contre Virgile,	316
Sur le même sujet,	ibid.
Sur le même sujet,	ibid.
A M. Perrault, sur les livres qu'il a faits contre les anciens,	317
Sur le même sujet,	ibid.
Au même,	ibid.
Au même,	ibid.
Parodie burlesque de la première ode de Pindare, à la louange de M. Perrault,	318
Sur la réconciliation de l'auteur et de M. Perrault,	319
Aux RR. PP. Jésuites, auteurs du journal de Trévoux,	ibid.
Réplique à une épigramme faite au nom des mêmes journalistes,	320
Sur le livre des Flagellans,	ibid.

POÉSIES DIVERSES.

Stances à M. de Molière, sur sa comédie de l'École des femmes,	321
Sonnet sur la mort d'une parente,	322
Autre sonnet sur le même sujet,	ibid.
Le Bûcheron et la Mort, fable,	323
Le Débiteur reconnoissant,	ibid.
Énigme,	ibid.
Vers pour mettre au devant de la Macarise,	324
Sur un portrait de Rossinante,	ibid.
Vers à mettre en chant,	ibid.
Chanson à boire,	325
Chanson à boire, faite à Bâville,	ibid.
Sur Homère,	326
Vers pour mettre sous le buste du roi, fait par M. Girardon,	ibid.
Vers pour mettre au bas d'un portrait de monseigneur le duc du Maine,	327
Vers pour mettre au bas du portrait de mademoiselle de Lamoignon,	ibid.
A madame la présidente de Lamoignon, sur le portrait du P. Bourdaloue,	ibid.
Vers pour mettre au bas du portrait de Tavernier,	328
Vers pour mettre au bas du portrait de mon père,	ibid.
Épitaphe de la mère de l'auteur,	329

lxviij **TABLE.**

Sur un frère aîné que j'avois, et avec qui j'étois brouillé, ... ibid.
Vers pour mettre sous le portrait de M. de la Bruyère, au-devant de son livre des Caractères du temps, ibid.
Épitaphe de M. Arnauld, ... ibid.
Vers pour mettre au bas du portrait de M. Hamon, médecin, ... 330
Vers pour mettre au bas du portrait de M. Racine, ibid.
Vers pour mon portrait, ... 331
Réponse à ces vers, ... ibid.
Pour un autre portrait du même, ... ibid.
Vers pour mettre au bas d'une méchante gravure qu'on a faite de moi, ... ibid.
Sur le buste de marbre qu'a fait de moi M. Girardon, 332

Avertissement au lecteur, ... 333
Prologue. La Poësie, la Musique, ... 337

POÉSIES LATINES.

Epigramma in novum causidicum, ... 339
Alterum in Marullum, ... ibid.
Satira, ... 340

TOME SECOND.

OUVRAGES DIVERS.

Discours sur le dialogue suivant, ... 3
Les Héros de roman, dialogue, ... 11
Arrêt burlesque, ... 57
Remerciement à MM. de l'académie françoise, ... 63
Discours sur le style des inscriptions, ... 71

LETTRES.

A M. le duc de Vivonne, sur son entrée dans le phare de Messine, ... 74
Au même, ... 81
Réponse à M. le comte d'Ériceyra, ... 85
A M. Perrault, de l'académie françoise, ... 88
Lettre de M. Arnauld au sujet de la dixième satire de l'Auteur, ... 100
Remerciement à M. Arnauld, au sujet de la lettre de cet illustre écrivain, ... 121
A M. le Verrier, ... 132
A M. Racine, ... 134
A M. de Maucroix, ... 139

Dissertation critique sur Joconde, 147
Épitaphe de M. Racine, 169

TRAITÉ DU SUBLIME AVEC LES REMARQUES.

Préface, 173
Chapitre Ier., *servant de préface à tout l'ouvrage*, 187
II. *S'il y a un art particulier du sublime, et des trois vices qui lui sont opposés*, 191
III. *Du style froid*, 198
IV. *De l'origine du style froid*, 201
V. *Des moyens en général pour connoître le sublime*, 202
VI. *Des cinq sources du grand*, 204
VII. *De la sublimité dans les pensées*, 207
VIII. *De la sublimité qui se tire des circonstances*, 215
IX. *De l'amplification*, 220
X. *Ce que c'est qu'amplification*, 221
XI. *De l'imitation*, 223
XII. *De la manière d'imiter*, 226
XIII. *Des images*, 227
XIV. *Des figures, et premièrement de l'apostrophe*, 233
XV. *Que les figures ont besoin du sublime pour les soutenir*, 236
XVI. *Des interrogations*, 238
XVII. *Du mélange des figures*, 241
XVIII. *Des hyperbates*, 244
XIX. *Du changement de nombres*, 247
XX. *Des pluriels réduits en singuliers*, 248
XXI. *Du changement de temps*, 249
XXII. *Du changement de personnes*, ibid.
XXIII. *Des transitions imprévues*, 250
XXIV. *De la périphrase*, 253
XXV. *Du choix des mots*, 256
XXVI. *Des métaphores*, 258
XXVII. *Si l'on doit préférer le sublime parfait au sublime qui a quelques défauts*, 262
XXVIII. *Comparaison d'Hypéride et de Démosthène*, 265
XXIX. *De Platon et de Lysias, et de l'excellence de l'esprit humain*, 267
XXX. *Que les fautes dans le sublime se peuvent excuser*, 269

XXXI. *Des paraboles, des comparaisons, et des hyperboles,* 271
XXXII. *De l'arrangement des paroles,* 274
XXXIII. *De la mesure des périodes,* 279
XXXIV. *De la bassesse des termes,* 280
XXXV. *Des causes de la décadence des esprits,* 283

RÉFLEXIONS CRITIQUES SUR QUELQUES PASSAGES DU RHÉTHEUR LONGIN.

Réflexion Iere. 289
II, 292
III, 294
IV, 305
V, 307
VI, 314
VII, 320
VIII, 325
IX, 330
Conclusion, 335
Réflexion X, *ou réfutation d'une dissertation de M. le Clerc contre Longin,* 338
XI, 354
XII, 358

Voilà au vrai, dit Despréaux dans un écrit trouvé après sa mort, tous les ouvrages que j'ai faits, car pour tous les autres qu'on m'attribue, et qu'on s'opiniâtre à mettre dans les éditions étrangères, il n'y a que des ridicules qui m'en puissent soupçonner l'auteur. Dans ce rang on doit mettre une satire très-fade contre les frais des enterremens ; une encore plus plate contre le mariage, qui commence par ce vers,

On me veut marier, et je n'en ferai rien ;

celle contre les jésuites, et quantité d'autres aussi impertinentes. J'avoue que, dans la parodie des vers du Cid, faite sur la perruque de Chapelain, qu'on m'attribue encore, il y a quelques traits qui nous échappèrent à Racine et à moi chez Furetière, auteur du dictionnaire, mais dont nous n'écrivîmes jamais rien ni l'un ni l'autre : de sorte que c'est Furetière qui est le vrai et l'unique auteur de cette parodie.

DISCOURS

DISCOURS
AU
ROI.

Jeune et vaillant héros, dont la haute sagesse
N'est point le fruit tardif d'une lente vieillesse,
Et qui seul, sans ministre, à l'exemple des dieux,
Soutiens tout par toi-même, et vois tout par tes yeux,
Grand roi, si jusqu'ici, par un trait de prudence,
J'ai demeuré pour toi dans un humble silence,
Ce n'est pas que mon cœur, vainement suspendu,
Balance pour t'offrir un encens qui t'est dû :
Mais je sais peu louer ; et ma muse tremblante
Fuit d'un si grand fardeau la charge trop pesante,
Et, dans ce haut éclat où tu te viens offrir,
Touchant à tes lauriers, craindroit de les flétrir.
 Ainsi, sans m'aveugler d'une vaine manie,
Je mesure mon vol à mon foible génie :
Plus sage en mon respect que ces hardis mortels
Qui d'un indigne encens profanent tes autels ;
Qui, dans ce champ d'honneur où le gain les amène,
Osent chanter ton nom, sans force et sans haleine ;
Et qui vont tous les jours, d'une importune voix,
T'ennuyer du récit de tes propres exploits.
 L'un, en style pompeux habillant une églogue (1),
De ses rares vertus te fait un long prologue,
Et mêle, en se vantant soi-même à tout propos,
Les louanges d'un fat à celles d'un héros.
 L'autre, en vain se lassant à polir une rime,

---

(1) Charpentier avoit fait une églogue pour le Roi en vers magnifiques, intitulée *Eglogue royale*.

Et reprenant vingt fois le rabot et la lime,
Grand et nouvel effort d'un esprit sans pareil !
Dans la fin d'un sonnet te compare au soleil.
  Sur le haut Hélicon leur veine méprisée
Fut toujours des neuf sœurs la fable et la risée.
Calliope jamais ne daigna leur parler,
Et Pégase pour eux refuse de voler.
Cependant à les voir, enflés de tant d'audace,
Te promettre en leur nom les faveurs du Parnasse;
On diroit qu'ils ont seuls l'oreille d'Apollon,
Qu'ils disposent de tout dans le sacré vallon :
C'est à leurs doctes mains, si l'on veut les en croire,
Que Phébus a commis tout le soin de ta gloire;
Et ton nom, du midi jusqu'à l'ourse vanté,
Ne devra qu'à leurs vers son immortalité.
Mais plutôt, sans ce nom dont la vive lumière
Donne un lustre éclatant à leur veine grossière,
Ils verroient leurs écrits, honte de l'univers,
Pourrir dans la poussière à la merci des vers.
A l'ombre de ton nom ils trouvent leur asile,
Comme on voit, dans les champs un arbrisseau débile,
Qui, sans l'heureux appui qui le tient attaché,
Languiroit tristement sur la terre couché.
  Ce n'est pas que ma plume, injuste et téméraire,
Veuille blâmer en eux le dessein de te plaire;
Et, parmi tant d'auteurs, je veux bien l'avouer,
Apollon en connoît qui te peuvent louer :
Oui, je sais, qu'entre ceux qui t'adressent leurs veilles,
Parmi les Pelletiers on compte des Corneilles.
Mais je ne puis souffrir qu'un esprit de travers,
Qui, pour rimer des mots, pense faire des vers,
Se donne en te louant une gêne inutile ;
Pour chanter un Auguste, il faut être un Virgile :

Et j'approuve les soins du monarque (1) guerrier
Qui ne pouvoit souffrir qu'un artisan grossier
Entreprît de tracer, d'une main criminelle,
Un portrait réservé pour le pinceau d'Apelle.
  Moi donc, qui connois peu Phébus et ses douceurs,
Qui suis nouveau sevré sur le mont des neuf sœurs,
Attendant que pour toi l'âge ait mûri ma muse,
Sur de moindres sujets je l'exerce et l'amuse :
Et, tandis que ton bras, des peuples redouté,
Va, la foudre à la main, rétablir l'équité,
Et retient les méchans par la peur des supplices ;
Moi, la plume à la main, je gourmande les vices ;
Et, gardant pour moi-même une juste rigueur,
Je confie au papier les secrets de mon cœur.
Ainsi, dès qu'une fois ma verve se réveille,
Comme on voit au printemps la diligente abeille
Qui du butin des fleurs va composer son miel,
Des sottises du temps je compose mon fiel :
Je vais de toutes parts où me guide ma veine,
Sans tenir en marchant une route certaine ;
Et, sans gêner ma plume en ce libre métier,
Je la laisse au hasard courir sur le papier.
  Le mal est qu'en rimant ma muse un peu légère
Nomme tout par son nom, et ne sauroit rien taire.
C'est là ce qui fait peur aux esprits de ce temps,
Qui, tout blancs au-dehors, sont tout noirs au-dedans :
Ils tremblent qu'un censeur que sa verve encourage,
Ne vienne en ses écrits démasquer leur visage ;
Et, fouillant dans leurs mœurs en toute liberté,
N'aille du fond du puits tirer la vérité (2).

(1) Alexandre-le-Grand.
(2) Démocrite disoit *que la vérité étoit dans le fond d'un puits, et que personne ne l'en avoit encore pu tirer.*

Tous ces gens, éperdus au seul nom de satire,
Font d'abord le procès à quiconque ose rire :
Ce sont eux que l'on voit, d'un discours insensé,
Publier dans Paris que tout est renversé,
Au moindre bruit qui court qu'un auteur les menace
De jouer des bigots (1) la trompeuse grimace ;
Pour eux un tel ouvrage est un monstre odieux ;
C'est offenser les lois, c'est s'attaquer aux cieux.
Mais, bien que d'un faux zèle ils masquent leur foiblesse,
Chacun voit qu'en effet la vérité les blesse :
En vain d'un lâche orgueil leur esprit revêtu
Se couvre du manteau d'une austère vertu ;
Leur cœur qui se connoît, et qui fuit la lumière,
S'il se moque de Dieu, craint Tartuffe et Molière.

Mais pourquoi sur ce point sans raison m'écarter ?
GRAND ROI, c'est mon défaut, je ne saurois flatter :
Je ne sais point au ciel placer un ridicule,
D'un nain faire un Atlas, ou d'un lâche un Hercule,
Et, sans cesse en esclave à la suite des grands,
A des dieux sans vertu prodiguer mon encens :
On ne me verra point d'une veine forcée,
Même pour te louer, déguiser ma pensée ;
Et, quelque grand que soit ton pouvoir souverain,
Si mon cœur en ces vers ne parloit par ma main,
Il n'est espoir de biens, ni raison, ni maxime,
Qui pût en ta faveur m'arracher une rime.

Mais lorsque je te vois, d'une si noble ardeur,
T'appliquer sans relâche aux soins de ta grandeur,
Faire honte à ces rois que le travail étonne,
Et qui sont accablés du faix de leur couronne :
Quand je vois ta sagesse, en ses justes projets,
D'une heureuse abondance enrichir tes sujets,

(1) Molière, vers ce temps-là, fit jouer son *Tartuffe*.

Fouler aux pieds l'orgueil et du Tage et du Tibre,
Nous faire de la mer une campagne libre ;
Et tes braves guerriers, secondant ton grand cœur,
Rendre à l'Aigle éperdu sa première vigueur (1) ;
La France sous tes lois maîtriser la Fortune,
Et nos vaisseaux, domptant l'un et l'autre Neptune,
Nous aller chercher l'or, malgré l'onde et le vent,
Aux lieux où le soleil le forme en se levant :
Alors, sans consulter si Phébus l'en avoue,
Ma muse tout en feu me prévient et te loue.

Mais bientôt la raison arrivant au secours,
Vient d'un si beau projet interrompre le cours,
Et me fait concevoir, quelque ardeur qui m'emporte,
Que je n'ai ni le ton, ni la voix assez forte.
Aussitôt je m'effraie, et mon esprit troublé
Laisse là le fardeau dont il est accablé ;
Et, sans passer plus loin, finissant mon ouvrage,
Comme un pilote en mer qu'épouvante l'orage,
Dès que le bord paroît, sans songer où je suis,
Je me sauve à la nage, et j'aborde où je puis.

(1) Le Roi se fit faire satisfaction dans ce temps-là des deux insultes faites à ses ambassadeurs à Rome et à Londres, et ses troupes envoyées au secours de l'Empereur, défirent les Turcs sur les bords du Raab.

SATIRES.

DISCOURS

SUR

LA SATIRE (1).

Quand je donnai la première fois mes satires au public, je m'étois bien préparé au tumulte que l'impression de mon livre a excité sur le Parnasse. Je savois que la nation des poëtes, et surtout des mauvais poëtes (2), est une nation farouche qui prend feu aisément, et que ces esprits avides de louanges ne digèreroient pas facilement une raillerie, quelque douce qu'elle pût être. Aussi oserai-je dire, à mon avantage, que j'ai regardé avec des yeux assez stoïques les libelles diffamatoires qu'on a publiés contre moi. Quelques calomnies dont on ait voulu me noircir, quelques faux bruits qu'on ait semés de ma personne, j'ai pardonné sans peine ces petites vengeances au déplaisir d'un d'un auteur irrité qui se voyoit attaqué par

(1) Ce discours parut pour la première fois en 1666, avec la satire IX.

(2) Ceci regarde particulièrement Cotin, qui avoit publié une satire contre l'auteur.

l'endroit le plus sensible d'un poëte, je veux dire par ses ouvrages.

Mais j'avoue que j'ai été un peu surpris du chagrin bizarre de certains lecteurs qui, au lieu de se divertir d'une querelle du Parnasse dont ils pouvoient être spectateurs indifférens, ont mieux aimé prendre parti et s'affliger avec les ridicules, que de se réjouir avec les honnêtes gens. C'est pour les consoler que j'ai composé ma neuvième satire, où je pense avoir montré assez clairement que, sans blesser l'état ni sa conscience, on peut trouver de méchans vers méchans, et s'ennuyer de plein droit à la lecture d'un sot livre. Mais puisque ces messieurs ont parlé de la liberté que je me suis donnée de nommer, comme d'un attentat inoui et sans exemples, et que des exemples ne se peuvent pas mettre en rimes, il est bon d'en dire un mot ici, pour les instruire d'une chose qu'eux seuls veulent ignorer, et leur faire voir qu'en comparaison de tous mes confrères les satiriques, j'ai été un poëte fort retenu.

Et pour commencer par Lucilius, inventeur de la satire, quelle liberté, ou plutôt quelle licence ne s'est-il point donnée dans ses ouvrages ? Ce n'étoient point seulement des poëtes et des auteurs qu'il attaquoit ; c'étoient des gens de la première qualité de Rome ; c'étoient des personnages consulaires. Cependant Scipion et Lélius ne jugèrent pas ce poëte, tout déterminé rieur qu'il étoit, indigne de leur amitié : et vraisemblablement, dans les occasions, ils ne lui refusèrent pas leurs conseils sur ses écrits, non plus qu'à Térence. Ils ne s'avisèrent point de prendre le parti de Lupus et de Métellus, qu'il avoit joués dans ses satires ; et ils ne crurent pas lui donner rien du leur en lui abandonnant tous les ridicules de la république :

*Num Laelius, et qui
Duxit ab oppressa meritum Carthagine nomen,
Ingenio offensi, aut laeso doluere Metello,
Famosisve Lupo cooperto versibus?*

HORAT. Sat. I, lib. II, v. 65.

En effet, Lucilius n'épargnoit ni petits, ni grands ; et souvent des nobles et des patriciens il descendoit jusqu'à la lie du peuple :

Primores populi arripuit, populumque tributim.

Ibidem.

On me dira que Lucilius vivoit dans une république, où ces sortes de libertés peuvent être permises. Voyons donc Horace, qui vivoit sous un empereur, dans les commencemens d'une monarchie, où il est bien plus dangereux de rire qu'en un autre temps. Qui ne nomme-t-il point dans ses satires ? et Fabius le grand causeur, et Tigellius le fantasque, et Nasidiénus le ridicule, et Nomentanus le débauché, et tout ce qui vient au bout de sa plume. On me répondra que ce sont des noms supposés. Oh la belle réponse ! comme si ceux qu'il attaque n'étoient pas des gens connus d'ailleurs : comme si l'on ne savoit pas que Fabius étoit un chevalier romain qui avoit composé un livre de droit ; que Tigellius fut en son temps un musicien chéri d'Auguste ; que Nasidiénus Rufus étoit un ridicule célèbre dans Rome ; que Cassius Nomentanus étoit un des plus fameux débauchés de l'Italie. Certainement il faut que ceux qui parlent de la sorte n'aient pas lu les anciens, et ne soient pas fort instruits des affaires de la cour d'Auguste. Horace ne se contente pas d'appeler les gens par leur nom ; il a si peur qu'on ne les méconnoisse, qu'il a soin de rapporter jusqu'à leur surnom, jusqu'au métier qu'ils faisoient, jusqu'aux charges qu'ils avoient exercées. Voyez, par exemple, comme il parle d'Aufidius Luscus, préteur de Fondi :

SUR LA SATIRE.

Fundos, Aufidio Lusco praetore, libenter
Linquimus, insani ridentes praemia scribae,
Praetextam, et latum clavum, etc.

Sat. V, lib. I, v. 35.

« Nous abandonnâmes, dit-il, avec joie
» le bourg de Fondi, dont étoit préteur un
» certain Aufidius Luscus ; mais ce ne fut
» pas sans avoir bien ri de la folie de ce
» préteur, auparavant commis, qui faisoit
» le sénateur et l'homme de qualité. »

Peut-on désigner un homme plus précisément ? et les circonstances seules ne suffisoient-elles pas pour le faire reconnoître ? On me dira peut-être qu'Aufidius étoit mort alors : mais Horace parle là d'un voyage fait depuis peu. Et puis, comment mes censeurs répondront-ils à cet autre passage ?

Turgidus Alpinus jugulat dum Memnona, dumque
Diffingit Rheni luteum caput, haec ego ludo.

Sat. X, lib. I, v. 36.

« Pendant, dit Horace, que ce poëte
» enflé d'Alpinus égorge Memnon dans son
» poëme, et s'embourbe dans la description
» du Rhin, je me joue en ces satires. »

Alpinus vivoit donc du temps qu'Horace se jouoit en ses satires ; et si Alpinus en cet endroit est un nom supposé, l'auteur du poëme de Memnon pouvoit-il s'y méconnoître ? Horace, dira-t-on, vivoit sous le règne du plus poli des empereurs ; mais vivons-nous sous un règne moins poli ? et veut-on qu'un prince qui a tant de qualités communes avec Auguste, soit moins dégoûté que lui des méchans livres, et plus rigoureux envers ceux qui les blâment ?

Examinons pourtant Perse, qui écrivoit sous le règne de Néron. Il ne raille pas simplement les ouvrages des poëtes de son temps : il attaque les vers de Néron même. Car enfin toute la cour de Néron et tout le monde savoit que ces quatre vers, *Torva Mimalloneis, etc.*, dont Perse fait une raillerie si amère dans sa première satire, étoient des vers de Néron. Cependant on ne remarque point que Néron, tout Néron qu'il étoit, ait fait punir Perse ; et ce tyran, ennemi de la raison, et amoureux, comme on sait, de ses ouvrages, fut assez galant homme pour entendre raillerie sur ses vers, et ne crut pas que l'empereur, en cette occasion, dût prendre les intérêts du poëte.

Pour Juvénal, qui florissoit sous Trajan, il est un peu plus respectueux envers les grands seigneurs de son siècle. Il se contente de répandre l'amertume de ses satires sur ceux du règne précédent : mais, à l'égard des auteurs, il ne les va point chercher hors de son siècle. A peine est-il entré en matière, que le voilà en mauvaise humeur contre tous les écrivains de son temps. Demandez à Juvénal ce qui l'oblige à prendre la plume. C'est qu'il est las d'entendre et la *Théséide* de Codrus, et l'*Oreste* de celui-ci, et le *Télephe* de cet autre, et tous les poëtes enfin, comme il dit ailleurs, qui récitoient leurs vers au mois d'août, *et augusto recitantes mense poëtas.* Tant il est vrai que le droit de blâmer les auteurs est un droit ancien, passé en coutume parmi tous les satiriques, et souffert dans tous les siècles.

Que s'il faut venir des anciens aux modernes, Regnier, qui est presque notre seul poëte satirique, a été véritablement un peu plus discret que les autres. Cela n'empêche pas néanmoins qu'il ne parle hardiment de Gallet, ce célèbre joueur, *qui assignoit ses créanciers sur sept et quatorze;* et du sieur de Provins, *qui avoit changé son balandran* (1) *en manteau court;* et du Cousin, *qui abandonnoit sa maison de peur de la réparer;* et de Pierre du Puis, et de plusieurs autres.

(1) Casaque de campagne.

Que répondront à cela mes censeurs ? pour peu qu'on les presse, ils chasseront de la république des lettres tous les poëtes satiriques, comme autant de perturbateurs du repos public. Mais que diront-ils de Virgile, le sage, le discret Virgile, qui, dans sa troisième églogue, où il n'est pas question de satire, tourne d'un seul vers deux poëtes de son temps en ridicule ?

Qui Bavium non odit, amet tua carmina, Mævi,

dit un berger satirique dans cette églogue. Et qu'on ne me dise point que Bavius et Mævius en cet endroit sont des noms supposés, puisque ce seroit donner un trop cruel démenti au docte Servius, qui assure positivement le contraire. En un mot, qu'ordonneront mes censeurs de Catulle, de Martial, et de tous les poëtes de l'antiquité, qui n'en ont pas usé avec plus de discrétion que Virgile ? Que penseront-ils de Voiture, qui n'a point fait conscience de rire aux dépens du célèbre Neuf-Germain, quoiqu'également recommandable par l'antiquité de sa barbe et par la nouveauté de sa poësie ? le banniront-ils du Parnasse, lui et tous les poëtes de l'antiquité, pour établir la sûreté des sots et des ridicules ?

Si cela est, je me consolerai aisément de mon exil : il y aura du plaisir à être relégué en si bonne compagnie. Raillerie à part, ces messieurs veulent-ils être plus sages que Scipion et Lélius; plus délicats qu'Auguste; plus cruels que Néron ? mais eux qui sont si rigoureux envers les critiques, d'où vient cette clémence qu'ils affectent pour les méchans auteurs ? je vois bien ce qui les afflige ; ils ne veulent pas être détrompés. Il leur fâche d'avoir admiré sérieusement des ouvrages que mes satires exposent à la risée de tout le monde, et de se voir condamnés à oublier dans leur vieillesse ces mêmes vers qu'ils ont autrefois appris par cœur comme des chefs-d'œuvre de l'art. Je les plains sans doute : mais quel remède ? faudra-t-il, pour s'accommoder à leur goût particulier, renoncer au sens commun ? faudra-t-il applaudir indifféremment à toutes les impertinences qu'un ridicule aura répandues sur le papier ? et au lieu qu'en certain pays (1) on condamnoit les méchans poëtes à effacer leurs écrits avec la langue, les livres deviendront-ils désormais un asile inviolable où toutes les sottises auront droit de bour-

(1) Dans le temple qui fut depuis l'abbaye d'Ainay, à Lyon.

geoisie, où l'on n'osera toucher sans profanation ?

J'aurois bien d'autres choses à dire sur ce sujet ; mais comme j'ai déjà traité de cette matière dans ma neuvième Satire, il est bon d'y renvoyer le lecteur.

SATIRE PREMIÈRE.

Damon (1), ce grand auteur dont la muse fertile
Amusa si long-temps et la cour et la ville ;
Mais qui, n'étant vêtu que de simple bureau,
Passe l'été sans linge et l'hiver sans manteau ;
Et de qui le corps sec et la mine affamée
N'en sont pas mieux refaits par tant de renommée ;
Las de perdre en rimant et sa peine et son bien,
D'emprunter en tous lieux, et de ne gagner rien,
Sans habits, sans argent, ne sachant plus que faire,
Vient de s'enfuir chargé de sa seule misère ;
Et bien loin des sergens, des clercs et du palais,
Va chercher un repos qu'il ne trouva jamais ;
Sans attendre qu'ici la justice ennemie
L'enferme en un cachot le reste de sa vie,
Ou que d'un bonnet vert (2) le salutaire affront
Flétrisse les lauriers qui lui couvrent le front.

    Mais le jour qu'il partit, plus défait et plus blême
Que n'est un pénitent sur la fin d'un carême,
La colère dans l'ame et le feu dans les yeux,
Il distilla sa rage en ces tristes adieux :

    Puisqu'en ce lieu, jadis aux muses si commode,
Le mérite et l'esprit ne sont plus à la mode ;
Qu'un poëte, dit-il, s'y voit maudit de Dieu,
Et qu'ici la vertu n'a plus ni feu ni lieu :
Allons du moins chercher quelque antre ou quelque roche
D'où jamais ni l'huissier ni le sergent n'approche ;

---

  (1) J'ai eu en vue Cassandre, celui qui a traduit la *Rhétorique* d'Aristote.
  (2) Du temps que cette satire fut faite, un débiteur insolvable pouvoit sortir de prison en faisant *cession*, c'est-à-dire, en souffrant qu'on lui mît en pleine rue un bonnet vert sur la tête.

Et, sans lasser le ciel par des vœux impuissans,
Mettons-nous à l'abri des injures du temps,
Tandis que, libre encor malgré les destinées,
Mon corps n'est point courbé sous le faix des années,
Qu'on ne voit point mes pas sous l'âge chanceler,
Et qu'il reste à la parque encor de quoi filer :
C'est là dans mon malheur le seul conseil à suivre.
Que George vive ici, puisque George y sait vivre,
Qu'un million comptant, par ses fourbes acquis,
De clerc, ladis laquais, a fait comte et marquis :
Que Jaquin vive ici, dont l'adresse funeste
A plus causé de maux que la guerre et la peste ;
Qui de ses revenus écrits par alphabet
Peut fournir aisément un calepin complet ;
Qu'il règne dans ces lieux ; il a droit de s'y plaire.
Mais moi, vivre à Paris ! eh ! qui pourrois-je faire ?
Je ne sais ni tromper, ni feindre, ni mentir ;
Et, quand je le pourrois, je n'y puis consentir.
Je ne sais point en lâche essuyer les outrages
D'un faquin orgueilleux qui vous tient à ses gages ;
De mes sonnets flatteurs lasser tout l'univers,
Et vendre au plus offrant mon encens et mes vers :
Pour un si bas emploi ma muse est trop altière.
Je suis rustique et fier, et j'ai l'ame grossière :
Je ne puis rien nommer, si ce n'est par son nom ;
J'appelle un chat un chat, et Rolet (1) un fripon.
De servir un amant, je n'en ai pas l'adresse ;
J'ignore ce grand art qui gagne une maîtresse ;
Et je suis, à Paris, triste, pauvre, et reclus,
Ainsi qu'un corps sans ame, et devenu perclus.

(1) Procureur très-décrié, qui fut condamné à faire amende honorable, et banni à perpétuité.

SATIRE I.

Mais pourquoi, dira-t-on, cette vertu sauvage
Qui court à l'hôpital, et n'est plus en usage?
La richesse permet une juste fierté;
Mais il faut être souple avec la pauvreté :
C'est par là qu'un auteur que presse l'indigence
Peut des astres malins corriger l'influence,
Et que le sort burlesque, en ce siècle de fer,
D'un pédant, quand il veut, sait faire un duc et pair (1).
Ainsi de la vertu la fortune se joue :
Tel aujourd'hui triomphe au plus haut de sa roue,
Qu'on verroit, de couleurs bizarrement orné,
Conduire le carosse où l'on le voit traîné,
Si dans les droits du roi sa funeste science
Par deux ou trois avis n'eût ravagé la France.
Je sais qu'un juste effroi l'éloignant de ces lieux
L'a fait pour quelque mois disparoître à nos yeux :
Mais en vain pour un temps une taxe l'exile;
On le verra bientôt pompeux en cette ville
Marcher encor chargé des dépouilles d'autrui,
Et jouir du ciel même irrité contre lui;
Tandis que Colletet (2), crotté jusqu'à l'échine,
S'en va chercher son pain de cuisine en cuisine,
Savant en ce métier, si cher aux beaux-esprits,
Dont Montmaur (3) autrefois fit leçon dans Paris.
 Il est vrai que du roi la bonté secourable
Jette enfin sur la muse un regard favorable;
Et, réparant du sort l'aveuglement fatal,

---

(1) L'abbé de la Rivière, qui de régent dans un collége, devint évêque de Langres.
(2) Fameux poëte fort pauvre, dont on a encore plusieurs ouvrages.
(3) Célèbre parasite, dont Ménage a écrit la vie.

Va tirer désormais Phébus de l'hôpital (1).
On doit tout espérer d'un monarque si juste :
Mais, sans un Mécénas, à quoi sert un Auguste ?
Et fait comme je suis, au siècle d'aujourd'hui,
Qui voudra s'abaisser à me servir d'appui ?
Et puis, comment percer cette foule effroyable
De rimeurs affamés dont le nombre l'accable ;
Qui, dès que sa main s'ouvre, y courent les premiers,
Et ravissent un bien qu'on devoit aux derniers,
Comme on voit les frelons, troupe lâche et stérile,
Aller piller le miel que l'abeille distille ?
Cessons d'aspirer à ce prix tant vanté
Que donne la faveur à l'importunité.
Saint-Amand (2) n'eut du ciel que sa verve en partage :
L'habit qu'il eut sur lui fut son seul héritage ;
Un lit et deux placets composoient tout son bien ;
Ou, pour en mieux parler, Saint-Amand n'avoit rien.
Mais quoi ! las de traîner une vie importune,
Il engagea ce rien pour chercher la fortune ;
Et, tout chargé de vers qu'il devoit mettre au jour,
Conduit d'un vain espoir, il parut à la cour (3).
Qu'arriva-t-il enfin de sa muse abusée ?
Il en revint couvert de honte et de risée ;
Et la fièvre, au retour, terminant son destin,
Fit par avance en lui ce qu'auroit fait la faim.
Un poëte à la cour fut jadis à la mode ;
Mais des fous aujourd'hui c'est le plus incommode :

(1) Le roi, en ce temps-là, à la sollicitation de Colbert,
donna plusieurs pensions aux gens de lettres.
(2) On a plusieurs ouvrages de lui où il y a beaucoup de
génie. Il ne savoit pas le latin, et étoit fort pauvre.
(3) Le poëme qu'il y porta étoit intitulé le *Poëme de la
Lune* ; il y louoit le Roi, surtout de savoir bien nager.

SATIRE I.

Et l'esprit le plus beau, l'auteur le plus poli,
N'y parviendra jamais au sort de l'Angéli (1).
   Faut-il donc désormais jouer un nouveau rôle?
Dois-je, las d'Apollon, recourir à Barthole,
Et, feuilletant Louet allongé par Brodeau (2),
D'une robe à longs plis balayer le barreau?
Mais à ce seul penser je sens que je m'égare.
Moi! que j'aille crier dans ce pays barbare,
Où l'on voit tous les jours l'innocence aux abois
Errer dans les détours d'un dédale de lois,
Et, dans l'amas confus des chicanes énormes,
Ce qui fut blanc au fond rendu noir par les formes;
Où Patru gagne moins qu'Huot et le Mazier,
Et dont les Cicérons se font chez Pé-Fournier (3)!
Avant qu'un tel dessein m'entre dans la pensée,
On pourra voir la Seine à la Saint-Jean glacée;
Arnaud à Charenton devenir huguenot,
Saint-Sorlin janséniste, et Saint-Pavin bigot.
   Quittons donc pour jamais une ville importune
Où l'honneur a toujours guerre avec la fortune;
Où le vice orgueilleux s'érige en souverain,
Et va la mitre en tête et la crosse à la main;
Où la science, triste, affreuse, délaissée,
Est par tout des bons lieux comme infâme chassée;
Où le seul art en vogue est l'art de bien voler;
Où tout me choque; enfin, où... Je n'ose parler.
Et quel homme si froid ne seroit plein de bile
A l'aspect odieux des mœurs de cette ville?

   (1) Célèbre fou que M. le Prince avoit amené avec lui des Pays-Bas, et qu'il donna au roi.
   (2) Brodeau a commenté Louet.
   (3) Célèbre procureur. Il s'appeloit *Pierre Fournier*; mais les gens de palais, pour abréger, l'appeloient *Pé-Fournier*.

Qui pourroit les souffrir? et qui, pour les blâmer,
Malgré Muse et Phébus n'apprendroit à rimer?
Non, non, sur ce sujet pour écrire avec grâce,
Il ne faut point monter au sommet du Parnasse;
Et, sans aller rêver dans le double vallon,
La colère suffit, et vaut un Apollon.

Tout beau, dira quelqu'un, vous entrez en furie.
A quoi bon ces grands mots? doucement, je vous prie :
Ou bien montez en chaire; et là, comme un docteur,
Allez de vos sermons endormir l'auditeur :
C'est là que bien ou mal on a droit de tout dire.

Ainsi parle un esprit qu'irrite la satire,
Qui contre ses défauts croit être en sureté,
En raillant d'un censeur la triste austérité;
Qui fait l'homme intrépide, et, tremblant de foiblesse,
Attend pour croire en Dieu que la fièvre le presse;
Et, toujours dans l'orage au ciel levant les mains,
Dès que l'air est calmé rit des foibles humains.
Car de penser alors qu'un Dieu tourne le monde,
Et règle les ressorts de la machine ronde,
Ou qu'il est une vie au-delà du trépas,
C'est là, tout haut du moins, ce qu'il n'avouera pas.

Pour moi, qu'en santé même un autre monde étonne,
Qui crois l'ame immortelle, et que c'est Dieu qui tonne,
Il vaut mieux pour jamais me bannir de ce lieu.
Je me retire donc. Adieu, Paris, adieu.

SATIRE II.
A MOLIÈRE.

Rare et fameux esprit dont la fertile veine
Ignore en écrivant le travail et la peine;
Pour qui tient Apollon tous ses trésors ouverts,
Et qui sais à quel coin se marquent les bons vers;
Dans les combats d'esprit savant maître d'escrime,
Enseigne-moi, Molière, où tu trouves la rime.
On dirait, quand tu veux, qu'elle te vient chercher:
Jamais au bout du vers on ne te voit broncher;
Et, sans qu'un long détour t'arrête ou t'embarrasse,
A peine as-tu parlé qu'elle même s'y place.
Mais moi, qu'un vain caprice, une bizarre humeur,
Pour mes péchés, je crois, fit devenir rimeur,
Dans ce rude métier où mon esprit se tue,
En vain, pour la trouver, je travaille et je sue.
Souvent j'ai beau rêver du matin jusqu'au soir,
Quand je veux dire blanc, la quinteuse dit noir;
Si je veux d'un galant dépeindre la figure,
Ma plume pour rimer trouve l'abbé de Pure;
Si je pense exprimer un auteur sans défaut,
La raison dit Virgile, et la rime Quinaut:
Enfin, quoi que je fasse ou que je veuille faire,
La bizarre toujours vient m'offrir le contraire.
De rage quelquefois ne pouvant la trouver,
Triste, las et confus, je cesse d'y rêver;
Et, maudissant vingt fois le démon qui m'inspire,
Je fais mille sermens de ne jamais écrire.
Mais, quand j'ai bien maudit et Muses et Phébus,
Je la vois qui paroît quand je n'y pense plus:
Aussitôt, malgré moi, tout mon feu se rallume;

SATIRE II.

Je reprends sur le champ le papier et la plume;
Et, de mes vains sermens perdant le souvenir,
J'attends de vers en vers qu'elle daigne venir.
Encor si pour rimer, dans sa verve indiscrète,
Ma muse au moins souffroit une froide épithète;
Je ferois comme un autre; et sans chercher si loin,
J'aurois toujours des mots pour les coudre au besoin.
Si je louois Philis EN MIRACLES FÉCONDE,
Je trouverois bientôt, A NULLE AUTRE SECONDE;
Si je voulois vanter un objet NOMPAREIL,
Je mettrois à l'instant, PLUS BEAU QUE LE SOLEIL;
Enfin, parlant toujours d'ASTRES et de MERVEILLES,
De CHEFS-D'ŒUVRE DES CIEUX, de BEAUTÉS SANS PAREILLES;
Avec tous ces beaux mots, souvent mis au hasard,
Je pourrois aisément, sans génie et sans art,
Et transposant cent fois et le nom et le verbe,
Dans mes vers recousus mettre en pièces Malherbe.
Mais mon esprit, tremblant sur le choix de ses mots,
N'en dira jamais un, s'il ne tombe à propos,
Et ne sauroit souffrir qu'une phrase insipide
Vienne à la fin d'un vers remplir la place vide:
Ainsi, recommençant un ouvrage vingt fois,
Si j'écris quatre mots, j'en effacerai trois.

Maudit soit le premier dont la verve insensée,
Dans les bornes d'un vers renferma sa pensée,
Et, donnant à ses mots une étroite prison,
Voulut avec la rime enchaîner la raison!
Sans ce métier fatal au repos de ma vie,
Mes jours pleins de loisir couleroient sans envie:
Je n'aurois qu'à chanter, rire, boire d'autant,
Et, comme un gras chanoine, à mon aise et content,
Passer tranquillement, sans souci, sans affaire,
La nuit à bien dormir, et le jour à rien faire.

SATIRE II.

Mon cœur exempt de soins, libre de passion,
Sait donner une borne à son ambition ;
Et, fuyant des grandeurs la présence importune,
Je ne vais point au Louvre adorer la fortune :
Et je serois heureux, si, pour me consumer,
Un destin envieux ne m'avoit fait rimer.
    Mais depuis le moment que cette frénésie
De ses noires vapeurs troubla ma fantaisie,
Et qu'un démon jaloux de mon contentement
M'inspira le dessein d'écrire poliment,
Tous les jours, malgré moi, cloué sur un ouvrage,
Retouchant un endroit, effaçant une page,
Enfin passant ma vie en ce triste métier,
J'envie, en écrivant, le sort de Pelletier (1).
    Bienheureux Scuderi (2), dont la fertile plume
Peut tous les mois sans peine enfanter un volume !
Tes écrits, il est vrai, sans art et languissans,
Semblent être formés en dépit du bon sens :
Mais ils trouvent pourtant, quoiqu'on en puisse dire,
Un marchand pour les vendre, et des sots pour les lire.
Et quand la rime enfin se trouve au bout du vers,
Qu'importe que le reste y soit mis de travers ?
Malheureux mille fois celui dont la manie
Veut aux règles de l'art asservir son génie !
Un sot, en écrivant, fait tout avec plaisir :
Il n'a point en ses vers l'embarras de choisir ;
Et, toujours amoureux de ce qu'il vient d'écrire,
Ravi d'étonnement, en soi même il s'admire.
Mais un esprit sublime en vain veut s'élever

---

    (1) Poëte du dernier ordre, qui faisoit tous les jours un sonnet.
    (2 C'est le fameux cuderi, auteur de beaucoup de romans, et frère de la célèbre mademoiselle de Scuderi.

A ce degré parfait qu'il tâche de trouver :
Et, toujours mécontent de ce qu'il vient de faire,
Il plaît à tout le monde, et ne sauroit se plaire :
Et tel, dont en tous lieux chacun vante l'esprit,
Voudroit pour son repos n'avoir jamais écrit.

Toi donc, qui vois les maux où ma muse s'abyme,
De grâce, enseigne-moi l'art de trouver la rime :
Ou, puisqu'enfin tes soins y seroient superflus,
Molière, enseigne-moi l'art de ne rimer plus.

SATIRE III.

Quel sujet inconnu vous trouble et vous altère ?
D'où vous vient aujourd'hui cet air sombre et sévère,
Et ce visage enfin plus pâle qu'un rentier
A l'aspect d'un arrêt (1) qui retranche un quartier ?
Qu'est devenu ce teint dont la couleur fleurie
Sembloit d'ortolans seuls et de bisques nourrie,
Où la joie en son lustre attiroit les regards,
Et le vin en rubis brilloit de toutes parts ?
Qui vous a pu plonger dans cette humeur chagrine ?
A-t-on par quelque édit réformé la cuisine ?
Ou quelque longue pluie inondant vos vallons
A-t-elle fait couler vos vins et vos melons ?
Répondez donc enfin, ou bien je me retire.
   Ah ! de grâce, un moment, souffrez que je respire.
Je sors de chez un fat qui, pour m'empoisonner,
Je pense, exprès chez lui m'a forcé de dîner.
Je l'avois bien prévu. Depuis près d'une année,
J'éludois chaque jour sa poursuite obstinée.
Mais hier il m'aborde, et me serrant la main :
Ah ! monsieur, m'a-t-il dit, je vous attends demain.
N'y manquez pas au moins. J'ai quatorze bouteilles
D'un vin vieux... Boucingo (2) n'en a point de pareilles :
Et je gagerois bien que, chez le commandeur,
Villandri (3) priseroit sa sève et sa verdeur.
Molière avec Tartuffe (4) y doit jouer son rôle ;

(1) Le Roi, en ce temps-là, avoit supprimé un quartier des rentes.
(2) Marchand de vin renommé.
(3) Homme de qualité qui alloit fréquemment dîner chez le commandeur de Souvré.
(4) *Le Tartuffe*, en ce temps-là, avoit été défendu, et tout le monde vouloit avoir Molière pour le lui entendre réciter.

Et Lambert (1), qui plus est, m'a donné sa parole.
C'est tout dire, en un mot, et vous le connoissez.
Quoi! Lambert! Oui, Lambert : à demain. C'est assez.
　Ce matin donc, séduit par sa vaine promesse,
J'y cours, midi sonnant, au sortir de la messe.
A peine étois-je entré, que, ravi de me voir,
Mon homme, en m'embrassant, m'est venu recevoir :
Et montrant à mes yeux une allégresse entière,
Nous n'avons, m'a-t-il dit, ni Lambert ni Molière ;
Mais puisque je vous vois, je me tiens trop content.
Vous êtes un brave homme : entrez ; on vous attend.
　A ces mots, mais trop tard, reconnoissant ma faute,
Je le suis en tremblant dans une chambre haute
Où, malgré les volets, le soleil irrité
Formoit un poêle ardent au milieu de l'été.
Le couvert étoit mis dans ce lieu de plaisance,
Où j'ai trouvé d'abord, pour toute connoissance,
Deux nobles campagnards, grands lecteurs de romans,
Qui m'ont dit tout Cyrus (3) dans leurs longs complimens.
J'enrageois. Cependant on apporte un potage.
Un coq y paroissoit en pompeux équipage,
Qui, changeant sur ce plat et d'état et de nom,
Par tous les conviés s'est appelé chapon.
Deux assiettes suivoient, dont l'une étoit ornée
D'une langue en ragoût, de persil couronnée ;
L'autre, d'un godiveau tout brûlé par dehors,
Dont un beurre gluant inondoit tous les bords.
On s'assied : mais d'abord notre troupe serrée
Tenoit à peine autour d'une table carrée,

---

(1) Lambert, le fameux musicien, étoit un fort bon homme, qui promettoit à tout le monde de venir, mais qui ne venoit jamais.
(2) Roman en dix tomes de mademoiselle de Scuderi.

Où chacun, malgré soi, l'un sur l'autre porté,
Faisoit un tour à gauche, et mangeoit de côté.
Jugez en cet état si je pouvois me plaire,
Moi qui ne compte rien ni le vin ni la chère;
Si l'on n'est plus au large assis en un festin,
Qu'aux sermons de Cassagne ou de l'abbé Cotin.
 Notre hôte cependant s'adressant à la troupe:
Que vous semble, a-t-il dit, du goût de cette soupe?
Sentez-vous le citron dont on a mis le jus
Avec des jaunes d'œufs mêlés dans du verjus?
Ma foi, vive Mignot et tout ce qu'il apprête!
Les cheveux cependant me dressoient à la tête:
Car Mignot, c'est tout dire, et dans le monde entier,
Jamais empoisonneur ne sut mieux son métier.
J'approuvois tout pourtant de la voix et du geste,
Pensant qu'au moins le vin dût réparer le reste.
Pour éclaircir donc, j'en demande: et d'abord
Un laquais effronté m'apporte un rouge-bord
D'un auvernat fumeux, qui, mêlé de lignage (1),
Se vendoit chez Crenet (2) pour vin de l'hermitage,
Et qui, rouge et vermeil, mais fade et doucereux,
N'avoit rien qu'un goût plat, et qu'un déboire affreux.
A peine ai-je senti cette liqueur traîtresse,
Que de ces vins mêlés j'ai reconnu l'adresse.
Toutefois avec l'eau que j'y mets à foison
J'espérois adoucir la force du poison.
Mais, qui l'auroit pensé? pour comble de disgrâce,
Par le chaud qu'il faisoit nous n'avions point de glace.
Point de glace, bon dieu! dans le fort de l'été!
Au mois de juin! Pour moi, j'étois si transporté,

(1) Deux fameux vins du terroir d'Orléans.
(2) Marchand de vin renommé, logé à la pomme de pin.

Que, donnant de fureur tout le festin au diable ;
Je me suis vu vingt fois prêt à quitter la table ;
Et, dût-on m'appeler et fantasque et bourru,
J'allois enfin sortir quand le rôt a paru.
  Sur un lièvre flanqué de six poulets étiques
S'élevoient trois lapins, animaux domestiques,
Qui, dès leur tendre enfance élevés dans Paris,
Sentoient encor le chou dont ils furent nourris.
Autour de cet amas de viandes entassées
Régnoit un long cordon d'alouettes pressées,
Et sur les bords du plat six pigeons étalés
Présentoient pour renfort leurs squelettes brûlés.
A côté de ce plat paroissoient deux salades,
L'une de pourpier jaune, et l'autre d'herbes fades,
Dont l'huile de fort loin saisissoit l'odorat,
Et nageoit dans des flots de vinaigre rosat.
Tous mes sots, à l'instant changeant de contenance,
Ont loué du festin la superbe ordonnance ;
Tandis que mon faquin, qui se voyoit priser,
Avec un ris moqueur les prioit d'excuser.
Surtout certain hableur, à la gueule affamée,
Qui vint à ce festin conduit par la fumée,
Et qui s'est dit profès dans l'ordre des côteaux (1),
A fait en bien mangeant l'éloge des morceaux.
Je riois de le voir, avec sa mine étique,
Son rabat jadis blanc, et sa perruque antique,
En lapins de garenne ériger nos clapiers,
Et nos pigeons cauchois en superbes ramiers ;
Et, pour flatter notre hôte, observant son visage,

---

(1) Ce nom fut donné à trois grands seigneurs tenant table ouverte, qui étoient partagés sur l'estime qu'on devoit faire des vins des côteaux des environs de Reims : ils avoient chacun leurs partisans.

Composer

SATIRE III.

Composer sur ses yeux son geste et son langage :
Quand notre hôte charmé, m'avisant sur ce point :
Qu'avez-vous donc, dit-il, que vous ne mangez point ?
Je vous trouve aujourd'hui l'ame toute inquiète ;
Et les morceaux entiers restent sur votre assiette.
Aimez-vous la muscade ? on en a mis par tout.
Ah ! monsieur, ces poulets sont d'un merveilleux goût !
Ces pigeons sont dodus ! mangez, sur ma parole.
J'aime à voir aux lapins cette chair blanche et molle.
Ma foi, tout est passable, il le faut confesser,
Et Mignot aujourd'hui s'est voulu surpasser.
Quand on parle de sauce, il faut qu'on y rafine ;
Pour moi, j'aime surtout que le poivre y domine :
J'en suis fourni, Dieu sait ! et j'ai tout Pelletier
Roulé dans mon office en cornets de papier.
A tous ces beaux discours j'étois comme une pierre,
Ou comme la statue est au festin de Pierre ;
Et, sans dire un seul mot, j'avalois au hasard
Quelque aile de poulet dont j'arrachois le lard.

 Cependant mon hableur, avec une voix haute,
Porte à mes campagnards la santé de notre hôte ;
Qui tous deux pleins de joie, en jetant un grand cri,
Avec un rouge-bord acceptent son défi.
Un si galant exploit réveillant tout le monde,
On a porté par tout des verres à la ronde,
Où les doigts des laquais, dans la crasse tracés,
Témoignoient par écrit qu'on les avoit rincés.
Quand un des conviés, d'un ton mélancolique,
Lamentant lentement une chanson bachique,
Tous mes sots à-la-fois, ravis de l'écouter,
Détonnant de concert, se mettent à chanter.
La musique sans doute étoit rare et charmante !
L'un traîne en longs fredons une voix glapissante ;

Et l'autre, l'appuyant de son aigre fausset,
Semble un violon faux qui jure sous l'archet.
 Sur ce point un jambon d'assez maigre apparence
Arrive sous le nom de jambon de Mayence.
Un valet le portoit, marchant à pas comptés,
Comme un recteur suivi des quatre facultés.
Deux marmitons crasseux, revêtus de serviettes,
Lui servoient de massiers (1), et portoient deux assiettes,
L'une de champignons avec des ris de veau,
Et l'autre de pois verts qui se noyoient dans l'eau.
Un spectacle si beau surprenant l'assemblée,
Chez tous les conviés la joie est redoublée ;
Et la troupe à l'instant, cessant de fredonner,
D'un ton gravement fou s'est mise à raisonner.
Le vin au plus muet fournissant des paroles,
Chacun a débité ses maximes frivoles,
Réglé les intérêts de chaque potentat,
Corrigé la police, et réformé l'état ;
Puis de là s'embarquant dans la nouvelle guerre,
A vaincu la Hollande (2) ou battu l'Angleterre.
 Enfin, laissant en paix tous ces peuples divers,
De propos en propos on a parlé de vers.
Là tous mes sots, enflés d'une nouvelle audace,
Ont jugé les auteurs en maîtres du Parnasse.
Mais notre hôte surtout, pour la justesse et l'art,
Elevoit jusqu'au ciel Théophile et Ronsard ;
Quand un des campagnards, relevant sa moustache
Et son feutre à grands poils ombragé d'un panache,
Impose à tous silence, et, d'un ton de docteur :

---

(1) Le Recteur, quand il alloit en procession, étoit toujours accompagné de deux massiers.
(2) L'Angleterre et la Hollande étoient alors en guerre, et le Roi avoit envoyé du secours aux Hollandois.

Morbleu! dit-il, la Serre (1) est un charmant auteur!
Ses vers sont d'un beau style et sa prose est coulante.
La Pucelle est encore une œuvre bien galante,
Et je ne sais pourquoi je bâille en la lisant.
Le Pays (2), sans mentir, est un bouffon plaisant:
Mais je ne trouve rien de beau dans ce Voiture.
Ma foi, le jugement sert bien dans la lecture.
A mon gré, le Corneille est joli quelquefois.
En vérité, pour moi j'aime le beau françois.
Je ne sais pas pourquoi l'on vante l'Alexandre;
Ce n'est qu'un glorieux qui ne dit rien de tendre.
Les héros chez Quinaut parlent bien autrement,
Et jusqu'à *je vous hais*, tout s'y dit tendrement.
On dit qu'on l'a drapé dans certaine satire;
Qu'un jeune homme... Ah! je sais ce que vous voulez dire,
A répondu notre hôte : *Un auteur sans défaut*,
La raison dit Virgile, et la rime Quinaut.
Justement. A mon gré, la pièce est assez plate.
Et puis blâmer Quinaut!... Avez-vous vu l'*Astrate* ?
C'est là ce qu'on appelle un ouvrage achevé.
Surtout l'*anneau royal* me semble bien trouvé.
Son sujet est conduit d'une belle manière;
Et chaque acte, en sa pièce, est une pièce entière.
Je ne puis plus souffrir ce que les autres font.
  Il est vrai que Quinaut est un esprit profond,
A repris certain fat qu'à sa mine discrète
Et son maintien jaloux j'ai reconnu poëte:
Mais il en est pourtant qui le pourroient valoir.
Ma foi, ce n'est pas vous qui nous le ferez voir,
A dit mon campagnard avec une voix claire,

(1) Ecrivain célèbre pour son galimatias.
(2) Ecrivain estimé chez les provinciaux à cause d'un livre qu'il a fait, intitulé, *Amitiés, amours et amourettes.*

Et déjà tout bouillant de vin et de colère.
Peut-être, a dit l'auteur pâlissant de courroux :
Mais vous, pour en parler, vous y connoissez-vous ?
Mieux que vous mille fois, dit le noble en furie.
Vous ? mon dieu ! mêlez-vous de boire, je vous prie,
A l'auteur sur-le-champ aigrement reparti.
Je suis donc un sot, moi ? vous en avez menti,
Reprend le campagnard ; et, sans plus de langage,
Lui jette pour défi son assiette au visage.
L'autre esquive le coup ; et l'assiette volant
S'en va frapper le mur, et revient en roulant.
A cet affront l'auteur, se levant de la table,
Lance à mon campagnard un regard effroyable ;
Et, chacun vainement se ruant entre deux,
Nos braves s'accrochant se prennent aux cheveux.
Aussitôt sous leurs pieds les tables renversées
Font voir un long débris de bouteilles cassées :
En vain à lever tout les valets sont fort prompts,
Et les ruisseaux de vin coulent aux environs.

  Enfin, pour arrêter cette lutte barbare,
De nouveau on s'efforce, on crie, on les sépare ;
Et, leur première ardeur passant en un moment,
On a parlé de paix et d'accommodement.
Mais, tandis qu'à l'envi tout le monde y conspire,
J'ai gagné doucement la porte sans rien dire,
Avec un bon serment que, si pour l'avenir,
En pareille cohue on me peut retenir,
Je consens de bon cœur, pour punir ma folie,
Que tous les vins pour moi deviennent vins de Brie ;
Qu'à Paris le gibier manque tous les hivers,
Et qu'à peine au mois d'août l'on mange des pois verts.

SATIRE IV.

A L'ABBÉ LE VAYER.

D'où vient, cher le Vayer, que l'homme le moins sage
Croit toujours seul avoir la sagesse en partage,
Et qu'il n'est point de fou qui, par belles raisons,
Ne loge son voisin aux petites maisons?
  Un pédant enivré de sa vaine science,
Tout hérissé de grec, tout bouffi d'arrogance,
Et qui, de mille auteurs retenus mot pour mot,
Dans sa tête entassés, n'a souvent fait qu'un sot,
Croit qu'un livre fait tout, et que, sans Aristote,
La raison ne voit goutte, et le bon sens radote.
  D'autre part un galant, de qui tout le métier
Est de courir le jour de quartier en quartier,
Et d'aller, à l'abri d'une perruque blonde,
De ses froides douceurs fatiguer tout le monde,
Condamne la science, et, blâmant tout écrit,
Croit qu'en lui l'ignorance est un titre d'esprit,
Que c'est des gens de cour le plus beau privilége,
Et renvoie un savant dans le fond d'un collége.
  Un bigot orgueilleux, qui, dans sa vanité,
Croit duper jusqu'à Dieu par son zèle affecté,
Couvrant tous ses défauts d'une sainte apparence,
Damne tous les humains de sa pleine puissance.
  Un libertin d'ailleurs, qui, sans ame et sans foi,
Se fait de son plaisir une suprême loi,
Tient que ces vieux propos de démons et de flammes
Sont bons pour étonner des enfans et des femmes,
Que c'est s'embarrasser de soucis superflus,
Et qu'enfin tout dévot a le cerveau perclus.
  En un mot, qui voudroit épuiser ces matières,

Peignant de tant d'esprits les diverses manières,
Il compteroit plutôt combien, dans un printemps,
Guénaud et l'antimoine ont fait mourir de gens,
Et combien la Neveu (1), devant son mariage,
A de fois au public vendu son pucelage.
  Mais, sans errer en vain dans ces vagues propos,
Et pour rimer ici ma pensée en deux mots,
N'en déplaise à ces fous nommés sages de Grèce,
En ce monde il n'est point de parfaite sagesse :
Tous les hommes sont fous, et, malgré tous leurs soins,
Ne diffèrent entr'eux que du plus ou du moins.
Comme on voit qu'en un bois que cent routes séparent
Les voyageurs sans guide assez souvent s'égarent,
L'un à droite, l'autre à gauche, et, courant vainement,
La même erreur les fait errer diversement :
Chacun suit dans le monde une route incertaine,
Selon que son erreur le joue et le promène ;
Et tel y fait l'habile et nous traite de fous,
Qui sous le nom de sage est le plus fou de tous.
Mais, quoi que sur ce point la satire publie,
Chacun veut en sagesse ériger sa folie ;
Et se laissant régler à son esprit tortu,
De ses propres défauts se fait une vertu.
Ainsi, cela soit dit pour qui veut se connoître,
Le plus sage est celui qui ne pense point l'être ;
Qui, toujours pour un autre enclin vers la douceur,
Se regarde soi-même en sévère censeur,
Rend à tous ses défauts une exacte justice,
Et fait sans se flatter le procès à son vice.
Mais chacun pour soi-même est toujours indulgent.
  Un avare, idolâtre et fou de son argent,

(1) Femme publique connue de tout le monde.

SATIRE IV.

Rencontrant la disette au sein de l'abondance,
Appelle sa folie une rare prudence,
Et met toute sa gloire et son souverain bien
A grossir un trésor qui ne lui sert de rien.
Plus il le voit accru, moins il en sait l'usage.
   Sans mentir, l'avarice est une étrange rage,
Dira cet autre fou, non moins privé de sens,
Qui jette, furieux, son bien à tous venans,
Et dont l'ame inquiète, à soi-même importune
Se fait un embarras de sa bonne fortune.
Qui des deux en effet est le plus aveuglé ?
   L'un et l'autre, à mon sens, ont le cerveau troublé,
Répondra chez Fredoc ce marquis sage et prude,
Et qui sans cesse au jeu, dont il fait son étude,
Attendant son destin d'un quatorze ou d'un sept,
Voit sa vie ou sa mort sortir de son cornet.
Que si d'un sort fâcheux la maligne inconstance
Vient par un coup fatal faire tourner la chance,
Vous le verrez bientôt, les cheveux hérissés,
Et les yeux vers le ciel de fureur élancés,
Ainsi qu'un possédé que le prêtre exorcise,
Fêter dans ses sermens tous les saints de l'église.
Qu'on le lie ; ou je crains, à son air furieux,
Que ce nouveau Titan n'escalade les cieux.
   Mais laissons-le plutôt en proie à son caprice.
Sa folie, aussi-bien, lui tient lieu de supplice.
Il est d'autres erreurs dont l'aimable prison
D'un charme bien plus doux enivre la raison :
L'esprit dans ce nectar heureusement s'oublie.
   Chapelain veut rimer (1), et c'est là sa folie.
Mais bien que ses durs vers, d'épithètes enflés,

---

(1) Cet auteur, avant que sa *Pucelle* fût imprimée, passoit pour le premier poëte du siècle : l'impression gâta tout.

SATIRE IV.

Soient des moindres grimauds chez Ménage (1) sifflés,
Lui-même il s'applaudit, et, d'un esprit tranquille,
Prend le pas au Parnasse au-dessus de Virgile.
Que feroit-il, hélas! si quelque audacieux
Alloit pour son malheur lui dessiller les yeux,
Lui faisant voir ses vers et sans force et sans grâces,
Montés sur deux grands mots, comme sur des échasses,
Ses termes sans raison l'un de l'autre écartés,
Et ses froids ornemens à la ligne plantés?
Qu'il maudiroit le jour où son ame insensée
Perdit l'heureuse erreur qui charmoit sa pensée!

 Jadis certain bigot, d'ailleurs homme sensé,
D'un mal assez bizarre eut le cerveau blessé,
S'imaginant sans cesse, en sa douce manie,
Des esprits bienheureux entendre l'harmonie.
Enfin un médecin fort expert en son art
Le guérit par adresse ou plutôt par hazard.
Mais voulant de ses soins exiger le salaire,
Moi! vous payer! lui dit le bigot en colère,
Vous, dont l'art infernal, par des secrets maudits,
En me tirant d'erreur m'ôte du paradis!

 J'approuve son courroux; car, puisqu'il faut le dire,
Souvent de tous nos maux la raison est le pire.
C'est elle qui, farouche au milieu des plaisirs,
D'un remords importun vient brider nos désirs.
La fâcheuse a pour nous des rigueurs sans pareilles,
C'est un pédant qu'on a sans cesse à ses oreilles,
Qui toujours nous gourmande, et, loin de nous toucher,
Souvent, comme Joly (2), perd son temps à prêcher.

---

(1) On tenoit chez Ménage, toutes les semaines, une assemblée où alloient beaucoup de petits esprits.
(2) Illustre prédicateur, alors curé de saint Nicolas-des-champs à Paris, et depuis évêque d'Agen.

SATIRE IV.

En vain certains rêveurs nous l'habillent en reine,
Veulent sur tous nos sens la rendre souveraine,
Et, s'en formant en terre une divinité,
Pensent aller par elle à la félicité :
C'est elle, disent-ils, qui nous montre à bien vivre.
Ces discours, il est vrai, sont fort beaux dans un livre ;
Je les estime fort : mais je trouve en effet
Que le plus fou souvent est le plus satisfait.

SATIRE V.

A M. LE MARQUIS DE DANGEAU.

La noblesse, Dangeau, n'est pas une chimère,
Quand, sous l'étroite loi d'une vertu sévère,
Un homme issu d'un sang fécond en demi-dieux
Suit comme toi la trace où marchoient ses aïeux.
 Mais je ne puis souffrir qu'un fat, dont la mollesse
N'a rien pour s'appuyer qu'une vaine noblesse,
Se pare insolemment du mérite d'autrui,
Et me vante un honneur qui ne vient pas de lui.
Je veux que la valeur de ses aïeux antiques
Ait fourni de matière aux plus vieilles chroniques,
Et que l'un des Capets, pour honorer leur nom,
Ait de trois fleurs de lis doté leur écusson.
Que sur ce vain amas d'une inutile gloire,
Si, de tant de héros célèbres dans l'histoire,
Il ne peut rien offrir aux yeux de l'univers
Que de vieux parchemins qu'ont épargné les vers;
Si, tout sorti qu'il est d'une race divine,
Son cœur dément en lui sa superbe origine,
Et, n'ayant rien de grand qu'une sotte fierté,
S'endort dans une molle et lâche oisiveté?
Cependant, à le voir avec tant d'arrogance
Vanter le faux éclat de sa haute naissance,
On diroit que le ciel est soumis à sa loi,
Et que Dieu l'a pétri d'autre limon que moi.
Enivré de lui-même, il croit, dans sa folie,
Qu'il faut que devant lui d'abord tout s'humilie.
Aujourd'hui toutefois, sans trop le ménager,
Sur ce ton un peu haut je vais l'interroger :
 Dites-moi, grand héros, esprit rare et sublime,

SATIRE V.

Entre tant d'animaux, qui sont ceux qu'on estime ?
On fait cas d'un coursier, qui, fier et plein de cœur,
Fait paroître en courant sa bouillante vigueur ;
Qui jamais ne se lasse, et qui dans la carrière
S'est couvert mille fois d'une noble poussière :
Mais la postérité d'Alfane (1) et de Bayard (2),
Quand ce n'est qu'une rosse, est vendue au hasard,
Sans respect des aïeux dont elle est descendue,
Et va porter la malle ou tirer la charrue.
Pourquoi donc voulez-vous que, par un sot abus,
Chacun respecte en vous un honneur qui n'est plus ?
On ne m'éblouit point d'une apparence vaine :
La vertu d'un cœur noble est la marque certaine.
Si vous êtes sorti de ces héros fameux,
Montrez-nous cette ardeur qu'on vit briller en eux,
Ce zèle pour l'honneur, cette horreur pour le vice.
Respectez-vous les lois ? fuyez-vous l'injustice ?
Savez-vous pour la gloire oublier le repos,
Et dormir en plein champ le harnois sur le dos ?
Je vous connois pour noble à ces illustres marques.
Alors soyez issu des plus fameux monarques,
Venez de mille aïeux ; et, si ce n'est assez,
Feuilletez à loisir tous les siècles passés ;
Voyez de quel guerrier il vous plaît de descendre ;
Choisissez de César, d'Achille, ou d'Alexandre :
En vain un faux censeur voudroit vous démentir,
Et si vous n'en sortez, vous en devez sortir.
Mais, fussiez-vous issu d'Hercule en droite ligne,
Si vous ne faites voir qu'une bassesse indigne,
Ce long amas d'aïeux que vous diffamez tous
Sont autant de témoins qui parlent contre vous ;

(1) Cheval du roi Gradasse dans l'Arioste.
(2) Cheval des quatre fils Aymon.

Et tout ce grand éclat de leur gloire ternie
Ne sert plus que de jour à votre ignominie.
En vain, tout fier d'un sang que vous déshonorez,
Vous dormez à l'abri de ces noms révérés ;
En vain vous vous couvrez des vertus de vos pères :
Ce ne sont à mes yeux que de vaines chimères ;
Je ne vois rien en vous qu'un lâche, un imposteur,
Un traître, un scélérat, un perfide, un menteur,
Un fou dont les accès vont jusqu'à la furie,
Et d'un tronc fort illustre une branche pourrie.

 Je m'emporte peut-être, et ma muse en fureur
Verse dans ses discours trop de fiel et d'aigreur :
Il faut avec les grands un peu de retenue.
Hé bien ! je m'adoucis. Votre race est connue.
Depuis quand ? répondez. Depuis mille ans entiers ;
Et vous pouvez fournir deux fois seize quartiers.
C'est beaucoup. Mais enfin les preuves en sont claires ;
Tous les livres sont pleins des titres de vos pères ;
Leurs noms sont échappés du naufrage des temps :
Mais qui m'assurera qu'en ce long cercle d'ans
A leurs fameux époux vos aïeules fidelles
Aux douceurs des galans furent toujours rebelles ?
Et comment savez-vous si quelque audacieux
N'a point interrompu le cours de vos aïeux ;
Et si leur sang tout pur, ainsi que leur noblesse,
Est passé jusqu'à vous de Lucrèce en Lucrèce ?

 Que maudit soit le jour où cette vanité
Vint ici de nos mœurs souiller la pureté !
Dans les temps bienheureux du monde en son enfance,
Chacun mettoit sa gloire en sa seule innocence,
Chacun vivoit content, et sous d'égales lois ;
Le mérite y faisoit la noblesse et les rois ;
Et, sans chercher l'appui d'une naissance illustre,

SATIRE V.

Un héros de soi-même empruntoit tout son lustre.
Mais enfin par le temps le mérite avili
Vit l'honneur en roture, et le vice ennobli;
Et l'orgueil, d'un faux titre appuyant sa foiblesse,
Maîtrisa les humains sous le nom de noblesse.
De là vinrent en foule et marquis et barons;
Chacun pour ses vertus n'offrit plus que des noms.
Aussitôt maint esprit fécond en rêveries
Inventa le blason avec les armoiries;
De ces termes obscurs fit un langage à part;
Composa tous ces mots de *Cimier* et d'*Ecart*,
De *Pal*, de *Contrepal*, de *Lambel* et de *Fasce*,
Et tout ce que Segoing (1) dans son mercure entasse.
Une vaine folie enivrant la raison,
L'honneur triste et honteux ne fut plus de saison.
Alors, pour soutenir son rang et sa naissance,
Il fallut étaler le luxe et la dépense;
Il fallut habiter un superbe palais,
Faire par les couleurs distinguer ses valets;
Et, traînant en tous lieux de pompeux équipages,
Le duc, et le marquis (2), se reconnut aux pages.
  Bientôt, pour subsister, la noblesse sans bien
Trouva l'art d'emprunter, et de ne rendre rien;
Et, bravant des sergens la timide cohorte,
Laissa le créancier se morfondre à sa porte.
Mais, pour comble, à la fin le marquis en prison
Sous le faix des procès vit tomber sa maison.
Alors le noble altier, pressé par l'indigence,
Humblement du faquin rechercha l'alliance;
Avec lui trafiquant d'un nom si précieux,

(1) Auteur qui a fait le *mercure armorial*.
(2) Presque tous les gentilshommes, en ce temps-là, avoient des pages.

Par un lâche contrat vendit tous ses aïeux;
Et, corrigeant ainsi la fortune ennemie,
Rétablit son honneur à force d'infamie.
 Car, si l'éclat de l'or ne relève le sang,
En vain l'on fait briller la splendeur de son rang;
L'amour de vos aïeux passe en vous pour manie,
Et chacun pour parent vous fuit et vous renie.
Mais quand un homme est riche il vaut toujours son prix :
Et, l'eût-on vu porter la mandille (1) à Paris,
N'eût-il de son vrai nom ni titre ni mémoire,
D'Hozier (2) lui trouvera cent aïeux dans l'histoire.
 Toi donc, qui, de mérite et d'honneur revêtu,
Des écueils de la cour as sauvé ta vertu,
Dangeau, qui, dans le rang où notre Roi t'appelle,
Le vois, toujours orné d'une gloire nouvelle,
Et plus brillant par soi que par l'éclat des lis,
Dédaigner tous ces rois dans la pourpre amollis;
Fuir d'un honteux loisir la douceur importune;
A ses sages conseils asservir la fortune;
Et, de tout son bonheur ne devant rien qu'à soi,
Montrer à l'univers ce que c'est qu'être roi :
Si tu veux te couvrir d'un éclat légitime,
Va par mille bienfaits mériter son estime;
Sers un si noble maître; et fais voir qu'aujourd'hui
Ton prince a des sujets qui sont dignes de lui.

(1) Petite casaque qu'en ce temps-là portoient les laquais.
(2) Auteur très-savant dans les généalogies.

SATIRE VI.

Qui frappe l'air, bon dieu ! de ces lugubres cris ?
Est-ce donc pour veiller qu'on se couche à Paris ?
Et quel affreux démon, durant les nuits entières,
Rassemble ici les chats de toutes les gouttières ?
J'ai beau sauter du lit, plein de trouble et d'effroi,
Je pense qu'avec eux tout l'enfer est chez moi :
L'un miaule en grondant comme un tigre en furie ;
L'autre roule sa voix comme un enfant qui crie.
Ce n'est pas tout encor : les souris et les rats
Semblent, pour m'éveiller, s'entendre avec les chats,
Plus importuns pour moi, durant la nuit obscure,
Que jamais, en plein jour, ne fut l'abbé de Pure (1).

 Tout conspire à-la-fois à troubler mon repos,
Et je me plains ici du moindre de mes maux :
Car à peine les coqs, commençant leur ramage,
Auront de cris aigus frappé le voisinage,
Qu'un affreux serrurier, laborieux Vulcain,
Qu'éveillera bientôt l'ardente soif du gain,
Avec un fer maudit, qu'à grand bruit il apprête,
De cent coups de marteau me va fendre la tête.
J'entends déjà par tout les charettes courir,
Les maçons travailler, les boutiques s'ouvrir :
Tandis que dans les airs mille cloches émues,
D'un funèbre concert font retentir les nues ;
Et, se mêlant au bruit de la grêle et des vents,
Pour honorer les morts font mourir les vivans.

 Encor je bénirois la bonté souveraine
Si le ciel à ces maux avoit borné ma peine.
Mais si seul en mon lit je peste avec raison,

(1) Ennuyeux célèbre.

C'est encor pis vingt fois en quittant la maison :
En quelque endroit que j'aille, il faut fendre la presse
D'un peuple d'importuns qui fourmillent sans cesse :
L'un me heurte d'un ais dont je suis tout froissé ;
Je vois d'un autre coup mon chapeau renversé.
Là d'un enterrement la funèbre ordonnance
D'un pas lugubre et lent vers l'église s'avance ;
Et plus loin des laquais l'un l'autre s'agaçans
Font aboyer les chiens et jurer les passans.
Des paveurs en ce lieu me bouchent le passage.
Là je trouve une croix (1) de funeste présage ;
Et des couvreurs grimpés au toit d'une maison
En font pleuvoir l'ardoise et la tuile à foison.
Là sur une charette une poutre branlante
Vient menaçant de loin la foule qu'elle augmente ;
Six chevaux attelés à ce fardeau pesant
Ont peine à l'émouvoir sur le pavé glissant ;
D'un carosse en tournant il accroche une roue,
Et du choc le renverse en un grand tas de boue :
Quand un autre à l'instant s'efforçant de passer
Dans le même embarras se vient embarrasser.
Vingt carosses bientôt arrivant à la file
Y sont en moins de rien suivis de plus de mille :
Et, pour surcroît de maux, un sort malencontreux
Conduit en cet endroit un grand troupeau de bœufs ;
Chacun prétend passer ; l'un mugit, l'autre jure :
Des mulets en sonnant augmentent le murmure.
Aussitôt cent chevaux dans la foule appelés
De l'embarras qui croît ferment les défilés,
Et par tout des passans enchaînant les brigades

(1) On fait pendre du toit de toutes les maisons que l'on couvre une croix de lattes pour avertir les passans de s'éloigner.

SATIRE VI.

Au milieu de la paix font voir les barricades ;
On n'entend que des cris poussés confusément :
Dieu pour s'y faire ouïr tonneroit vainement.
Moi donc, qui dois souvent en certain lieu me rendre,
Le jour déjà baissant, et qui suis las d'attendre,
Ne sachant plus tantôt à quel saint me vouer,
Je me mets au hasard de me faire rouer.
Je saute vingt ruisseaux, j'esquive, je me pousse ;
Guenaud (1) sur son cheval en passant m'éclabousse :
Et, n'osant plus paroître en l'état où je suis,
Sans songer où je vais, je me sauve où je puis.
 Tandis que dans un coin en grondant je m'essuie,
Souvent, pour m'achever, il survient une pluie :
On diroit que le ciel, qui se fond tout en eau,
Veuille inonder ces lieux d'un déluge nouveau.
Pour traverser la rue, au milieu de l'orage,
Un ais sur deux payés forme un étroit passage ;
Le plus hardi laquais n'y marche qu'en tremblant :
Il faut pourtant passer sur ce pont chancelant ;
Et les nombreux torrens qui tombent des goutières
Grossissant les ruisseaux, en ont fait des rivières.
J'y passe en trébuchant ; mais, malgré l'embarras,
La frayeur de la nuit précipite mes pas.
 Car, sitôt que du soir les ombres pacifiques
D'un double cadenas font fermer les boutiques ;
Que, retiré chez lui, le paisible marchand
Va revoir ses billets et compter son argent ;
Que dans le marché-neuf tout est calme et tranquille ;
Les voleurs à l'instant s'emparent de la ville (2).

(1) C'étoit le plus célèbre médecin de Paris, et qui alloit toujours à cheval.
(2) On voloit beaucoup alors dans les rues de Paris.

SATIRE VI.

Le bois le plus funeste et le moins fréquenté
Est, au prix de Paris, un lieu de sûreté.
Malheur donc à celui qu'une affaire imprévue
Engage un peu trop tard au détour d'une rue !
Bientôt quatre bandits lui serrant les côtés,
La bourse !... Il faut se rendre ; ou bien non, résistez,
Afin que votre mort, de tragique mémoire,
Des massacres affreux aille grossir l'histoire.
Pour moi, fermant ma porte, et cédant au sommeil,
Tous les jours je me couche avecque le soleil.
Mais en ma chambre à peine ai-je éteint la lumière,
Qu'il ne m'est plus permis de fermer la paupière :
Des filous effrontés, d'un coup de pistolet,
Ebranlent ma fenêtre, et percent mon volet :
J'entends crier par tout, Au meurtre ! On m'assassine !
Ou, Le feu vient de prendre à la maison voisine !
Tremblant et demi-mort je me lève à ce bruit,
Et souvent sans pourpoint (1) je cours toute la nuit ;
Car le feu, dont la flamme en ondes se déploie,
Fait de notre quartier une seconde Troie,
Où maint Grec affamé, maint avide Argien,
Au travers des charbons va piller le Troyen.
Enfin sous mille crocs la maison abymée
Entraîne aussi le feu qui se perd en fumée.
  Je me retire donc, encor pâle d'effroi :
Mais le jour est venu quand je rentre chez moi.
Je fais pour reposer un effort inutile :
Ce n'est qu'à prix d'argent qu'on dort en cette ville.
Il faudroit, dans l'enclos d'un vaste logement,
Avoir loin de la rue un autre appartement.

(1) Tout le monde, en ce temps-là, portoit des pourpoints.

SATIRE VI.

Paris est pour un riche un pays de cocagne :
Sans sortir de la ville, il trouve la campagne ;
Il peut dans son jardin, tout peuplé d'arbres verts,
Recéler le printemps au milieu des hivers,
Et, foulant le parfum de ses plantes fleuries,
Aller entretenir ses douces rêveries.
Mais moi, grâce au destin, qui n'ai ni feu ni lieu,
Je me loge où je puis, et comme il plaît à Dieu.

SATIRE VII.

Muse, changeons de style, et quittons la satire;
C'est un méchant métier que celui de médire;
A l'auteur qui l'embrasse il est toujours fatal :
Le mal qu'on dit d'autrui ne produit que du mal.
Maint poëte, aveuglé d'une telle manie,
En courant à l'honneur, trouve l'ignominie;
Et tel mot, pour avoir réjoui le lecteur,
A coûté bien souvent des larmes à l'auteur.

Un éloge ennuyeux, un froid panégyrique,
Peut pourrir à son aise au fond d'une boutique,
Ne craint point du public les jugemens divers,
Et n'a pour ennemis que la poudre et les vers.
Mais un auteur malin, qui rit et qui fait rire,
Qu'on blâme en le lisant, et pourtant qu'on veut lire,
Dans ses plaisans accès qui se croit tout permis,
De ses propres rieurs se fait des ennemis.
Un discours trop sincère aisément nous outrage :
Et tel, en vous lisant, admire chaque trait,
Qui dans le fond de l'ame et vous craint et vous hait.

Muse, c'est donc en vain que la main vous démange :
S'il faut rimer ici, rimons quelque louange;
Et cherchons un héros, parmi cet univers,
Digne de notre encens et digne de nos vers.
Mais à ce grand effort en vain je vous anime :
Je ne puis pour louer rencontrer une rime;
Dès que j'y veux rêver ma veine est aux abois.
J'ai beau frotter mon front, j'ai beau mordre mes doigts,
Je ne puis arracher du creux de ma cervelle
Que des vers plus forcés que ceux de la Pucelle (1).

(1) Poëme héroïque de Chapelain, dont tous les vers semblent faits en dépit de Minerve.

SATIRE VII.

Je pense être à la gêne ; et, pour un tel dessein,
La plume et le papier résistent à ma main.
Mais quand il faut railler j'ai ce que je souhaite.
Alors, certes, alors je me connois poëte :
Phébus, dès que je parle, est prêt à m'exaucer ;
Mes mots viennent sans peine, et courent se placer.
Faut-il peindre un fripon fameux dans cette ville ?
Ma main, sans que j'y rêve, écrira Raumaville.
Faut-il d'un sot parfait montrer l'original ?
Ma plume au bout du vers d'abord trouve Sofal :
Je sens que mon esprit travaille de génie.
Faut-il d'un froid rimeur dépeindre la manie ?
Mes vers, comme un torrent, coulent sur le papier ;
Je rencontre à-la-fois Perrin et Pelletier,
Bonnecorse, Pradon, Colletet, Titreville (1) ;
Et, pour un que je veux, j'en trouve plus de mille.
Aussitôt je triomphe, et ma muse en secret
S'estime et s'applaudit du beau coup qu'elle a fait.
C'est en vain qu'au milieu de ma fureur extrême
Je me fais quelquefois des leçons à moi-même ;
En vain je veux au moins faire grâce à quelqu'un ;
Ma plume auroit regret d'en épargner aucun ;
Et, sitôt qu'une fois la verve me domine,
Tout ce qui s'offre à moi passe par l'étamine.
Le mérite pourtant m'est toujours précieux :
Mais tout fat me déplaît, et me blesse les yeux ;
Je le poursuis par tout, comme un chien fait sa proie,
Et ne le sens jamais qu'aussitôt je n'aboie.
Enfin, sans perdre temps en de si vains propos,
Je sais coudre une rime au bout de quelques mots.

(1) Poëtes décriés.

SATIRE VII.

Souvent j'habille en vers une maligne prose :
C'est par là que je vaux, si je vaux quelque chose.
Ainsi, soit que bientôt, par une dure loi,
La mort d'un vol affreux vienne fondre sur moi,
Soit que le ciel me garde un cours long et tranquille,
A Rome ou dans Paris, aux champs ou dans la ville;
Dût ma muse par là choquer tout l'univers,
Riche, gueux, triste ou gai, je veux faire des vers.
 Pauvre esprit, dira-t-on, que je plains ta folie !
Modère ces bouillons de ta mélancolie;
Et garde qu'un de ceux que tu penses blâmer
N'éteigne dans ton sang cette ardeur de rimer.
 Hé quoi ! lorsqu'autrefois Horace, après Lucile,
Exhaloit en bons mots les vapeurs de sa bile,
Et, vengeant la vertu par des traits éclatans,
Alloit ôter le masque aux vices de son temps;
Ou bien quand Juvénal, de sa mordante plume
Faisant couler des flots de fiel et d'amertume,
Gourmandoit en courroux tout le peuple latin,
L'un ou l'autre fit-il une tragique fin ?
Et que craindre, après tout, d'une fureur si vaine ?
Personne ne connoît ni mon nom ni ma veine.
On ne voit point mes vers, à l'envi de Montreuil (1),
Grossir impunément les feuillets d'un recueil.
A peine quelquefois je me force à les lire,
Pour plaire à quelque ami que charme la satire,
Qui me flatte peut-être, et, d'un air imposteur,
Rit tout haut de l'ouvrage, et tout bas de l'auteur.
Enfin c'est mon plaisir; je veux me satifaire :
Je ne puis bien parler, et ne saurois me taire;

(1) Le nom de Montreuil dominoit dans tous les fréquens recueils de poësies choisies qu'on faisoit alors.

SATIRE VII.

Et, dès qu'un mot plaisant vient luire à mon esprit,
Je n'ai point de repos qu'il ne soit en écrit :
Je ne résiste point au torrent qui m'entraîne.

Mais c'est assez parlé : prenons un peu d'haleine :
Ma main, pour cette fois, commence à se lasser.
Finissons. Mais demain, Muse, à recommencer.

SATIRE VIII (1).

A MONSIEUR M**,

DOCTEUR DE SORBONNE.

DE tous les animaux qui s'élèvent dans l'air,
Qui marchent sur la terre, ou nagent dans la mer,
De Paris au Pérou, du Japon jusqu'à Rome,
Le plus sot animal, à mon avis, c'est l'homme.
   Quoi! dira-t-on d'abord, un ver, une fourmi,
Un insecte rampant qui ne vit qu'à demi,
Un taureau qui rumine, une chèvre qui broute,
Ont l'esprit mieux tourné que n'a l'homme! Oui, sans doute.
Ce discours te surprend, Docteur, je l'aperçoi.
L'homme, de la nature, est le chef et le roi :
Bois, prés, champs, animaux, tout est pour son usage;
Et lui seul as, dis-tu, la raison en partage.
Il est vrai, de tout temps la raison fut son lot :
Mais de là je conclus que l'homme est le plus sot.
   Ces propos, diras-tu, sont bons dans la satire,
Pour égayer d'abord un lecteur qui veut rire :
Mais il faut les prouver. En forme. J'y consens.
Réponds-moi donc, Docteur, et mets-toi sur les bancs.
   Qu'est-ce que la sagesse ? une égalité d'ame
Que rien ne peut troubler, qu'aucun désir n'enflamme,
Qui marche en ses conseils à pas plus mesurés
Qu'un doyen au palais ne monte les dégrés.
Or cette égalité dont se forme le sage,
Qui jamais moins que l'homme en a connu l'usage ?
La fourmi tous les ans traversant les guérets

---

(1) Cette satire dans le goût de Perse, marque un philosophe chagrin qui ne peut plus souffrir les vices des hommes.

SATIRE VIII.

Grossit ses magasins des trésors de Cérès ;
Et dès que l'aquilon, ramenant la froidure,
Vient de ses noirs frimats attrister la nature ;
Cet animal, tapi dans son obscurité,
Jouit, l'hiver, des biens conquis durant l'été.
Mais on ne la voit point, d'une humeur inconstante,
Paresseuse au printemps, en hiver diligente,
Affronter en plein champ les fureurs de janvier,
Ou demeurer oisive au retour du bélier.
Mais l'homme, sans arrêt dans sa course insensée,
Voltige incessamment de pensée en pensée :
Son cœur, toujours flottant entre mille embarras,
Ne sait ni ce qu'il veut ni ce qu'il ne veut pas.
Ce qu'un jour il abhorre, en l'autre il le souhaite.
Moi ! j'irois épouser une femme coquette !
J'irois, par ma constance aux affronts endurci,
Me mettre au rang des saints qu'a célébrés Bussi (1) !
Assez de sots sans moi feront parler la ville,
Disoit le mois passé ce marquis indocile
Qui, depuis quinze jours dans le piége arrêté,
Entre les bons maris pour exemple cité,
Croit que Dieu, tout exprès, d'une côte nouvelle
A tiré pour lui seul une femme fidelle.
 Voilà l'homme en effet. Il va du blanc au noir :
Il condamne au matin ses sentimens du soir :
Importun à tout autre, à soi-même incommode,
Il change à tous momens d'esprit comme de mode :
Il tourne au moindre vent, il tombe au moindre choc.
Aujourd'hui dans un casque, et demain dans un froc.
 Cependant à le voir, plein de vapeurs légères,
Soi-même se bercer de ses propres chimères,

(1) Bussi, dans son *histoire galante*, raconte beaucoup de galanterie des dames mariées de la cour.

SATIRE VIII.

Lui seul de la nature est la base et l'appui,
Et le dixième ciel ne tourne que pour lui.
De tous les animaux il est, dit-il, le maître.
Qui pourroit le nier ? poursuis-tu. Moi, peut-être.
Mais sans examiner si vers les antres sourds
L'ours a peur du passant, ou le passant de l'ours ;
Et si, sur un édit des pâtres de Nubie,
Les lions de Barca vuideroient la Libye ;
Ce maître prétendu qui leur donne des lois,
Ce roi des animaux, combien a-t-il de rois !
L'ambition, l'amour, l'avarice, la haine,
Tiennent comme un forçat son esprit à la chaîne.
  Le sommeil sur ses yeux commence à s'épancher :
Debout, dit l'avarice, il est temps de marcher.
Hé ! laissez-moi. Debout ! Un moment. Tu répliques !
A peine le soleil fait ouvrir les boutiques.
N'importe, lève-toi. Pour quoi faire après tout ?
Pour courir l'océan de l'un à l'autre bout,
Chercher jusqu'au Japon la porcelaine et l'ambre,
Rapporter de Goa (1) le poivre et le gingembre.
Mais j'ai des biens en foule, et je puis m'en passer.
On n'en peut trop avoir ; et pour en amasser
Il ne faut épargner ni crime ni parjure ;
Il faut souffrir la faim, et coucher sur la dure ;
Eût-on plus de trésors que n'en perdit Galet (2),
N'avoir en sa maison ni meubles ni valet ;
Parmi les tas de blé vivre de seigle et d'orge ;
De peur de perdre un liard souffrir qu'on vous égorge.
Et pourquoi cette épargne enfin ? L'ignores-tu ?
Afin qu'un héritier, bien nourri, bien vêtu,

(1) Ville des Portugais dans les Indes orientales.
(2) Fameux joueur dont il est fait mention dans Regnier.

SATIRE VIII.

Profitant d'un trésor en tes mains inutile,
De son train quelque jour embarrasse la ville.
Que faire? Il faut partir: les matelots sont prêts.
Ou, si pour l'entraîner l'argent manque d'attraits,
Bientôt l'ambition et toute son escorte
Dans le sein du repos vient le prendre à main-forte,
L'envoie en furieux, au milieu des hasards,
Se faire estropier sur les pas des Césars;
Et, cherchant sur la brèche une mort indiscrète,
De sa folle valeur embellir la gazette.
   Tout beau, dira quelqu'un, raillez plus à propos;
Ce vice fut toujours la vertu des héros.
Quoi donc! à votre avis, fut-ce un fou qu'Alexandre?
Qui? cet écervelé qui mit la terre en cendre?
Ce fougueux l'Angéli (1), qui de sang altéré,
Maître du monde entier, s'y trouvoit trop serré?
L'enragé qu'il étoit, né roi d'une province
Qu'il pouvoit gouverner en bon et sage prince,
S'en alla follement, et pensant être dieu,
Courir comme un bandit qui n'a ni feu ni lieu:
Et, traînant après soi les horreurs de la guerre,
De sa vaste folie emplir toute la terre:
Heureux, si de son temps, pour cent bonnes raisons,
La Macédoine eût eu des petites maisons (2);
Et qu'un sage tuteur l'eût en cette demeure,
Par avis de parens, enfermé de bonne heure.
   Mais, sans nous égarer dans ces digressions,
Traiter, comme Sénaut, toutes les passions,
Et, les distribuant par classes et par titres,
Dogmatiser en vers, et rimer par chapitres,

(1) Il en est parlé dans la première satire.
(2) Hôpital de Paris où l'on enfermoit les fous.

Laissons-en discourir la Chambre et Coeffeteau (1);
Et voyons l'homme enfin par l'endroit le plus beau.

 Lui seul, vivant, dit-on, dans l'enceinte des villes,
Fait voir d'honnêtes mœurs, des coutumes civiles,
Se fait des gouverneurs, des magistrats, des rois,
Observe une police, obéit à des lois.
 Il est vrai. Mais pourtant sans lois et sans police,
Sans craindre archers, prévôt, ni suppôt de justice,
Voit-on les loups brigands, comme nous inhumains,
Pour détrousser les loups courir les grands chemins?
Jamais, pour s'agrandir, vit-on dans sa manie
Un tigre en factions partager l'Hyrcanie (2)?
L'ours a-t-il dans les bois la guerre avec les ours?
Le vautour dans les airs fond-il sur les vautours?
A-t-on vu quelquefois dans les plaines d'Afrique
Déchirant à l'envi leur propre république,
Lions contre lions, parens contre parens,
Combattre follement pour le choix des tyrans (3)?
L'animal le plus fier qu'enfante la nature
Dans un autre animal respecte sa figure;
De sa rage avec lui modère les accès;
Vit sans bruit, sans débats, sans noise, sans procès.
Un aigle, sur un champ prétendant droit d'aubaine (4),
Ne fait point appeler un aigle à la huitaine;
Jamais contre un renard chicanant un poulet
Un renard de son sac n'alla charger Rolet;
Jamais la biche en rut n'a, pour fait d'impuissance,
Traîné du fond des bois un cerf à l'audience;

---

 (1) Senaut, la Chambre et Coeffetau, ont tous trois fait chacun un traité des passions.
 (2) Province de Perse sur les bords de la mer Caspienne.
 (3) Parodie. Il y a dans *Cinna* : Romains contre Romains, etc.
 (4) C'étoit un droit qu'avoit le Roi de succéder aux biens des étrangers qui mouroient en France, et qui n'y étoient point naturalisés.

SATIRE VIII.

Et jamais juge, entr'eux ordonnant le congrès (1),
De ce burlesque mot n'a sali ses arrêts.
On ne connoît chez eux ni placets ni requêtes,
Ni haut ni bas conseil, ni chambre des enquêtes.
Chacun l'un avec l'autre en toute sûreté
Vit sous les pures lois de la simple équité.
L'homme seul, l'homme seul, en sa fureur extrême,
Met un brutal honneur à s'égorger soi-même.
C'étoit peu que sa main, conduite par l'enfer,
Eût pétri le salpêtre, eût aiguisé le fer :
Il falloit que sa rage, à l'univers funeste,
Allât encore de lois embrouiller un digeste ;
Cherchât pour l'obscurcir des gloses, des docteurs,
Accablât l'équité sous des monceaux d'auteurs,
Et pour comble de maux apportât dans la France
Des harangueurs du temps l'ennuyeuse éloquence.
  Doucement, diras-tu : que sert de s'emporter ?
L'homme a ses passions, on n'en sauroit douter ;
Il a comme la mer ses flots et ses caprices :
Mais ses moindres vertus balancent tous ses vices.
N'est-ce pas l'homme enfin dont l'art audacieux
Dans le tour d'un compas a mesuré les cieux ?
Dont la vaste science, embrassant toutes choses,
A fouillé la nature, en a percé les causes ?
Les animaux ont-ils des universités ?
Voit-on fleurir chez eux des quatre facultés ?
Y voit-on des savans en droit, en médecine,
Endosser l'écarlate et se fourrer d'hermine (2) ?

(1) Cet usage fut aboli sur le plaidoyer du président de Lamoignon, alors avocat-général.
(2) L'université étoit alors composée de quatre facultés, qui étoient *les arts, la théologie, le droit, et la médecine.* Les docteurs portoient, dans les jours de cérémonie, des robes rouges fourrées d'hermine.

Non, sans doute; et jamais chez eux un médecin
N'empoisonna les bois de son art assassin.
Jamais docteur armé d'un argument frivole
Ne s'enroua chez eux sur les bancs d'une école.
Mais, sans chercher au fond si notre esprit déçu
Sait rien de ce qu'il sait, s'il a jamais rien su,
Toi-même réponds-moi : Dans le siècle où nous sommes,
Est-ce au pied du savoir qu'on mesure les hommes ?

Veux-tu voir tous les grands à ta porte courir ?
Dit un père à son fils dont le poil va fleurir ;
Prends-moi le bon parti : laisse là tous les livres.
Cent francs au denier cinq combien font-ils ? Vingt livres.
C'est bien dit. Va, tu sais tout ce qu'il faut savoir.
Que de biens, que d'honneurs sur toi s'en vont pleuvoir !
Exerce-toi, mon fils, dans ces hautes sciences ;
Prends au lieu d'un Platon le guidon des finances.
Sache quelle province enrichit les traitans ;
Combien le sel au Roi peut fournir tous les ans.
Endurcis-toi le cœur : sois arabe, corsaire ;
Injuste, violent, sans foi, double, faussaire.
Ne va point sottement faire le généreux ;
Engraisse-toi, mon fils, du suc des malheureux ;
Et, trompant de Colbert la prudence importune,
Va par tes cruautés mériter la fortune.
Aussitôt tu verras poëtes, orateurs,
Rhéteurs, grammairiens, astronomes, docteurs,
Dégrader les héros pour te mettre en leurs places,
De tes titres pompeux enfler leurs dédicaces,
Te prouver à toi-même en grec, hébreu, latin,
Que tu sais de leur art et le fort et le fin.
Quiconque est riche est tout : sans sagesse il est sage ;
Il a, sans rien savoir, la science en partage ;
Il a l'esprit, le cœur, le mérite, le rang ;

SATIRE VIII.

La vertu, la valeur, la dignité, le sang ;
Il est aimé des grands, il est chéri des belles.
Jamais surintendant ne trouva de cruelles.
L'or même à la laideur donne un teint de beauté :
Mais tout devient affreux avec la pauvreté.
 C'est ainsi qu'à son fils un usurier habile
Trace vers la richesse une route facile :
Et tel souvent y vient, qui sait, pour tout secret,
Cinq et quatre font neuf, ôtez deux, reste sept.
 Après cela, Docteur, va pâlir sur la bible ;
Va marquer les écueils de cette mer terrible ;
Perce la sainte horreur de ce livre divin ;
Confonds dans un ouvrage et Luther et Calvin ;
Débrouille des vieux temps les querelles célèbres ;
Eclaircis des rabbins les savantes ténèbres :
Afin qu'en ta vieillesse un livre en maroquin
Aille offrir ton travail à quelque heureux faquin,
Qui, pour digne loyer de la bible éclaircie,
Te paie en l'acceptant d'un *je vous remercie*.
Ou, si ton cœur aspire à des honneurs plus grands,
Quitte là le bonnet, la Sorbonne et les bancs ;
Et, prenant désormais un emploi salutaire,
Mets-toi chez un banquier, ou bien chez un notaire :
Laisse là Saint Thomas s'accorder avec Scot ;
Et conclus avec moi qu'un docteur n'est qu'un sot.
 Un docteur ! diras-tu. Parlez de vous, poëte :
C'est pousser un peu loin votre muse indiscrète.
Mais, sans perdre en discours le temps hors de saison,
L'homme, venez au fait, n'a-t-il pas la raison ?
N'est-ce pas son flambeau, son pilote fidelle ?
 Oui. Mais de quoi lui sert que sa voix le rappelle,
Si, sur la foi des vents, tout prêt à s'embarquer,
Il ne voit point d'écueil qu'il ne l'aille choquer ?

Et que sert à Cotin (1) la raison qui lui crie,
N'écris plus, guéris-toi d'une vaine furie;
Si tous ces vains conseils, loin de la réprimer,
Ne font qu'accroître en lui la fureur de rimer?
Tous les jours de ses vers, qu'à grand bruit il récite,
Il met chez lui voisins, parens, amis en fuite.
Car lorsque son démon commence à l'agiter,
Tout, jusqu'à sa servante, est prêt à déserter.
Un âne, pour le moins, instruit par la nature,
A l'instinct qui le guide obéit sans murmure;
Ne va pas follement de sa bizarre voix
Défier aux chansons les oiseaux dans les bois :
Sans avoir la raison il marche sur sa route.
L'homme seul, qu'elle éclaire, en plein jour ne voit goutte;
Réglé par ses avis, fait tout à contre-temps,
Et dans tout ce qu'il fait n'a ni raison ni sens :
Tout lui plaît et déplaît, tout le choque et l'oblige;
Sans raison il est gai, sans raison il s'afflige;
Son esprit au hasard aime, évite poursuit,
Défait, refait, augmente, ôte, élève, détruit.
Et voit-on, comme lui, les ours ni les panthères
S'effrayer sottement de leurs propres chimères;
Plus de douze attroupés craindre le nombre impair;
Ou croire qu'un corbeau (2) les menace dans l'air?
Jamais l'homme, dis-moi, vit-il la bête folle
Sacrifier à l'homme, adorer son idole,
Lui venir, comme au Dieu des saisons et des vents,

(1) Il avoit écrit contre moi et contre Molière; ce qui donna
occasion à Molière de faire *les Femmes savantes*, et d'y tourner
Cotin en ridicule.
(2) Bien des gens croient que, lorsqu'on se trouve treize à
table, il y en a toujours un qui meurt dans l'année, et qu'un
corbeau apperçu dans l'air présage quelque chose de sinistre.

Demander

SATIRE VIII.

Demander à genoux la pluie ou le beau temps ?
Non. Mais cent fois la bête a vu l'homme hypocondre
Adorer le métal que lui-même il fit fondre ;
A vu dans un pays les timides mortels
Trembler aux pieds d'un singe assis sur leurs autels ;
Et sur les bords du Nil les peuples imbéciles,
L'encensoir à la main, chercher les crocodiles.
 Mais pourquoi, diras-tu, cet exemple odieux ?
Que peut servir ici l'Egypte et ses faux dieux ?
Quoi ! me prouverez-vous par ce discours profane
Que l'homme, qu'un docteur, est au-dessous d'un âne ?
Un âne, le jouet de tous les animaux,
Un stupide animal, sujet à mille maux,
Dont le nom seul en soi comprend une satire ?
Oui, d'un âne : et qu'a-t-il qui nous excite à rire ?
Nous nous moquons de lui : mais s'il pouvoit un jour,
Docteur, sur nos défauts s'exprimer à son tour ;
Si, pour nous réformer, le ciel prudent et sage
De la parole enfin lui permettoit l'usage ;
Qu'il pût dire tout haut ce qu'il se dit tout bas ;
Ah ! Docteur, entre nous, que ne diroit-il pas ?
Et que peut-il penser lorsque dans une rue
Au milieu de Paris il promène sa vue ;
Qu'il voit de tous côtés les hommes bigarrés,
Les uns gris, les uns noirs, les autres chamarrés ?
Que dit-il quand il voit, avec la mort en trousse,
Courir chez un malade un assassin en housse ;
Qu'il trouve de pédans un escadron fourré,
Suivi par un recteur de bédeaux entouré ;
Ou qu'il voit la Justice, en grosse compagnie,
Mener tuer un homme avec cérémonie ?
Que pense-t-il de nous lorsque sur le midi

SATIRE VIII.

Un hasard au palais le conduit un jeudi (1) ;
Lorsqu'il entend de loin, d'une gueule infernale,
La chicane en fureur mugir dans la grand'salle ?
Que dit-il quand il voit les juges, les huissiers,
Les clercs, les procureurs, les sergens, les greffiers ?
Oh ! que si l'âne alors, à bon droit misanthrope,
Pouvoit trouver la voix qu'il eut au temps d'Esope,
De tous côtés, Docteur, voyant les hommes fous,
Qu'il diroit de bon cœur, sans en être jaloux,
Content de ses chardons, et secouant la tête,
Ma foi, non plus que nous, l'homme n'est qu'une bête !

(1) C'étoit le jour des grandes audiences.

SATIRE IX (1).

C'est à vous, mon esprit, à qui je veux parler.
Vous avez des défauts que je ne puis céler :
Assez et trop long-temps ma lâche complaisance
De vos jeux criminels a nourri l'insolence ;
Mais, puisque vous poussez ma patience à bout,
Une fois en ma vie il faut vous dire tout.
  On croiroit, à vous voir dans vos libres caprices
Discourir en Caton des vertus et des vices,
Décider du mérite et du prix des auteurs,
Et faire impunément la leçon aux docteurs,
Qu'étant seul à couvert des traits de la satire
Vous avez tout pouvoir de parler et d'écrire.
Mais moi qui dans le fond sais bien ce que j'en crois,
Qui compte tous les jours vos défauts par mes doigts,
Je ris quand je vous vois, si foible et si stérile,
Prendre sur vous le soin de réformer la ville,
Dans vos discours chagrins plus aigre et plus mordant
Qu'une femme en furie ou Gautier (2) en plaidant.
  Mais répondez un peu. Quelle indiscrète
Sans l'aveu des neuf sœurs vous a rendu poëte ?
Sentiez-vous, dites-moi, ces violens transports
Qui d'un esprit divin font mouvoir les ressorts ?
Qui vous a pu souffler une si folle audace ?
Phébus a-t-il pour vous applani le Parnasse ?
Et ne savez-vous pas que, sur ce mont sacré,
Qui ne vole au sommet tombe au plus bas degré ?
Et qu'à moins d'être au rang d'Horace ou de Voiture,
On rampe dans la fange avec l'abbé de Pure ?

(1) Cette satire entièrement dans le goût d'Horace, est d'un homme qui se fait son procès à soi-même pour le faire à tous les autres.
(2) Avocat célèbre et très-mordant.

Que si tous mes efforts ne peuvent réprimer
Cet ascendant malin qui vous force à rimer,
Sans perdre en vains discours tout le fruit de vos veilles,
Osez chanter du roi les augustes merveilles :
Là, mettant à profit vos caprices divers,
Vous verriez tous les ans fructifier vos vers :
Et par l'espoir du gain votre muse animée
Vendroit au poids de l'or une once de fumée.
Mais en vain, direz-vous, je pense vous tenter
Par l'éclat d'un fardeau trop pesant à porter :
Tout chantre ne peut pas, sur le ton d'un Orphée,
Entonner en grands vers la Discorde étouffée ;
Peindre Bellone en feu tonnant de toutes parts,
Et le Belge effrayé fuyant sur ses remparts (1).
Sur un ton si hardi, sans être téméraire,
Racan pourroit chanter au défaut d'un Homère,
Mais pour Cotin et moi, qui rimons au hasard,
Que l'amour de blâmer fit poëtes par art,
Quoiqu'un tas de grimauds vante notre éloquence,
Le plus sûr est pour nous de garder le silence.
Un poëme insipide et sottement flatteur
Déshonore à-la-fois le héros et l'auteur :
Enfin de tels projets passent notre foiblesse.
 Ainsi parle un esprit languissant de mollesse,
Qui, sous l'humble dehors d'un respect affecté,
Cache le noir venin de sa malignité.
Mais, dussiez-vous en l'air voir vos ailes fondues,
Ne valoit-il pas mieux vous perdre dans les nues,
Que d'aller sans raison, d'un style peu chrétien,
Faire insulte en rimant à qui ne vous dit rien,

---

(1) Cette satire a été faite dans le temps que le Roi prit Lille en Flandre et plusieurs autres villes.

Et du bruit dangereux d'un livre téméraire
A vos propres périls enrichir le libraire ?
 Vous vous flattez peut-être, en votre vanité,
D'aller comme un Horace à l'immortalité :
Et déjà vous croyez dans vos rimes obscures
Aux Saumaises (1) futurs préparer des tortures.
Mais combien d'écrivains, d'abord si bien reçus,
Sont de ce fol espoir honteusement déçus !
Combien, pour quelques mois, ont vu fleurir leur livre,
Dont les vers en paquet se vendent à la livre !
Vous pourrez voir, un temps, vos écrits estimés
Courir de main en main par la ville semés ;
Puis de là, tout poudreux, ignorés sur la terre,
Suivre chez l'épicier Neuf-Germain (2) et la Serre (3) ;
Ou, de trente feuillets réduits peut-être à neuf,
Parer, demi-rongés, les rebords du pont-neuf (4).
Le bel honneur pour vous, en voyant vos ouvrages
Occuper le loisir des laquais et des pages ;
Et souvent dans un coin renvoyés à l'écart
Servir de second tome aux airs du Savoyard (5) !
 Mais je veux que le sort, par un heureux caprice,
Fasse de vos écrits prospérer la malice,
Et qu'enfin votre livre aille, au gré de vos vœux,
Faire siffler Cotin chez nos derniers neveux :
Que vous sert-il qu'un jour l'avenir vous estime,
Si vos vers aujourd'hui vous tiennent lieu de crime,
Et ne produisent rien, pour fruit de leurs bons mots,
Que l'effroi du public et la haine des sots ?
Quel démon vous irrite, et vous porte à médire ?

 (1) Saumaise, célèbre commentateur.
 (2) Poëte extravagant. (3) Auteur peu estimé.
 (4) Où l'on vend d'ordinaire les livres de rebut.
 (5) Fameux chantre du Pont-neuf, dont on vante encore les chansons.

SATIRE IX.

Un livre vous déplaît : qui vous force à le lire ?
Laissez mourir un fat dans son obscurité :
Un auteur ne peut-il pourrir en sûreté ?
Le Jonas inconnu sèche dans la poussière ;
Le David imprimé n'a point vu la lumière ;
Le Moïse (1) commence à moisir par les bords.
Quel mal cela fait-il ? Ceux qui sont morts sont morts :
Le tombeau contre vous ne peut-il les défendre ?
Et qu'ont fait tant d'auteurs, pour remuer leur cendre ?
Que vous ont fait Perrin, Bardin, Pradon, Hainaut,
Colletet, Pelletier, Titreville, Quinaut,
Dont les noms en cent lieux, placés comme en leurs niches,
Vont de vos vers malins remplir les hémistiches ?
Ce qu'ils font vous ennuie. O le plaisant détour !
Ils ont bien ennuyé le roi, toute la cour,
Sans que le moindre édit ait, pour punir leur crime,
Retranché les auteurs, ou supprimé la rime.
Écrive qui voudra. Chacun à ce métier
Peut perdre impunément de l'encre et du papier.
Un roman, sans blesser les lois ni la coutume,
Peut conduire un héros au dixième volume (2).
De là vient que Paris voit chez lui de tout temps
Les auteurs à grands flots déborder tous les ans ;
Et n'a point de portail où, jusqu'aux corniches,
Tous les piliers ne soient enveloppés d'affiches.
Vous seul, plus dégoûté, sans pouvoir et sans nom,
Viendrez régler les droits et l'état d'Apollon !
Mais vous, qui raffinez sur les écrits des autres,
De quel œil pensez-vous qu'on regarde les vôtres ?

(1) Ces trois poëmes avoient été faits, le *Jonas* par Coras, le *David* par Las-Fargues, et le *Moïse* par Saint-Amand.
(2) Les romans de *Cyrus*, de *Clélie*, et de *Pharamond*, sont chacun de dix volumes.

SATIRE IX.

Il n'est rien en ce temps à couvert de vos coups :
Mais savez-vous aussi comme on parle de vous ?
  Gardez-vous, dira l'un, de cet esprit critique :
On ne sait bien souvent quelle mouche le pique.
Mais c'est un jeune fou qui se croit tout permis,
Et qui pour un bon mot va perdre vingt amis.
Il ne pardonne pas aux vers de la Pucelle,
Et croit régler le monde au gré de sa cervelle.
Jamais dans le barreau trouva-t-il rien de bon ?
Peut-on si bien prêcher qu'il ne dorme au sermon ?
Mais lui, qui fait ici le régent du Parnasse,
N'est qu'un gueux revêtu des dépouilles d'Horace (1).
Avant lui Juvénal avoit dit en latin
Qu'on est assis à l'aise aux sermons de Cotin.
L'un et l'autre avant lui s'étoient plaints de la rime,
Et c'est aussi sur eux qu'il rejette son crime :
Il cherche à se couvrir de ces noms glorieux.
J'ai peu lu ces auteurs : mais tout n'iroit que mieux
Quand de ces médisans l'engeance toute entière
Iroit la tête en bas rimer dans la rivière.
  Voilà comme on vous traite : et le monde effrayé
Vous regarde déjà comme un homme noyé.
En vain quelque rieur, prenant votre défense,
Veut faire au moins, de grâce, adoucir la sentence :
Rien n'apaise un lecteur toujours tremblant d'effroi,
Qui voit peindre en autrui ce qu'il remarque en soi.
  Vous ferez-vous toujours des affaires nouvelles ?
Et faudra-t-il sans cesse essuyer des querelles ?
N'entendrai-je qu'auteurs se plaindre et murmurer ?
Jusqu'à quand vos fureurs doivent-elles durer ?
Répondez, mon esprit ; ce n'est plus raillerie :

(1) Saint-Pavin reprochoit à l'auteur qu'il n'étoit riche que des dépouilles d'Horace, de Juvénal et de Régnier.

Dites... Mais, direz-vous, pourquoi cette furie ?
Quoi ! pour un maigre auteur que je glose en passant,
Est-ce un crime, après tout, et si noir et si grand ?
Et qui, voyant un fat s'applaudir d'un ouvrage
Où la droite raison trébuche à chaque page,
Ne s'écrie aussitôt : L'impertinent auteur !
L'ennuyeux écrivain ! Le maudit traducteur !
A quoi bon mettre au jour tous ces discours frivoles,
Et ces riens enfermés dans de grandes paroles ?

 Est-ce donc là médire, ou parler franchement ?
Non, non, la médisance y va plus doucement.
Si l'on vient chercher pour quel secret mystère
Alidor à ses frais bâtit un monastère :
Alidor ! dit un fourbe, il est de mes amis :
Je l'ai connu laquais avant qu'il fût commis :
C'est un homme d'honneur, de piété profonde,
Et qui veut rendre à Dieu ce qu'il a pris au monde.

 Voilà jouer d'adresse, et médire avec art ;
Et c'est avec respect enfoncer le poignard.
Un esprit né sans fard, sans basse complaisance,
Fuit ce ton radouci que prend la médisance.
Mais de blâmer des vers ou durs ou languissans,
De choquer un auteur qui choque le bon sens,
De railler d'un plaisant qui ne sait pas nous plaire,
C'est ce que tout lecteur eut toujours droit de faire.

 Tous les jours à la cour un sot de qualité
Peut juger de travers avec impunité ;
A Malherbe, à Racan, préférer Théophile,
Et le clinquant du Tasse à tout l'or de Virgile (1).

 Un clerc, pour quinze sous, sans craindre le hola,
Peut aller au parterre attaquer Attila ;

---

(1) Un homme plus riche en qualité qu'en science, porta ce beau jugement.

SATIRE IX.

Et si, le roi des Huns ne lui charme l'oreille,
Traiter de visigots tous les vers de Corneille.
  Il n'est valet d'auteur, ni copiste, à Paris,
Qui, la balance en main, ne pèse les écrits.
Dès que l'impression fait éclore un poëte,
Il est esclave né de quiconque l'achète :
Il se soumet lui-même aux caprices d'autrui,
Et ses écrits tout seuls doivent parler pour lui.
Un auteur à genoux, dans une humble préface,
Au lecteur qu'il ennuie a beau demander grâce ;
Il ne gagnera rien sur ce juge irrité
Qui lui fait son procès de pleine autorité.
  Et je serai le seul qui ne pourrai rien dire !
On sera ridicule, et je n'oserai rire !
Et qu'ont produit mes vers de si pernicieux,
Pour armer contre moi tant d'auteurs furieux ?
Loin de les décrier, je les ai fait paroître :
Et souvent, sans ces vers qui les ont fait connoître,
Leur talent dans l'oubli demeureroit caché ;
Et qui sauroit sans moi que Cotin a prêché ?
La satire ne sert qu'à rendre un fat illustre :
C'est une ombre au tableau, qui lui donne du lustre.
En les blâmant enfin j'ai dit ce que j'en croi ;
Et tel qui m'en reprend en pense autant que moi.
  Il a tort, dira l'un ; pourquoi faut-il qu'il nomme ?
Attaquer Chapelain ! ah ! c'est un si bon homme !
Balzac en fait l'éloge en cent endroits divers.
Il est vrai, s'il m'eût cru, qu'il n'eût point fait de vers.
Il se tue à rimer : que n'écrit-il en prose ?
Voilà ce que l'on dit. Et que dis-je autre chose ?
En blâmant ses écrits, ai-je d'un style affreux
Distillé sur sa vie un venin dangereux ?
Ma muse en l'attaquant, charitable et discrète,

SATIRE IX.

Sait de l'homme d'honneur distinguer le poëte.
Qu'on vante en lui la foi, l'honneur, la probité ;
Qu'on prise sa candeur et sa civilité ;
Qu'il soit doux, complaisant, officieux, sincère :
On le veut, j'y souscris, et suis prêt à me taire.
Mais que pour un modèle on montre ses écrits ;
Qu'il soit le mieux renté (1) de tous les beaux esprits ;
Comme roi des auteurs qu'on l'élève à l'empire :
Ma bile alors s'échauffe, et je brûle d'écrire ;
Et, s'il m'est permis de le dire au papier,
J'irai creuser la terre, et, comme ce barbier,
Faire dire aux roseaux par un nouvel organe :
Midas, le roi Midas a des oreilles d'âne.
Quel tort lui fais-je enfin ? Ai-je par un écrit
Pétrifié sa veine et glacé son esprit ?
Quand un livre au palais se vend et se débite,
Que chacun par ses yeux juge de son mérite,
Que Bilaine (2) l'étale au deuxième pilier,
Le dégoût d'un censeur peut-il le décrier ?
En vain contre le Cid un ministre se ligue (3) :
Tout Paris pour Chimène a les yeux de Rodrigue.
L'académie en corps a beau le censurer :
Le public révolté s'obstine à l'admirer.
Mais lorsque Chapelain met une œuvre en lumière
Chaque lecteur d'abord lui devient un Linière (4).
En vain il a reçu l'encens de mille auteurs ;
Son livre en paroissant dément tous ses flatteurs.
Ainsi, sans m'accuser, quand tout Paris le joue,
Qu'il s'en prenne à ses vers, que Phébus désavoue,

---

(1) Chapelain avoit de divers endroits 8000 livres de pension.
(2) Libraire du Palais.
(3) Voyez l'*Histoire de l'Académie*, par Pellisson.
(4) Auteur qui a écrit contre Chapelain.

SATIRE IX.

Qu'il s'en prenne à sa muse allemande en françois.
Mais laissons Chapelain pour la dernière fois.

 La satire, dit-on, est un métier funeste,
Qui plaît à quelques gens, et choque tout le reste.
La suite en est à craindre : en ce hardi métier
La peur plus d'une fois fit repentir Regnier.
Quittez ces vains plaisirs dont l'appât vous abuse :
A de plus doux emplois occupez votre muse ;
Et laissez à Feuillet (1) réformer l'univers.

 Et sur quoi donc faut-il que s'exercent mes vers ?
Irai-je dans une ode, en phrases de Malherbe,
Troubler dans ses roseaux le Danube superbe ;
Délivrer de Sion le peuple gémissant ;
Faire trembler Memphis, ou pâlir le croissant ;
Et, passant du Jourdain les ondes alarmées,
Cueillir, mal-à-propos, les palmes idumées ?
Viendrai-je, en une églogue, entouré de troupeaux,
Au milieu de Paris enfler mes chalumeaux,
Et, dans mon cabinet assis au pied des hêtres,
Faire dire aux échos des sottises champêtres ?
Faudra-t-il de sang froid, et sans être amoureux,
Pour quelque Iris en l'air faire le langoureux ;
Lui prodiguer les noms de Soleil et d'Aurore,
Et toujours bien mangeant mourir par métaphore ?
Je laisse aux doucereux ce langage affété,
Où s'endort un esprit de mollesse hébété.

 La satire, en leçons, en nouveautés fertile,
Sait seule assaisonner le plaisant et l'utile,
Et, d'un vers qu'elle épure aux rayons du bon sens,
Détromper les esprits des erreurs de leur temps.
Elle seule, bravant l'orgueil et l'injustice,

(1) Fameux prédicateur fort outré dans ses prédications.

SATIRE IX.

Va jusques sous le dais faire pâlir le vice ;
Et souvent sans rien craindre, à l'aide d'un bon mot,
Va venger la raison des attentats d'un sot.
C'est ainsi que Lucile (1), appuyé de Lélie (2),
Fit justice en son temps des Cotins d'Italie,
Et qu'Horace, jetant le sel à pleines mains,
Se jouoit aux dépens des Pelletiers romains.
C'est elle qui, m'ouvrant le chemin qu'il faut suivre,
M'inspira dès quinze ans la haine d'un sot livre ;
Et sur ce mont fameux où j'osai la chercher
Fortifia mes pas et m'apprit à marcher.
C'est pour elle, en un mot, que j'ai fait vœu d'écrire.
   Toutefois, s'il le faut, je veux bien m'en dédire,
Et, pour calmer enfin tous ces flots d'ennemis,
Réparer en mes vers les maux qu'ils ont commis.
Puisque vous le voulez, je vais changer de style.
Je le déclare donc : Quinaut est un Virgile ;
Pradon comme un soleil en nos ans a paru ;
Pelletier écrit mieux qu'Ablancourt ni Patru ;
Cotin, à ses sermons traînant toute la terre,
Fend les flots d'auditeurs pour aller à sa chaire ;
Sofal (3) est le phénix des esprits relevés ;
Perrin (3)... Bon, mon esprit ! courage ! poursuivez.
Mais ne voyez-vous pas que leur troupe en furie
Va prendre encor ces vers pour une raillerie ?
Et Dieu sait aussitôt que d'auteurs en courroux,
Que de rimeurs blessés s'en vont fondre sur vous !
Vous les verrez bientôt, féconds en impostures,
Amasser contre vous des volumes d'injures,
Traiter en vos écrits chaque vers d'attentat,

---
(1) Poëte latin satirique.
(2) Consul romain.
(3) Auteurs médiocres.

Et d'un mot innocent faire un crime d'état (1).
Vous aurez beau vanter le roi dans vos ouvrages,
Et de ce nom sacré sanctifier vos pages ;
Qui méprise Cotin, n'estime point son roi,
Et n'a, selon Cotin, ni Dieu, ni foi, ni loi.
 Mais quoi ! répondez-vous, Cotin nous peut-il nuire ?
Et par ses cris enfin que sauroit-il produire ?
Interdire à mes vers, dont peut-être il fait cas,
L'entrée aux pensions où je ne prétends pas ?
Non, pour louer un roi que tout l'univers loue,
Ma langue n'attend point que l'argent la dénoue ;
Et, sans espérer rien de mes foibles écrits,
L'honneur de le louer m'est un trop digne prix :
On me verra toujours, sage dans mes caprices,
De ce même pinceau dont j'ai noirci les vices
Et peint du nom d'auteur tant de sots revêtus,
Lui marquer mon respect, et tracer ses vertus.
Je vous crois ; mais pourtant on crie, on vous menace.
Je crains peu, direz-vous, les braves du Parnasse.
Hé ! mon Dieu ! craignez tout d'un auteur en courroux,
Qui peut... Quoi ? Je m'entends. Mais encor ? Taisez-vous.

 (1) Cotin, dans un de ses écrits, m'accusoit d'être criminel de lèse-majesté divine et humaine.

AVERTISSEMENT
SUR LA SATIRE X.

Voici enfin la satire qu'on me demande depuis si long-temps. Si j'ai tant tardé à la mettre au jour, c'est que j'ai été bien aise qu'elle ne parût qu'avec la nouvelle édition qu'on faisoit de mon livre, où je voulois qu'elle fût insérée. Plusieurs de mes amis, à qui je l'ai lue, en ont parlé dans le monde avec de grands éloges, et ont publié que c'étoit la meilleure de mes satires. Ils ne m'ont pas en cela fait plaisir. Je connois le public : je sais que naturellement il se révolte contre ces louanges outrées qu'on donne aux ouvrages avant qu'ils aient paru, et que la plupart des lecteurs ne lisent ce qu'on leur a élevé si haut, qu'avec un dessein formé de le rabaisser.

Je déclare donc que je ne veux point profiter de ces discours avantageux ; et non-seulement je laisse au public son jugement libre, mais je donne plein pouvoir à tous ceux qui ont tant critiqué mon ode sur Namur, d'exercer aussi contre ma satire toute la rigueur de leur critique. J'espère qu'ils le feront avec le même succès ; et je puis les assurer que tous leurs discours ne m'obligeront point à rompre l'espèce de vœu que j'ai fait de ne jamais défendre mes ouvrages, quand on

AVERTISSEMENT.

n'en attaquera que les mots et les syllabes. Je saurai fort bien soutenir contre ces censeurs Homère, Horace, Virgile, et tous ces autres grands personnages dont j'admire les écrits : mais pour mes écrits, que je n'admire point, c'est à ceux qui les approuveront à trouver des raisons pour les défendre. C'est tout l'avis que j'ai à donner ici aux lecteurs.

La bienséance néanmoins voudroit, ce me semble, que je fisse quelque excuse au beau sexe de la liberté que je me suis donnée de peindre ses vices. Mais, au fond, toutes les peintures que je fais dans ma satire sont si générales, que, bien loin d'appréhender que les femmes s'en offensent, c'est sur leur approbation et sur leur curiosité que je fonde la plus grande espérance du succès de mon ouvrage. Une chose au moins dont je suis certain qu'elles me loueront, c'est d'avoir trouvé moyen, dans une matière aussi délicate que celle que j'y traite, de ne pas laisser échapper un seul mot qui pût le moins du monde blesser la pudeur. J'espère donc que j'obtiendrai aisément ma grâce, et qu'elles ne seront pas plus choquées des prédications que je fais contre leur défauts dans cette satire, que des satires que les prédicateurs font tous les jours en chaire contre ces mêmes défauts.

SATIRE X.

ENFIN bornant le cours de tes galanteries,
Alcippe, il est donc vrai, dans peu tu te maries :
Sur l'argent, c'est tout dire, on est déjà d'accord ;
Ton beau-père futur vide son coffre fort ;
Et déjà le notaire a, d'un style énergique,
Griffonné de ton joug l'instrument authentique (1).
C'est bien fait. Il est temps de fixer tes désirs.
Ainsi que ses chagrins l'hymen a ses plaisirs :
Quelle joie en effet, quelle douceur extrême,
De se voir caressé d'une épouse qu'on aime !
De s'entendre appeler *petit cœur*, ou, *mon bon* !
De voir autour de soi croître dans sa maison,
Sous les paisibles lois d'une agréable mère,
De petits citoyens dont on croit être père !
Quel charme, au moindre mal qui nous vient menacer,
De la voir aussitôt accourir, s'empresser,
S'effrayer d'un péril qui n'a point d'apparence,
Et souvent de douleur se pâmer par avance !
Car tu ne seras point de ces jaloux affreux,
Habiles à se rendre inquiets, malheureux,
Qui, tandis qu'une épouse à leurs yeux se désole,
Pensent toujours qu'un autre en secret la console.
Mais quoi ! je vois déjà que ce discours t'aigrit !
Charmé de Juvénal (2), et plein de son esprit,
Venez-vous, diras-tu, dans une pièce outrée
Comme lui nous chanter que, dès le temps de Rhée,
La chasteté déjà, la rougeur sur le front,
Avoit chez les humains reçu plus d'un affront;

(2) *Instrument*, en style de pratique, veut dire *toutes sortes de contrats*.
(2) Juvénal a fait une satire contre les femmes, c'est son plus bel ouvrage.

Qu'on

SATIRE X.

Qu'on vit avec le fer naître les injustices,
L'impiété, l'orgueil, et tous les autres vices :
Mais que la bonne foi dans l'amour conjugal
N'alla point jusqu'au temps du troisième métal (1) ?
Ces mots ont dans sa bouche une emphase admirable :
Mais je vous dirai, moi, sans alléguer la fable,
Que si sous Adam même, et loin avant Noé,
Le vice audacieux, des hommes avoué,
A la triste innocence en tous lieux fit la guerre,
Il demeura pourtant de l'honneur sur la terre :
Qu'aux temps les plus féconds en Phrynés (2), en Laïs,
Plus d'une Pénélope honora son pays ;
Et que, même aujourd'hui, sur ce fameux modèle,
On peut trouver encor quelque femme fidèle.

Sans doute ; et dans Paris, si je sais bien compter,
Il en est jusqu'à trois que je pourrois citer.
Ton épouse dans peu sera la quatrième :
Je le veux croire ainsi. Mais la chasteté même
Sous ce beau nom d'épouse entrât-elle chez toi,
De retour d'un voyage, en arrivant, crois-moi,
Fais toujours du logis avertir la maîtresse.
Tel partit tout baigné des pleurs de sa Lucrèce,
Qui, faute d'avoir pris ce soin judicieux,
Trouva... tu sais... Je sais que d'un conte odieux
Vous avez comme moi sali votre mémoire.
Mais laissons là, dis-tu, Joconde et son histoire :
Du projet d'un hymen déjà fort avancé,
Devant vous aujourd'hui criminel dénoncé,
Et mis sur la sellette aux pieds de la critique,
Je vois bien tout de bon qu'il faut que je m'explique.

(1) Commencement de la satire de Juvénal.
(2) Phryné, courtisanne d'Athènes. Laïs, courtisanne de Corinthe.

SATIRE X.

Jeune autrefois par vous dans le monde conduit,
J'ai trop bien profité pour n'être pas instruit
A quels discours malins le mariage expose :
Je sais que c'est un texte où chacun fait sa glose;
Que de maris trompés tout rit dans l'univers,
Epigrammes, chansons, rondeaux, fables en vers,
Satire, comédie; et, sur cette matière,
J'ai vu tout ce qu'ont fait La Fontaine et Molière;
J'ai lu tout ce qu'ont dit Villon et Saint-Gelais,
Arioste, Marot, Bocace, Rabelais,
Et tous ces vieux recueils de satires naïves (1),
Des malices du sexe immortelles archives.
Mais, tout bien balancé, j'ai pourtant reconnu
Que de ces contes vains le monde entretenu
N'en a pas de l'hymen moins vu fleurir l'usage;
Que sous ce joug moqué tout à la fin s'engage;
Qu'à ce commun filet les railleurs mêmes pris
Ont été très-souvent de commodes maris;
Et que, pour être heureux sous ce joug salutaire,
Tout dépend en un mot du bon choix qu'on sait faire.

 Enfin, il faut ici parler de bonne foi,
Je vieillis, et ne puis regarder sans effroi
Ces neveux affamés dont l'importun visage
De mon bien à mes yeux fait déjà le partage.
Je crois déjà les voir au moment annoncé
Qu'à la fin sans retour leur cher oncle est passé,
Sur quelques pleurs forcés, qu'ils auront soin qu'on voie,
Se faire consoler du sujet de leur joie.
Je me fais un plaisir, à ne vous rien céler,
De pouvoir, moi vivant, dans peu les désoler,
Et, trompant un espoir pour eux si plein de charmes,

(1) Les Contes de la Reine de Navarre, etc.

SATIRE X.

Arracher de leurs yeux de véritables larmes.
Vous dirai-je encor plus ? Soit foiblesse ou raison,
Je suis las de me voir le soir en ma maison
Seul avec des valets, souvent voleurs et traîtres,
Et toujours, à coup sûr, ennemis de leurs maîtres.
Je ne me couche point qu'aussitôt dans mon lit
Un souvenir fâcheux n'apporte à mon esprit
Ces histoires de morts lamentables, tragiques (1),
Dont Paris tous les ans peut grossir ses chroniques.
Dépouillons-nous ici d'une vaine fierté.
Nous naissons, nous vivons, pour la société :
A nous-mêmes livrés dans une solitude,
Notre bonheur bientôt fait notre inquiétude ;
Et, si durant un jour notre premier aïeul,
Plus riche d'une côte, avoit vécu tout seul,
Je doute, en sa demeure alors si fortunée,
S'il n'eût point prié Dieu d'abréger la journée.
N'allons donc point ici réformer l'univers ;
Ni, par de vains discours et de frivoles vers
Etalant au public notre misanthropie,
Censurer le lien le plus doux de la vie.
Laissons là, croyez-moi, le monde tel qu'il est.
L'hymenée est un joug, et c'est ce qui m'en plaît :
L'homme en ses passions toujours errant sans guide
A besoin qu'on lui mette et le mords et la bride :
Son pouvoir malheureux ne sert qu'à le gêner ;
Et, pour le rendre libre, il le faut enchaîner.
C'est ainsi que souvent la main de Dieu l'assiste.

Ha ! bon ! voilà parler en docte janséniste,
Alcippe ; et, sur ce point si savamment touché,

(1) Blandin et du Rosset ont composé ces histoires.

SATIRE X.

Desmâres (1) dans Saint-Roch n'auroit pas mieux prêché.
Mais c'est trop t'insulter ; quittons la raillerie ;
Parlons sans hyperbole et sans plaisanterie.
Tu viens de mettre ici l'hymen en son beau jour :
Entends donc ; et permets que je prêche à mon tour.
　L'épouse que tu prends, sans tache en sa conduite,
Aux vertus, m'a-t-on dit, dans Port-Royal instruite,
Aux lois de son devoir règle tous ses désirs.
Mais qui peut t'assurer qu'invincible aux plaisirs,
Chez toi, dans une vie ouverte à la licence,
Elle conservera sa première innocence ?
Par toi-même bientôt conduite à l'opéra,
De quel air penses-tu que ta sainte verra
D'un spectacle enchanteur la pompe harmonieuse,
Ces danses, ces héros à voix luxurieuse ;
Entendra ces discours sur l'amour seul roulans,
Ces doucereux Renauds, ces insensés Rolands ;
Saura d'eux qu'à l'Amour, comme au seul dieu suprême,
On doit immoler tout, jusqu'à la vertu même ;
Qu'on ne sauroit trop tôt se laisser enflammer ;
Qu'on n'a reçu du ciel un cœur que pour aimer (3) ;
Et tous ces lieux communs de morale lubrique
Que Lulli réchauffa des sons de sa musique ?
Mais de quels mouvemens, dans son cœur excités,
Sentira-t-elle alors tous ses sens agités !
Je ne te réponds pas qu'au retour, moins timide,
Digne écolière enfin d'Angélique et d'Armide (4),
Elle n'aille à l'instant, pleine de ces doux sons,
Avec quelque Médor pratiquer ces leçons.

(1) Célèbre prédicateur.
(2) Maximes fort ordinaires dans les opéra de Quinaut.
(3) Voyez les opéra de Quinaut intitulés *Roland* et *Armide*.

SATIRE X.

Supposons toutefois qu'encor fidelle et pure
Sa vertu de ce choc revienne sans blessure.
Bientôt dans ce grand monde où tu vas l'entraîner,
Au milieu des écueils qui vont l'environner,
Crois-tu que, toujours ferme aux bords du précipice,
Elle pourra marcher sans que le pied lui glisse;
Que, toujours insensible aux discours enchanteurs
D'un idolâtre amas de jeunes séducteurs,
Sa sagesse jamais ne deviendra folie?
D'abord tu la verras, ainsi que dans Clélie,
Recevant ses amans sous le doux nom d'amis,
S'en tenir avec eux aux petits soins permis;
Puis bientôt en grande eau sur le fleuve de Tendre (1)
Naviger à souhait, tout dire et tout entendre.
Et ne présume pas que Vénus, ou Satan,
Souffre qu'elle en demeure aux termes du roman:
Dans le crime il suffit qu'une fois on débute;
Une chûte toujours attire une autre chûte.
L'honneur est comme une île escarpée et sans bords:
On n'y peut plus rentrer dès qu'on en est dehors.
Peut-être avant deux ans, ardente à te déplaire,
Eprise d'un cadet, ivre d'un mousquetaire,
Nous la verrons hanter les plus honteux brelans,
Donner chez la Cornu (2) rendez-vous aux galans;
De Phèdre dédaignant la pudeur enfantine,
Suivre à front découvert Z... et Messaline;
Compter pour grands exploits vingt hommes ruinés,
Blessés, battus pour elle, et quatre assassinés:
Trop heureux si, toujours femme désordonnée,
Sans mesure et sans règle au vice abandonnée,

---

(1) Roman de Clélie, et autres romans du même auteur.
(2) Femme publique dont le nom étoit alors connu de tout le monde.

Par cent traits d'impudence aisés à ramasser
Elle t'acquiert au moins un droit pour la chasser !
 Mais que deviendras-tu si, folle en son caprice,
N'aimant que le scandale et l'éclat dans le vice,
Bien moins pour son plaisir que pour t'inquiéter,
Au fond peu vicieuse, elle aime à coqueter ?
Entre nous, verras-tu d'un esprit bien tranquille
Chez ta femme aborder et la cour et la ville ?
Hormis toi, tout chez toi rencontre un doux accueil,
L'un est payé d'un mot, et l'autre d'un coup-d'œil.
Ce n'est que pour toi seul qu'elle est fière et chagrine ;
Aux autres elle est douce, agréable, badine ;
C'est pour eux qu'elle étale et l'or et le brocard,
Que chez toi se prodigue et le rouge et le fard,
Et qu'une main savante, avec tant d'artifice,
Bâtit de ses cheveux le galant édifice.
Dans sa chambre, crois-moi, n'entre point tout le jour.
Si tu veux posséder ta Lucrèce à ton tour,
Attends, discret mari, que la belle en cornette
Le soir ait étalé son teint sur la toilette,
Et dans quatre mouchoirs, de sa beauté salis,
Envoie au blanchisseur ses roses et ses lis.
Alors tu peux entrer : mais, sage en sa présence,
Ne va pas murmurer de sa folle dépense.
D'abord, l'argent en main, paie et vîte et comptant.
Mais non, fais mine un peu d'en être mécontent,
Pour la voir aussitôt, de douleur oppressée,
Déplorer sa vertu si mal récompensée.
Un mari ne veut pas fournir à ses besoins !
Jamais femme, après tout, a-t-elle coûté moins ?
A cinq cents louis d'or, tout au plus, chaque année,
Sa dépense en habits n'est-elle pas bornée ?
Que répondre ? Je vois qu'à de si justes cris

Toi-même convaincu déjà tu t'attendris,
Tout prêt à la laisser, pourvu qu'elle s'apaise ;
Dans ton coffre à pleins sacs puiser tout à son aise.
 A quoi bon en effet t'alarmer de si peu ?
Hé ! que seroit-ce donc si, le démon du jeu
Versant dans son esprit sa ruineuse rage,
Tous les jours mis par elle à deux doigts du naufrage,
Tu voyois tous tes biens, au sort abandonnés,
Devenir le butin d'une pique (1) ou d'un sonnez (2) !
Le doux charme pour toi de voir, chaque journée,
De nobles champions ta femme environnée,
Sur une table longue et façonnée exprès,
D'un tournoi de bassette ordonner les apprêts !
Ou, si par un arrêt la grossière police
D'un jeu si nécessaire interdit l'exercice,
Ouvrir sur cette table un champ au lansquenet,
Ou promener trois dés chassés de son cornet:
Puis sur une autre table, avec un air plus sombre,
S'en aller méditer une vole au jeu d'hombre ;
S'écrier sur un as mal-à-propos jeté ;
Se plaindre d'un gâno (3) qu'on n'a point écouté !
Ou, querellant tout bas le ciel qu'elle regarde,
A la bête gémir d'un roi venu sans garde !
Chez elle, en ces emplois, l'aube du lendemain
Souvent la trouve encor les cartes à la main :
Alors, pour se coucher, les quittant, non sans peine,
Elle plaint le malheur de la nature humaine,
Qui veut qu'en un sommeil où tout s'ensevelit
Tant d'heures sans jouer se consument au lit.
Toutefois en partant la troupe la console,
Et d'un prochain retour chacun donne parole.

(1) Termes du jeu de piquet, (2) du jeu de trictrac,
(3) du jeu d'hombre.

C'est ainsi qu'une femme en doux amusemens
Sait du temps qui s'envole employer les momens;
C'est ainsi que souvent par une forcenée
Une triste famille à l'hôpital traînée,
Voit ses biens en décret sur tous les murs écrits,
De sa déroute illustre effrayer tout Paris.

 Mais que plutôt son jeu mille fois te ruine,
Que si, la famélique et honteuse lésine
Venant mal-à-propos la saisir au collet,
Elle te réduisoit à vivre sans valet,
Comme ce magistrat (1) de hideuse mémoire
Dont je veux bien ici te crayonner l'histoire.
 Dans la robe on vantoit son illustre maison:
Il étoit plein d'esprit, de sens et de raison;
Seulement pour l'argent un peu trop de foiblesse
De ces vertus en lui ravaloit la noblesse.
Sa table toutefois, sans superfluité,
N'avoit rien que d'honnête en sa frugalité.
Chez lui deux bons chevaux, de pareille encolure,
Trouvoient dans l'écurie une pleine pâture;
Et, du foin que leur bouche au ratelier laissoit,
De surcroît une mule encor se nourrissoit.
Mais cette soif de l'or qui le brûloit dans l'ame
Le fit enfin songer à choisir une femme;
Et l'honneur dans ce choix ne fut point regardé.
Vers son triste penchant son naturel guidé
Le fit, dans une avare et sordide famille,
Chercher un monstre affreux sous l'habit d'une fille;
Et, sans trop s'enquérir d'où la laide venoit,
Il sut, ce fut assez, l'argent qu'on lui donnoit.
Rien ne le rebuta, ni sa vue éraillée,

(1) Le lieutenant criminel Tardieu.

SATIRE X.

Ni sa masse de chair bizarrement taillée :
Et trois cent mille francs avec elle obtenus
La firent à ses yeux plus belle que Vénus.
Il l'épouse ; et bientôt son hôtesse nouvelle
Le prêchant lui fit voir qu'il étoit, au prix d'elle,
Un vrai dissipateur, un parfait débauché.
Lui-même le sentit, reconnut son péché,
Se confessa prodigue ; et, plein de repentance,
Offrit sur ses avis de régler sa dépense.
Aussitôt de chez eux tout rôti disparut.
Le pain bis, renfermé, d'une moitié décrut :
Les deux chevaux, la mule au marché s'envolèrent :
Deux grands laquais, à jeun, sur le soir s'en allèrent ;
De ces coquins déjà l'on se trouvoit lassé,
Et pour n'en plus revoir le reste fut chassé :
Deux servantes déjà largement souffletées,
Avoient à coups de pieds descendu les montées,
Et se voyant enfin hors de ce triste lieu,
Dans la rue en avoient rendu grâces à Dieu.
Un vieux valet restoit, seul chéri de son maître,
Que toujours il servit, et qu'il avoit vu naître,
Et qui de quelque somme amassée au bon temps
Vivoit encor chez eux partie à ses dépens.
Sa vue embarrassoit ; il fallut s'en défaire ;
Il fut de la maison chassé comme un corsaire.
Voilà nos deux époux sans valets, sans enfans,
Tout seuls dans leur logis libres et triomphans.
Alors on ne mit plus de borne à la lésine :
On condamna la cave, on ferma la cuisine ;
Pour ne s'en point servir aux plus rigoureux mois,
Dans le fond d'un grenier on sequestra le bois.
L'un et l'autre dès-lors vécut à l'aventure
Des présens qu'à l'abri de la magistrature

Le mari quelquefois des plaideurs extorquoit,
Ou de ce que la femme aux voisins escroquoit.
　　Mais, pour bien mettre ici leur crasse en tout son lustre,
Il faut voir du logis sortir ce couple illustre ;
Il faut voir le mari tout poudreux, tout souillé,
Couvert d'un vieux chapeau de cordon dépouillé,
Et de sa robe, en vain de pièces rajeunie,
A pied dans les ruisseaux traînant l'ignominie.
Mais qui pourroit compter le nombre de haillons,
De pièces, de lambeaux, de sales guenillons,
De chiffons ramassés dans la plus noire ordure,
Dont la femme aux bons jours composoit sa parure ?
Décrirai-je ses bas en trente endroits percés,
Ses souliers grimaçans vingt fois rapetassés,
Ses coëffes, d'où pendoit au bout d'une ficelle
Un vieux masque pelé (1) presque aussi hideux qu'elle ?
Peindrai-je son jupon bigarré de latin,
Qu'ensemble composoient trois thèses de satin,
Présent qu'en un procès sur certain privilége,
Firent à son mari les régens d'un collége ;
Et qui sur cette jupe à maint rieur encor
Derrière elle faisoit dire, ARGUMENTABOR ?
　　Mais peut-être j'invente une fable frivole.
Démens donc tout Paris, qui, prenant la parole,
Sur ce sujet encor de bons témoins pourvu,
Tout prêt à le prouver, te dira : Je l'ai vu ;
Vingt ans j'ai vu ce couple, uni d'un même vice,
A tous mes habitans montrer que l'avarice
Peut faire dans les biens trouver la pauvreté,
Et nous réduire à pis que la mendicité.
Des voleurs, qui chez eux pleins d'espérance entrèrent,

---

(1) La plupart des femmes portoient alors un masque de velours noir lorsqu'elles sortoient.

SATIRE X.

De cette triste vie enfin les délivrèrent :
Digne et funeste fruit du nœud le plus affreux
Dont l'hymen ait jamais uni deux malheureux !

　Ce récit passe un peu l'ordinaire mesure :
Mais un exemple enfin si digne de censure
Peut-il dans la satire occuper moins de mots ?
Chacun sait son métier. Suivons notre propos.
Nouveau prédicateur aujourd'hui, je l'avoue,
Ecolier ou plutôt singe de Bourdaloue (1),
Je me plais à remplir mes sermons de portraits.
En voilà déjà trois peints d'assez heureux traits :
La femme sans honneur, la coquette et l'avare.
Il faut y joindre encor la revêche bizarre,
Qui sans cesse, d'un ton par la colère aigri,
Gronde, choque, dément, contredit un mari.
Il n'est point de repos ni de paix avec elle.
Son mariage n'est qu'une longue querelle.
Laisse-t-elle un moment respirer son époux ;
Ses valets sont d'abord l'objet de son courroux ;
Et sur le ton grondeur lorsqu'elle les harangue,
Il faut voir de quels mots elle enrichit la langue :
Ma plume ici, traçant ces mots par alphabet,
Pourroit d'un nouveau tome augmenter Richelet (2).

　Tu crains peu d'essuyer cette étrange furie :
En trop bon lieu, dis-tu, ton épouse nourrie
Jamais de tels discours ne te rendra martyr.
Mais, eût-elle sucé la raison dans Saint-Cyr (3),
Crois-tu que d'une fille humble, honnête, charmante,
L'hymen n'ait jamais fait de femme extravagante ?

---

(1) Célèbre jésuite.
(2) Auteur d'un dictionnaire françois.
(3) Célèbre maison près de Versailles, où on élevoit un grand nombre de jeunes demoiselles.

SATIRE X.

Combien n'a-t-on point vu de belles aux doux yeux,
Avant le mariage anges si gracieux,
Tout-à-coup se changeant en bourgeoises sauvages,
Vrais démons apporter l'enfer dans leurs ménages,
Et, découvrant l'orgueil de leurs rudes esprits,
Sous leur fontange (1) altière asservir leurs maris !

Et puis, quelque douceur dont brille ton épouse,
Penses-tu, si jamais elle devient jalouse,
Que son ame livrée à ses tristes soupçons
De la raison encore écoute les leçons ?
Alors, Alcippe, alors, tu verras de ses œuvres :
Résous-toi, pauvre époux, à vivre de couleuvres ;
A la voir tous les jours, dans ses fougueux accès,
A ton geste, à ton rire, intenter un procès ;
Souvent, de ta maison gardant les avenues,
Les cheveux hérissés, t'attendre au coin des rues ;
Te trouver en des lieux de vingt portes fermés,
Et, par tout où tu vas, dans ses yeux enflammés
T'offrir non pas d'Isis la tranquille Euménide (2),
Mais la vraie Alecto (3) peinte dans l'Énéide,
Un tison à la main, chez le roi Latinus,
Soufflant sa rage au sein d'Amate et de Turnus.

Mais quoi ! je chausse ici le cothurne tragique.
Reprenons au plutôt le brodequin comique,
Et d'objets moins affreux songeons à te parler.
Dis-moi donc, laissant là cette folle hurler,
T'accommodes-tu mieux de ces douces Ménades (4)
Qui, dans leurs vains chagrins, sans mal toujours malades,
Se font des mois entiers, sur un lit effronté,

(1) Nœud de ruban que les femmes mettoient sur le devant de la tête pour attacher leur coëffure.
(2) Furie dans l'opéra d'Isis, qui demeure presque toujours à ne rien faire.
(3) Une des Furies. (4) Bacchantes.

SATIRE X.

Traiter d'une visible et parfaite santé ;
Et douze fois par jour, dans leur molle indolence,
Aux yeux de leurs maris tombent en défaillance ?
Quel sujet, dira l'un, peut donc si fréquemment
Mettre ainsi cette belle aux bords du monument ?
La Parque, ravissant ou son fils ou sa fille,
A-t-elle moissonné l'espoir de sa famille ?
Non : il est question de réduire un mari
A chasser un valet dans la maison chéri,
Et qui, parce qu'il plaît, a trop su lui déplaire ;
Ou de rompre un voyage utile et nécessaire,
Mais qui la priveroit huit jours de ses plaisirs,
Et qui, loin d'un galant, objet de ses desirs...
Oh ! que pour la punir de cette comédie
Ne lui vois-je une vraie et triste maladie !
Mais ne nous fâchons point. Peut-être avant deux jours,
Courtois et Denian (1), mandés à son secours,
Digne ouvrage de l'art dont Hippocrate traite,
Lui sauront bien ôter cette santé d'athlète ;
Pour consumer l'humeur qui fait son embonpoint,
Lui donner sagement le mal qu'elle n'a point ;
Et, fuyant de Fagon (2) les maximes énormes,
Au tombeau mérité la mettre dans les formes.
Dieu veuille avoir son ame, et nous délivre d'eux !
Pour moi, grand ennemi de leur art hasardeux,
Je ne puis cette fois que je ne les excuse.
Mais à quels vains discours est-ce que je m'amuse ?
Il faut sur des sujets plus grands, plus curieux,
Attacher de ce pas ton esprit et tes yeux.

    Qui s'offrira d'abord ? Bon, c'est cette savante

(1) Médecins de Paris.
(2) Premier médecin du Roi.

Qu'estime Roberval (1), et que Sauveur (1) fréquente.
D'où vient qu'elle a l'œil trouble et le teint si terni?
C'est que sur le calcul, dit-on, de Cassini (2),
Un astrolabe en main, elle a dans sa gouttière
A suivre Jupiter (3) passé la nuit entière.
Gardons de la troubler. Sa science, je croi,
Aura pour s'occuper ce jour plus d'un emploi:
D'un nouveau microscope on doit, en sa présence,
Tantôt chez Dalancé (4) faire l'expérience,
Puis d'une femme morte avec son embryon
Il faut chez du Verney (5) voir la dissection.
Rien n'échappe aux regards de notre curieuse.

    Mais qui vient sur ses pas? c'est une précieuse,
Reste de ces esprits jadis si renommés
Que d'un coup de son art Molière a diffamés (6).
De tous leurs sentimens cette noble héritière
Maintient encore ici leur secte façonnière.
C'est chez elle toujours que les fades auteurs
S'en vont se consoler du mépris des lecteurs.
Elle y reçoit leur plainte; et sa docte demeure
Aux Perrins, aux Coras, est ouverte à toute heure.
Là du faux bel esprit se tiennent les bureaux:
Là tous les vers sont bons pourvu qu'ils soient nouveaux.
Au mauvais goût public la belle y fait la guerre;
Plaint Pradon opprimé des sifflets du parterre;
Rit des vains amateurs du grec et du latin;
Dans la balance met Aristote et Cotin;
Puis, d'une main encor plus fine et plus habile,
Pèse sans passion Chapelain et Virgile;

(1) Illustres mathématiciens.
(2) Astronome. (3) Une des sept planètes.
(4) Chez qui on faisoit beaucoup d'expériences de physique.
(5) Médecin du Roi, très-savant dans l'anatomie.
(6) Comédie des *Précieuses*.

SATIRE X.

Remarque en ce dernier beaucoup de pauvretés,
Mais pourtant confessant qu'il a quelques beautés;
Ne trouve en Chapelain, quoi qu'ait dit la satire,
Autre défaut, sinon qu'on ne le sauroit lire ;
Et, pour faire goûter son livre à l'univers,
Croit qu'il faudroit en prose y mettre tous les vers.
 A quoi bon m'étaler cette bizarre école
Du mauvais sens, dis-tu, prêché par une folle ?
De livres et d'écrits bourgeois admirateur,
Vais-je épouser ici quelque apprentive auteur ?
Savez-vous que l'épouse avec qui je me lie
Compte entre ses parens des princes d'Italie ;
Sort d'aïeux dont les noms...? Je t'entends, et je voi
D'où vient que tu t'es fait secrétaire du Roi :
Il falloit de ce titre appuyer ta naissance.
Cependant, (t'avouerai-je ici mon insolence ?)
Si quelque objet pareil chez moi, deçà les monts,
Pour m'épouser entroit avec tous ces grands noms,
Le sourcil rehaussé d'orgueilleuses chimères;
Je lui dirois bientôt : Je connois tous vos pères;
Je sais qu'ils ont brillé dans ce fameux combat (1)
Où sous l'un des Valois Enguien sauva l'état.
D'Hozier n'en convient pas : mais, quoiqu'il en puisse être,
Je ne suis point si sot que d'épouser mon maître.
Ainsi donc, au plutôt délogeant de ces lieux,
Allez, princesse, allez, avec tous vos aïeux,
Sur le pompeux débris des lances espagnoles,
Coucher si vous voulez aux champs de Cerisoles :
Ma maison ni mon lit ne sont point faits pour vous.
 J'admire, poursuis-tu, votre noble courroux.

(1) Combat de Cerisoles, gagné par le duc d'Enguien en Italie.

Souvenez-vous pourtant que ma famille illustre
De l'assistance au sceau ne tire point son lustre;
Et que, né dans Paris de magistrats connus,
Je ne suis point ici de ces nouveaux venus,
De ces nobles sans nom, que par plus d'une voie,
La province souvent en guêtres nous envoie.
Mais eussé-je comme eux des meûniers pour parens,
Mon épouse vînt-elle encor d'aïeux plus grands,
On ne la verroit point, vantant son origine,
A son triste mari reprocher la farine.
Son cœur, toujours nourri dans la dévotion,
De trop bonne heure apprit l'humiliation :
Et, pour vous détromper de la pensée étrange
Que l'hymen aujourd'hui la corrompe et la change,
Sachez qu'en notre accord elle a, pour premier point,
Exigé qu'un époux ne la contraindroit point
A traîner après elle un pompeux équipage,
Ni surtout de souffrir, par un profane usage,
Qu'à l'église jamais devant le Dieu jaloux
Un fastueux carreau soit vu sous ses genoux.
Telle est l'humble vertu qui, dans son ame empreinte...
Je le vois bien, tu vas épouser une sainte;
Et dans tout ce grand zèle il n'est rien d'affecté.
Sais-tu bien cependant, sous cette humilité,
L'orgueil que quelquefois nous cache une bigote,
Alcippe, et connois-tu la nation dévote ?
Il te faut de ce pas en tracer quelques traits,
Et par ce grand portrait finir tous mes portraits.

A Paris, à la cour, on trouve, je l'avoue,
Des femmes dont le zèle est digne qu'on le loue,
Qui s'occupent du bien en tout temps, en tout lieu.
J'en sais une, chérie et du monde et de Dieu,
Humble dans les grandeurs, sage dans la fortune;

Qui

SATIRE X.

Qui gémit, comme Esther, de sa gloire importune,
Que le vice lui-même est contraint d'estimer,
Et que sur ce tableau d'abord tu vas nommer.
Mais pour quelques vertus si pures, si sincères,
Combien y trouve-t-on d'impudentes faussaires,
Qui, sous un vain dehors d'austère piété,
De leurs crimes secrets cherchent l'impunité,
Et couvrent de Dieu même, empreint sur leur visage,
De leurs honteux plaisirs l'affreux libertinage!
N'attends pas qu'à tes yeux j'aille ici l'étaler;
Il vaut mieux le souffrir que de le dévoiler.
De leurs galans exploits les Bussis, les Brantomes,
Pourroient avec plaisir te compiler des tomes :
Mais pour moi, dont le front trop aisément rougit,
Ma bouche a déjà peur de t'en avoir trop dit.
Rien n'égale en fureur, en monstrueux caprices,
Une fausse vertu qui s'abandonne aux vices.
 De ces femmes pourtant l'hypocrite noirceur
Au moins pour un mari garde quelque douceur.
Je les aime encor mieux qu'une bigote altière,
Qui, dans son fol orgueil, aveugle et sans lumière,
A peine sur le seuil de la dévotion,
Pense atteindre au sommet de la perfection ;
Qui du soin qu'elle prend de me gêner sans cesse
Va quatre fois par mois se vanter à confesse ;
Et, les yeux vers le ciel, pour se le faire ouvrir,
Offre à Dieu les tourmens qu'elle me fait souffrir.
Sur cent pieux devoirs aux saints elle est égale ;
Elle lit Rodriguez, fait l'oraison mentale,
Va pour les malheureux quêter dans les maisons,
Hante les hôpitaux, visite les prisons,
Tous les jours à l'église entend jusqu'à six messes :

Mais de combattre en elle et dompter ses foiblesses,
Sur le fard, sur le jeu, vaincre sa passion,
Mettre un frein à son luxe, à son ambition,
Et soumettre l'orgueil de son esprit rebelle ;
C'est ce qu'en vain le ciel voudroit exiger d'elle.
Et peut-il, dira-t-elle, en effet l'exiger ?
Elle a son directeur, c'est à lui d'en juger :
Il faut sans différer savoir ce qu'il en pense.
Bon ! vers nous à propos je le vois qui s'avance.
Qu'il paroît bien nourri ! quel vermillon ! quel teint !
Le printemps dans sa fleur sur son visage est peint.
Cependant, à l'entendre, il se soutient à peine ;
Il eut encore hier la fièvre et la migraine ;
Et, sans les prompts secours qu'on prit soin d'apporter,
Il seroit sur son lit peut-être à trembloter.
Mais de tous les mortels, grâce aux dévotes ames,
Nul n'est si bien soigné qu'un directeur de femmes.
Quelque léger dégoût vient-il le travailler ;
Une froide vapeur le fait-elle bailler ;
Un escadron coëffé d'abord court à son aide :
L'une chauffe un bouillon, l'autre apprête un remède ;
Chez lui sirops exquis, ratafias vantés,
Confitures surtout, volent de tous côtés :
Car de tous mets sucrés, secs, en pâte, ou liquides,
Les estomacs dévots toujours furent avides :
Le premier massepain pour eux, je crois, se fit,
Et le premier citron à Rouen fut confit (1).

Notre docteur bientôt va lever tous ses doutes ;
Du paradis pour elle il applanit les routes ;
Et, loin sur ses défauts de la mortifier,

(1) Les plus exquis citrons confits se font à Rouen.

SATIRE X.

Lui-même prend le soin de la justifier.
Pourquoi vous alarmer d'une vaine censure ?
Du rouge qu'on vous voit on s'étonne, on murmure :
Mais a-t-on, dira-t-il, sujet de s'étonner ?
Est-ce qu'à faire peur on veut vous condamner ?
Aux usages reçus il faut qu'on s'accommode :
Une femme surtout doit tribut à la mode.
L'orgueil brille, dit-on, sur vos pompeux habits ;
L'œil à peine soutient l'éclat de vos rubis ;
Dieu veut-il qu'on étale un luxe si profane ?
Oui, lorsqu'à l'étaler notre rang nous condamne.
Mais ce grand jeu chez vous comment l'autoriser ?
Le jeu fut de tout temps permis pour s'amuser ;
On ne peut pas toujours travailler, prier, lire :
Il vaut mieux s'occuper à jouer qu'à médire.
Le plus grand jeu, joué dans cette intention,
Peut même devenir une bonne action :
Tout est sanctifié par une ame pieuse.
Vous êtes, poursuit-on, avide, ambitieuse ;
Sans cesse vous brûlez de voir tous vos parens
Engloutir à la cour charges, dignités, rangs.
Votre bon naturel en cela pour eux brille ;
Dieu ne nous défend point d'aimer notre famille.
D'ailleurs tous vos parens sont sages, vertueux :
Il est bon d'empêcher ces emplois fastueux
D'être donnés peut-être à des ames mondaines
Eprises du néant des vanités humaines.
Laissez là, croyez-moi, gronder les indévots,
Et sur votre salut demeurez en repos.

Sur tous ces points douteux c'est ainsi qu'il prononce :
Alors, croyant d'un ange entendre la réponse,
Sa dévote s'incline, et calmant son esprit,

A cet ordre d'en haut sans réplique souscrit.
Ainsi, pleine d'erreurs qu'elle croit légitimes,
Sa tranquille vertu conserve tous ses crimes;
Dans un cœur tous les jours nourri du sacrement
Maintient la vanité, l'orgueil, l'entêtement,
Et croit que devant Dieu ses fréquens sacriléges
Sont pour entrer au ciel d'assurés priviléges.
Voilà le digne fruit des soins de son docteur.
Encore est-ce beaucoup si, ce guide imposteur
Par les chemins fleuris d'un charmant quiétisme
Tout-à-coup l'amenant au vrai molinosisme,
Il ne lui fait bientôt, aidé de Lucifer,
Goûter en paradis les plaisirs de l'enfer.

 Mais, dans ce doux état, molle, délicieuse,
La hais-tu plus, dis-moi, que cette bilieuse
Qui, follement outrée en sa sévérité,
Baptisant son chagrin du nom de piété,
Dans sa charité fausse, où l'amour-propre abonde,
Croit que c'est aimer Dieu que haïr tout le monde?
Il n'est rien où d'abord son soupçon attaché
Ne présume du crime et ne trouve un péché.
Pour une fille honnête et pleine d'innocence
Croit-elle en ses valets voir quelque complaisance?
Réputés criminels, les voilà tous chassés,
Et chez elle à l'instant par d'autres remplacés.
Son mari, qu'une affaire appelle dans la ville,
Et qui chez lui sortant a tout laissé tranquille,
Se trouve assez surpris, rentrant dans la maison,
De voir que le portier lui demande son nom;
Et que parmi ses gens, changés en son absence,
Il cherche vainement quelqu'un de connoissance.

 Fort bien! le trait est bon! dans les femmes, dis-tu,

SATIRE X.

Enfin vous n'approuvez ni vice ni vertu.
Voilà le sexe peint d'une noble manière :
Et Théophraste même, aidé de La Bruyère,
Ne m'en pourroit pas faire un plus riche tableau (1).
C'est assez : il est temps de quitter le pinceau ;
Vous avez désormais épuisé la satire.
Epuisé, cher Alcippe ! ah ! tu me ferois rire !
Sur ce vaste sujet si j'allois tout tracer,
Tu verrois sous ma main des tomes s'amasser.
Dans le sexe j'ai peint la piété caustique :
Et que seroit-ce donc si, censeur plus tragique,
J'allois t'y faire voir l'athéisme établi,
Et, non moins que l'honneur, le ciel mis en oubli ;
Si j'allois t'y montrer plus d'une Capanée (2)
Pour souveraine loi mettant la destinée,
Du tonnerre dans l'air bravant les vains carreaux,
Et nous parlant de Dieu du ton de Des Barreaux (3).
 Mais, sans aller chercher cette femme infernale,
T'ai-je encor peint, dis-moi, la fantasque inégale
Qui, m'aimant le matin, souvent me hait le soir ?
T'ai-je peint la maligne aux yeux faux, au cœur noir ?
T'ai-je encore exprimé la brusque impertinente ?
T'ai-je tracé la vieille à morgue dominante,
Qui veut, vingt ans encore après le sacrement,
Exiger d'un mari les respects d'un amant ?
T'ai-je fait voir de joie une belle animée,
Qui souvent d'un repas sortant tout enfumée,

---

(1) La Bruyère a traduit les *caractères* de Théophraste, et a fait ceux de son siècle.
(2) Capanée étoit un des sept chefs de l'armée qui mit le siége devant Thèbes. Les poëtes ont dit que Jupiter le foudroya à cause de son impiété.
(3) On dit qu'il se convertit avant que de mourir.

Fait, même à ses amans, trop foibles d'estomac,
Redouter ses baisers pleins d'ail et de tabac ?
T'ai-je encore décrit la dame brelandière
Qui des joueurs chez soi se fait cabaretière (1),
Et souffre des affronts que ne souffriroit pas
L'hôtesse d'une auberge à dix sols par repas ?
Ai-je offert à tes yeux ces tristes Tisiphones,
Ces monstres pleins d'un fiel que n'ont point les lionnes.
Qui, prenant en dégoût les fruits nés de leur flanc,
S'irritent sans raison contre leur propre sang ;
Toujours en des fureurs que les plaintes aigrissent,
Battent dans leurs enfans l'époux qu'elles haïssent,
Et font de leur maison, digne de Phalaris (2),
Un séjour de douleurs, de larmes et de cris ?
Enfin t'ai-je dépeint la superstitieuse,
La pédante au ton fier, la bourgeoise ennuyeuse,
Celle qui de son chat fait son seul entretien,
Celle qui toujours parle et ne dit jamais rien ?
Il en est des milliers ; mais ma bouche enfin lasse
Des trois quarts pour le moins veut bien te faire grâce.

 J'entends : c'est pousser loin la modération.
Ah ! finissez, dis-tu, la déclamation.
Pensez-vous qu'ébloui de vos vaines paroles
J'ignore qu'en effet tous ces discours frivoles
Ne sont qu'un badinage, un simple jeu d'esprit
D'un censeur dans le fond qui folâtre et qui rit,
Plein du même projet qui vous vint dans la tête
Quand vous plaçâtes l'homme au-dessous de la bête ?
Mais enfin vous et moi c'est assez badiner.

---

(1) Il y a des femmes qui donnent à souper aux joueurs, de peur de ne les plus revoir s'ils sortoient de leur maison.
(2) Tyran en Sicile, très-cruel.

SATIRE X.

Il est temps de conclure ; et, pour terminer,
Je ne dirai qu'un mot. La fille qui m'enchante,
Noble, sage, modeste, humble, honnête, touchante,
N'a pas un des défauts que vous m'avez fait voir.
Si, par un sort pourtant qu'on ne peut concevoir,
La belle, tout-à-coup rendue insociable,
D'ange, ce sont vos mots, se transformoit en diable ;
Vous me verriez bientôt, sans me désespérer,
Lui dire : hé bien, madame, il faut nous séparer :
Nous ne sommes pas faits, je le vois, l'un pour l'autre.
Mon bien se monte à tant : tenez, voilà le vôtre.
Partez : délivrons-nous d'un mutuel souci.
  Alcippe, tu crois donc qu'on se sépare ainsi ?
Pour sortir de chez toi sur cette offre offensante,
As-tu donc oublié qu'il faut qu'elle y consente ?
Et crois-tu qu'aisément elle puisse quitter
Le savoureux plaisir de t'y persécuter ?
Bientôt son procureur, pour elle usant sa plume,
De ses prétentions va t'offrir un volume :
Car, grâce au droit reçu chez les Parisiens,
Gens de douce nature, et maris bons chrétiens ;
Dans ses prétentions une femme est sans borne.
Alcippe, à ce discours je te trouve un peu morne.
Des arbitres, dis-tu, pourront nous accorder.
Des arbitres !... tu crois l'empêcher de plaider !
Sur ton chagrin déjà contente d'elle-même,
Ce n'est point tous ses droits, c'est le procès, qu'elle aime.
Pour elle un bout d'arpent qu'il faudra disputer
Vaut mieux qu'un fief entier acquis sans contester.
Avec elle il n'est point de droit qui s'éclaircisse,
Point de procès si vieux qui ne se rajeunisse ;
Et sur l'art de former un nouvel embarras

Devant elle Rolet mettroit pavillon bas.
Crois-moi, pour la fléchir trouve enfin quelque voie ?
Ou je ne réponds pas dans peu qu'on ne te voie
Sous le faix des procès abattu, consterné,
Triste, à pied, sans laquais, maigre, sec, ruiné,
Vingt fois dans ton malheur résolu de te pendre,
Et, pour comble de maux, réduit à la reprendre.

SATIRE XI.

A M. DE VALINCOUR.

Oui, l'honneur, Valincour, est chéri dans le monde :
Chacun, pour l'exalter, en paroles abonde ;
A s'en voir revêtu chacun met son bonheur ;
Et tout crie ici-bas : l'honneur ! vive l'honneur !
   Entendons discourir, sur les bancs des galères,
Ce forçat abhorré même de ses confrères ;
Il plaint par un arrêt injustement donné,
L'honneur en sa personne à ramer condamné.
En un mot, parcourons et la mer et la terre ;
Interrogeons marchands, financiers, gens de guerre,
Courtisans, magistrats : chez eux, si je les croi,
L'intérêt ne peut rien, l'honneur seul fait la loi.
   Cependant, lorsqu'aux yeux leur portant la lanterne (1),
J'examine au grand jour l'esprit qui les gouverne,
Je n'aperçois par tout que folle ambition,
Foiblesse, iniquité, fourbe, corruption,
Que ridicule orgueil de soi-même idolâtre.
Le monde, à mon avis, est comme un grand théâtre,
Où chacun en public, l'un par l'autre abusé,
Souvent à ce qu'il est joue un rôle opposé.
Tous les jours on y voit, orné d'un faux visage,
Impudemment le fou représenter le sage ;
L'ignorant s'ériger en savant fastueux,
Et le plus vil faquin trancher du vertueux.
Mais quelque fol espoir dont leur orgueil les berce,
Bientôt on les connoît, et la vérité perce.
On a beau se farder aux yeux de l'univers :

---

(1) Allusion au mot de Diogène le cynique, qui portoit une lanterne en plein jour, et qui disoit qu'*il cherchoit un homme*.

SATIRE XI.

A la fin sur quelqu'un de nos vices couverts,
Le public malin jette un œil inévitable;
Et bientôt la censure, au regard formidable,
Sait, le crayon en main, marquer nos endroits faux,
Et nous développer avec tous nos défauts.
Du mensonge toujours le vrai demeure maître.
Pour paroître honnête homme, en un mot, il faut l'être :
Et jamais, quoiqu'il fasse, un mortel ici-bas
Ne peut aux yeux du monde être ce qu'il n'est pas.
En vain ce misanthrope, aux yeux tristes et sombres,
Veut, par un air riant, en éclaircir les ombres :
Le ris sur le visage est en mauvaise humeur;
L'agrément fuit ses traits, ses caresses font peur;
Ses mots les plus flatteurs paroissent des rudesses,
Et la vanité brille en toutes ses bassesses.
Le naturel toujours sort, et sait se montrer :
Vainement on l'arrête, on le force à rentrer;
Il rompt tout, perce tout, et trouve enfin passage.
    Mais loin de mon projet je sens que je m'engage.
Revenons de ce pas à mon texte égaré.
L'honneur par tout, disois-je, est du monde admiré;
Mais l'honneur en effet qu'il faut que l'on admire,
Quel est-il, Valincour? pourras-tu me le dire?
L'ambitieux le met souvent à tout brûler;
L'avare, à voir chez lui le Pactole (1) rouler;
Un faux brave, à vanter sa prouesse frivole;
Un vrai fourbe, à jamais ne garder sa parole;
Ce poëte, à noircir d'insipides papiers;
Ce marquis, à savoir frauder ses créanciers;
Un libertin, à rompre et jeûnes et carême;
Un fou perdu d'honneur, à braver l'honneur même.

(1) Fleuve de Lydie, où l'on trouve de l'or, ainsi que dans plusieurs autres fleuves.

SATIRE XI.

L'un d'eux a-t-il raison ? qui pourroit le penser ?
Qu'est-ce donc que l'honneur que tout doit embrasser ?
Est-ce de voir, dis-moi, vanter notre éloquence ;
D'exceller en courage, en adresse, en prudence ;
De voir à notre aspect tout trembler sous les cieux ;
De posséder enfin mille dons précieux ?
Mais avec tous ces dons de l'esprit et de l'ame
Un Roi même souvent peut n'être qu'un infâme,
Qu'un Hérode, un Tibère effroyable à nommer.
Où donc est cet honneur qui seul doit nous charmer ?
Quoi qu'en ses beaux discours Saint-Evremont nous prône,
Aujourd'hui j'en croirai Sénèque avant Pétrone (1).
Dans le monde il n'est rien de beau que l'équité :
Sans elle la valeur, la force, la bonté,
Et toutes les vertus dont s'éblouit la terre,
Ne sont que faux brillans, et que morceaux de verre.
Un injuste guerrier (2), terreur de l'univers,
Qui, sans sujet courant chez cent peuples divers,
S'en va tout ravager jusqu'aux rives du Gange,
N'est qu'un plus grand voleur que du Terte et Saint-Ange (3).
Du premier des Césars on vante les exploits ;
Mais dans quel tribunal, jugé suivant les lois,
Eût-il pu disculper son injuste manie ?
Qu'on livre son pareil en France à la Reynie (4),
Dans trois jours nous verrons le phénix des guerriers
Laisser sur l'échafaud sa tête et ses lauriers.
C'est d'un Roi (5) que l'on tient cette maxime auguste,
Que jamais on n'est grand qu'autant que l'on est juste.

(1) Saint-Evremond a fait une dissertation dans laquelle il donne la préférence à Pétrone sur Sénèque.
(2) Alexandre. (3) Fameux voleurs.
(4) Célèbre lieutenant-général de police à Paris.
(5) Agésilas, Roi de Sparte.

SATIRE XI.

Rassemblez à-la-fois Mithridate et Sylla ;
Joignez-y Tamerlan, Genseric, Attila :
Tous ces fiers conquérans, rois, princes, capitaines,
Sont moins grands à mes yeux que ce bourgeois d'Athènes,
Qui sut, pour tous exploits, doux, modéré, frugal,
Toujours vers la justice aller d'un pas égal (1).

Oui, la justice en nous est la vertu qui brille :
Il faut de ses couleurs qu'ici-bas tout s'habille ;
Dans un mortel chéri tout injuste qu'il est,
C'est quelque air d'équité qui séduit et qui plaît.
A cet unique appât l'ame est vraiment sensible :
Même aux yeux de l'injuste, un injuste est horrible ;
Et tel qui n'admet point la probité chez lui
Souvent à la rigueur l'exige chez autrui.
Disons plus : il n'est point d'ame livrée au vice
Où l'on ne trouve encor des traces de justice.
Chacun de l'équité ne fait pas son flambeau ;
Tout n'est pas Caumartin, Bignon, ni d'Aguesseau :
Mais jusqu'en ces pays où tout vit de pillage,
Chez l'Arabe et le Scythe, elle est de quelque usage ;
Et du butin acquis en violant les lois
C'est elle entre eux qui fait le partage et le choix.

Mais allons voir le vrai jusqu'en sa source même.
Un dévot aux yeux creux, et d'abstinence blême,
S'il n'a point le cœur juste, est affreux devant Dieu.
L'évangile au chrétien ne dit en aucun lieu,
Sois dévot : elle dit, Sois doux, simple, équitable.
Car d'un dévot souvent au chrétien véritable
La distance est deux fois plus longue, à mon avis,
Que du pole antarctique au détroit de Davis (2).
Encor par ce dévot ne crois pas que j'entende

(1) Socrate.
(2) Détroit sous le pole arctique, près de la nouvelle Zemble.

SATIRE XI.

Tartuffe, ou Molinos et sa mystique bande :
J'entends un faux chrétien mal instruit, mal guidé,
Et qui de l'évangile enfin persuadé
N'en a jamais conçu l'esprit ni la justice ;
Un chrétien qui s'en sert pour disculper le vice ;
Qui toujours près des grands, qu'il prend soin d'abuser,
Sur leurs foibles honteux sait les autoriser,
Et croit pouvoir au ciel, par ses folles maximes,
Avec le sacrement faire entrer tous les crimes.
Des faux dévots pour moi voilà le vrai héros.

   Mais, pour borner enfin tout ce vague propos,
Concluons qu'ici-bas le seul honneur solide,
C'est de prendre toujours la vérité pour guide ;
De regarder en tout la raison et la loi ;
D'être doux pour tout autre, et rigoureux pour soi ;
D'accomplir tout le bien que le ciel nous inspire ;
Et d'être juste enfin : ce mot seul veut tout dire.
Je doute que le flot des vulgaires humains
A ce discours pourtant donne aisément les mains ;
Et, pour t'en dire ici la raison historique,
Souffre que je l'habille en fable allégorique.

   Sous le bon roi Saturne, ami de la douceur,
L'Honneur, cher Valincour, et l'Equité sa sœur,
De leurs sages conseils éclairant tout le monde,
Régnoient, chéris du ciel, dans une paix profonde.
Tout vivoit en commun sous ce couple adoré :
Aucun n'avoit d'enclos ni de champ séparé.
La vertu n'étoit point sujette à l'ostracisme (1),
Ni ne s'appeloit point alors un jansénisme.
L'Honneur, beau par soi-même, et sans vains ornemens,
N'étaloit point aux yeux ni l'or ni les diamans,

---

(1) Loi par laquelle les Athéniens avoient droit de bannir tel de leurs citoyens qu'ils vouloient.

Et jamais ne sortant de ses devoirs austères,
Maintenoit de sa sœur les règles salutaires.
Mais une fois au ciel par les dieux appelé,
Il demeura long-temps au séjour étoilé.

 Un fourbe cependant, assez haut de corsage,
Et qui lui ressembloit de geste et de visage,
Prend son temps; et par tout ce hardi suborneur
S'en va chez les humains crier qu'il est l'Honneur,
Qu'il arrive du ciel, et que, voulant lui-même
Seul porter désormais le faix du diadême,
De lui seul il prétend qu'on reçoive la loi.
A ces discours trompeurs le monde ajoute foi.
L'innocente Equité honteusement bannie
Trouve à peine un désert où fuir l'ignominie.
Aussitôt sur un trône éclatant de rubis
L'imposteur monte, orné de superbes habits.
La Hauteur, le Dédain, l'Audace, l'environnent;
Et le Luxe et l'Orgueil de leurs mains le couronnent.
Tout fier il montre alors un front plus sourcilleux:
Et le Mien et le Tien, deux frères pointilleux,
Par son ordre amenant les procès et la guerre,
En tous lieux de ce pas vont partager la terre;
En tous lieux, sous les noms de bon droit et de tort,
Vont chez elle établir le seul droit du plus fort.
Le nouveau Roi triomphe, et, sur ce droit inique,
Bâtit de vaines lois un code fantastique;
Avant tout aux mortels prescrit de se venger,
L'un l'autre au moindre affront les force à s'égorger,
Et dans leur ame, en vain de remords combattue,
Trace en lettres de sang ces deux mots: *Meurs* ou *Tue*.
Alors, ce fut alors, sous ce vrai Jupiter,
Qu'on vit naître ici-bas le noir siècle de fer.
Le frère au même instant s'arma contre le frère;

SATIRE XI.

Le fils trempa ses mains dans le sang de son père;
La soif de commander enfanta les tyrans,
Du Tanaïs (1) au Nil porta les conquérans;
L'ambition passa pour la vertu sublime;
Le crime heureux fut juste, et cessa d'être crime :
On ne vit plus que haine et que division,
Qu'envie, effroi, tumulte, horreur, confusion.
   Le véritable Honneur sur la voûte céleste
Est enfin averti de ce trouble funeste.
Il part sans différer, et descendu des cieux,
Va par tout se montrer dans les terrestres lieux :
Mais il n'y fait plus voir qu'un visage incommode;
On n'y peut plus souffrir ses vertus hors de mode;
Et lui-même, traité de fourbe et d'imposteur,
Est contraint de ramper aux pieds du séducteur.
Enfin, las d'essuyer outrage sur outrage,
Il livre les humains à leur triste esclavage;
S'en va trouver sa sœur, et dès ce même jour,
Avec elle s'envole au céleste séjour.
Depuis, toujours ici riche de leur ruine,
Sur les tristes mortels le faux honneur domine,
Gouverne tout, fait tout, dans ce bas univers;
Et peut-être est-ce lui qui m'a dicté ces vers.
Mais en fût-il l'auteur, je conclus de sa fable
Que ce n'est qu'en Dieu seul qu'est l'honneur véritable.

  (1) Le Tanaïs est un fleuve du pays des Scythes.

AVERTISSEMENT

SUR LA SATIRE XII.

Quelque heureux succès qu'aient eu mes ouvrages, j'avois résolu depuis leur dernière édition (1) de ne plus rien donner au public; et quoiqu'à mes heures perdues, il y a environ cinq ans (2), j'eusse encore fait contre l'équivoque une satire que tous ceux à qui je l'ai communiquée ne jugeoient pas inférieure à mes autres écrits, bien loin de la publier, je la tenois soigneusement cachée, et je ne croyois pas que, moi vivant, elle dût jamais voir le jour. Ainsi donc, aussi soigneux désormais de me faire oublier que j'avois été autrefois curieux de faire parler de moi, je jouissois, à mes infirmités près, d'une assez grande tranquillité, lorsque tout d'un coup j'ai appris qu'on débitoit dans le monde, sous mon nom, quantité de méchans écrits, et entre autres une pièce en vers contre les jésuites, également odieuse et insipide, où l'on me faisoit, en mon propre nom, dire à toute leur société les injures les plus

(1) En 1701.
(2) Cet avertissement a été composé en 1710.

atroces

atroces et les plus grossières. J'avoue que cela m'a donné un très-grand chagrin. Car bien que tous les gens sensés aient connu sans peine que la pièce n'étoit point de moi, et qu'il n'y ait eu que de très-petits esprits qui aient présumé que j'en pouvois être l'auteur, la vérité est pourtant que je n'ai pas regardé comme un médiocre affront de me voir soupçonné, même par des ridicules, d'avoir fait un ouvrage si ridicule.

J'ai donc cherché les moyens les plus propres pour me laver de cette infamie; et, tout bien considéré, je n'ai point trouvé de meilleur expédient que de faire imprimer ma satire contre l'ÉQUIVOQUE; parce qu'en la lisant, les moins éclairés, même de ces petits esprits, ouvriroient peut-être les yeux, et verroient manifestement le peu de rapport qu'il y a de mon style, même en l'âge où je suis, au style bas et rampant de l'auteur de ce pitoyable écrit. Ajoutez à cela que je pouvois mettre à la tête de ma satire, en la donnant au public, un avertissement en manière de préface, où je me justifierois pleinement; et tirerois tout le monde d'erreur. C'est ce que je fais aujourd'hui; et j'espère que le peu que je viens de dire, produira l'effet que je me suis proposé. Il ne me reste donc plus maintenant qu'à parler de la satire pour laquelle est fait ce discours.

Je l'ai composée par le caprice du monde le plus bizarre, et par une espèce de dépit et de colère poëtique, s'il faut ainsi dire, qui me saisit à l'occasion de ce que je vais raconter. Je me promenois dans mon jardin à Auteuil, et rêvois en marchant à un poëme que je voulois faire contre les mauvais critiques de notre siècle. J'en avois même déjà composé quelques vers, dont j'étois assez content. Mais voulant continuer, je m'apperçus qu'il y avoit dans ces vers une équivoque de langue ; et m'étant sur-le-champ mis en devoir de la corriger, je n'en pus jamais venir à bout. Cela m'irrita de telle manière, qu'au lieu de m'appliquer davantage à réformer cette équivoque, et de poursuivre mon poëme contre les faux critiques, la folle pensée me vint de faire contre l'équivoque même une satire qui pût me venger de tous les chagrins qu'elle m'a causés depuis que je me mêle d'écrire. Je vis bien que je ne rencontrerois pas de médiocres difficultés à mettre en vers un sujet si sec ; et même il s'en présenta d'abord une qui m'arrêta tout

AVERTISSEMENT.

court : ce fut de savoir duquel des deux genres, masculin ou féminin, je ferois le mot *équivoque*, beaucoup d'habiles écrivains, ainsi que le remarque Vaugelas, le faisant masculin. Je me déterminai pourtant assez vîte au féminin, comme au plus usité des deux : et bien loin que cela empêchât l'exécution de mon projet, je crus que ce ne seroit pas une méchante plaisanterie de commencer ma satire par cette difficulté même. C'est ainsi que je m'engageai dans la composition de cet ouvrage. Je croyois d'abord faire tout au plus cinquante ou soixante vers ; mais ensuite les pensées me venant en foule, et les choses que j'avois à reprocher à l'équivoque se multipliant à mes yeux, j'ai poussé ces vers jusqu'à près de trois cent cinquante.

C'est au public à voir maintenant si j'ai bien ou mal réussi. Je n'emploierai point ici, non plus que dans les préfaces de mes autres écrits, mon adresse et ma rhétorique à le prévenir en ma faveur. Tout ce que je puis lui dire, c'est que j'ai travaillé cette pièce avec le même soin que toutes mes autres poësies. Une chose pourtant dont il est bon que les jésuites soient avertis, c'est qu'en attaquant l'équivoque je n'ai pas pris ce mot dans toute l'étroite rigueur de sa signification grammaticale, le mot d'équivoque, en ce sens-là, ne voulant dire qu'une ambiguité de paroles; mais que je l'ai pris, comme le prend ordinairement le commun des hommes, pour toutes sortes d'ambiguités de sens, de pensées, d'expresssions, et enfin pour tous ces abus et toutes ces méprises de l'esprit humain qui font qu'il prend souvent une chose pour une autre. Et c'est dans ce sens que j'ai dit que l'idolâtrie avoit pris naissance de l'équivoque : les hommes, à mon avis, ne pouvant pas s'équivoquer plus lourdement que de prendre des pierres, de l'or et du cuivre, pour Dieu. J'ajouterai à cela que la Providence divine, ainsi que je l'établis clairement dans ma satire, n'ayant permis chez eux cet horrible aveuglement qu'en punition de ce que leur premier père avoit prêté l'oreille aux promesses du démon, j'ai pu conclure infailliblement que l'idolâtrie est un fruit, ou, pour mieux dire, un véritable enfant de l'équivoque. Je ne vois donc pas qu'on me puisse faire sur cela aucune bonne critique, et surtout ma satire étant un pur jeu d'esprit, où il seroit ridicule d'exiger une précision géométrique de pensées et de paroles.

Mais il y a une autre objection plus importante et plus considérable, qu'on me fera peut-être au sujet des propositions de morale relâchée que j'attaque dans la dernière partie de mon ouvrage. Car ces propositions ayant été, à ce qu'on prétend, avancées par quantité de théologiens, même célèbres, la moquerie que j'en fais peut, dira-t-on, diffamer en quelque sorte ces théologiens, et causer ainsi une espèce de scandale dans l'église. A cela je réponds premièrement qu'il n'y a aucune des propositions que j'attaque qui n'ait été plus d'une fois condamnée par toute l'église, et tout récemment encore par deux des plus grands papes qui aient depuis long-temps rempli le saint-siége. Je dis en second lieu qu'à l'exemple de ces célèbres vicaires de Jésus-Christ, je n'ai point nommé les auteurs de ces propositions ni aucun de ces théologiens dont on dit que je puis causer la diffamation, et contre lesquels même j'avoue que je ne puis rien décider, puisque je n'ai point lu ni ne suis d'humeur à lire leurs écrits : ce qui seroit pourtant absolument nécessaire pour prononcer sur les accusations que l'on forme contre eux, leurs accusateurs pouvant les avoir mal entendus, et s'être trompés dans l'intelligence des passages où ils prétendent que ce sont ces erreurs dont ils les accusent. Je soutiens en troisième lieu qu'il est contre la droite raison de penser que je puisse exciter quelque scandale dans l'église, en traitant de ridicules des propositions rejetées de toute l'église, et plus dignes encore, par leur absurdité, d'être sifflées de tous les fidelles, que réfutées sérieusement. C'est ce que je me crois obligé de dire pour me justifier. Que si après cela il se trouve encore quelques théologiens qui se figurent qu'en décriant ces propositions j'ai eu en vue de les décrier eux-mêmes, je déclare que cette fausse idée qu'ils ont de moi ne sauroit venir que des mauvais artifices de l'équivoque, qui, pour se venger des injures que je lui dis dans ma pièce, s'efforce d'intéresser dans sa cause ces théologiens, en me faisant penser ce que je n'ai pas pensé, et dire ce que je n'ai point dit.

Voilà, ce me semble, bien des paroles, et peut-être trop de paroles employées pour justifier un aussi peu considérable ouvrage qu'est la satire qu'on va voir. Avant néanmoins que de finir, je ne crois pas me pouvoir dispenser d'apprendre aux lecteurs qu'en attaquant, comme je fais dans ma satire, ces erreurs, je ne me suis point fié à mes seules lumières, mais qu'ainsi que je l'ai pratiqué il y a environ dix ans, à l'égard de mon épître de l'amour de Dieu, j'ai, non-seulement consulté sur mon ouvrage tout ce que je connois de plus habiles docteurs, mais que je l'ai donné à examiner au prélat de l'église qui, par l'étendue de ses connoissances et par l'éminence de sa dignité, est le plus capable et le plus en droit de me prescrire ce que je dois penser sur ces matières ; je veux dire M. le cardinal de Noailles, mon archevêque. J'ajouterai que ce pieux et savant cardinal a eu trois semaines ma satire entre les mains, et qu'à mes instantes prières, après l'avoir lue et relue plus d'une fois, il me l'a enfin rendue en me comblant d'éloges, et m'a assuré qu'il n'y avoit trouvé à redire qu'un seul mot, que j'ai corrigé sur-le-champ, et sur lequel je lui ai donné une entière satisfaction. Je me flatte donc qu'avec une approbation si authentique, si sûre et si glorieuse, je puis marcher la tête levée, et dire hardiment des critiques qu'on pourra faire désormais contre la doctrine de mon ouvrage, que ce ne sauroit être que de vaines subtilités d'un tas de misérables sophistes formés dans l'école du mensonge, et aussi affidés amis de l'équivoque, qu'opiniâtres ennemis de Dieu, du bon sens, et de la vérité.

SATIRE XII.

Du langage français bizarre hermaphrodite,
De quel genre te faire, équivoque maudite,
Ou maudit ? car sans peine aux rimeurs hasardeux
L'usage encor, je crois, laisse le choix des deux.
Tu ne me réponds rien. Sors d'ici, fourbe insigne,
Mâle aussi dangereux que femelle maligne,
Qui crois rendre innocens les discours imposteurs ;
Tourment des écrivains, juste effroi des lecteurs ;
Par qui de mots confus sans cesse embarrassée
Ma plume, en écrivant, cherche en vain ma pensée :
Laisse-moi ; va charmer de tes vains agrémens
Les yeux faux et gâtés de tes louches amans ;
Et ne viens pas ici de ton ombre grossière
Envelopper mon style, ami de la lumière.
Tu sais bien que jamais chez toi, dans mes discours,
Je n'ai d'un faux brillant emprunté le secours :
Fuis donc. Mais non, demeure ; un démon qui m'inspire
Veut qu'encore une utile et dernière satire,
De ce pas en mon livre exprimant tes noirceurs,
Se vienne, en nombre pair, joindre à ses onze sœurs ;
Et je sens que ta vue échauffe mon audace.
Viens, approche : voyons, malgré l'âge et sa glace,
Si ma muse aujourd'hui, sortant de sa langueur,
Pourra trouver encore un reste de vigueur.
Mais où tend, dira-t-on ce projet fantastique ?
Ne vaudroit-il pas mieux dans mes vers, moins caustique,
Répandre de tes jeux le sel divertissant,
Que d'aller contre toi, sur ce ton menaçant,
Pousser jusqu'à l'excès ma critique boutade ?
  Je ferois mieux, j'entends, d'imiter Benserade.
C'est par lui qu'autrefois, mise en ton plus beau jour,
Tu sus, trompant les yeux du peuple et de la cour,

Leur faire, à la faveur de tes bluettes folles,
Goûter comme bons mots tes quolibets frivoles.
Mais ce n'est plus le temps : le public détrompé
D'un pareil enjouement ne se sent plus frappé.
Tes bons mots, autrefois délices des ruelles,
Approuvés chez les grands, applaudis chez les belles ;
Hors de mode aujourd'hui chez nos plus froids badins,
Sont des collets-montés et des vertugadins.
Le lecteur ne sait plus admirer dans Voiture
De ton froid jeu de mots l'insipide figure.
C'est à regret qu'on voit cet auteur si charmant,
Et pour mille beaux traits vanté si justement,
Chez toi toujours cherchant quelque finesse aiguë,
Présenter au lecteur sa pensée ambiguë,
Et souvent du faux sens d'un proverbe affecté
Faire de son discours la piquante beauté.

 Mais laissons là le tort qu'à ses brillans ouvrages
Fit le plat agrément de tes vains badinages.
Parlons des maux sans fin que ton sens de travers,
Source de toute erreur, sema dans l'univers :
Et, pour les contempler jusques dans leur naissance,
Dès le temps nouveau-né, quand la Toute-Puissance
D'un mot forma le ciel, l'air, la terre, et les flots,
N'est-ce pas toi, voyant le monde à peine éclos,
Qui, par l'éclat trompeur d'une funeste pomme,
Et tes mots ambigus, fit croire au premier homme
Qu'il alloit, en goûtant de ce morceau fatal,
Comblé de tout savoir, à Dieu se rendre égal ?
Il en fit sur-le-champ la folle expérience.
Mais tout ce qu'il acquit de nouvelle science
Fut que, triste et honteux de voir sa nudité,
Il sut qu'il n'étoit plus, grâce à sa vanité,
Qu'un chétif animal pétri d'un peu de terre,

A qui la faim, la soif, par tout faisoient la guerre,
Et qui, courant toujours de malheur en malheur,
A la mort arrivoit enfin par la douleur.
Oui, de tes noirs complots et de ta triste rage
Le genre humain perdu fut le premier ouvrage :
Et bien que l'homme alors parût si rabaissé,
Par toi contre le ciel un orgueil insensé
Armant de ses neveux la gigantesque engeance,
Dieu résolut enfin, terrible en sa vengeance,
D'abymer sous les eaux tous ces audaciéux.
Mais avant qu'il lâchât les écluses des cieux,
Par un fils de Noë fatalement sauvée,
Tu fus, comme serpent, dans l'arche conservée.
Et d'abord poursuivant tes projets suspendus,
Chez les mortels restans, encor tout éperdus,
De nouveau tu semas tes captieux mensonges,
Et remplis leurs esprits de fables et de songes.
Tes voiles offusquant leurs yeux de toutes parts,
Dieu disparut lui-même à leurs troubles regards.
Alors tout ne fut plus que stupide ignorance,
Qu'impiété sans borne en son extravagance :
Puis, de cent dogmes faux la superstition
Répandant l'idolâtre et folle illusion
Sur la terre en tout lieu disposée à les suivre,
L'art se tailla des dieux d'or, d'argent, et de cuivre ;
Et l'artisan lui-même, humblement prosterné
Aux pieds du vain métal par sa main façonné,
Lui demanda les biens, la santé, la sagesse.
Le monde fut rempli de dieux de toute espèce :
On vit le peuple fou qui du Nil boit les eaux
Adorer les serpens, les poissons, les oiseaux ;
Aux chiens, aux chats, aux boucs, offrir des sacrifices ;
Conjurer l'ail, l'oignon, d'être à ses vœux propices ;

Et croire follement maître de ses destins
Ces dieux nés du fumier porté dans ses jardins.
    Bientôt te signalant par mille faux miracles,
Ce fut toi qui par tout fit parler les oracles :
C'est par ton double sens dans leurs discours jeté
Qu'ils surent, en mentant, dire la vérité,
Et sans crainte, rendant leurs réponses normandes,
Des peuples et des rois engloutir les offrandes.
    Ainsi, loin du vrai jour par toi toujours conduit,
L'homme ne sortit plus de son épaisse nuit.
Pour mieux tromper ses yeux, ton adroit artifice
Fit à chaque vertu prendre le nom d'un vice ;
Et par toi, de splendeur faussement revêtu,
Chaque vice emprunta le nom d'une vertu.
Par toi l'humilité devint une bassesse ;
La candeur se nomma grossièreté, rudesse :
Au contraire, l'aveugle et folle ambition
S'appela des grands cœurs la belle passion ;
Du nom de fierté noble on orna l'impudence,
Et la fourbe passa pour exquise prudence :
L'audace brilla seule aux yeux de l'univers ;
Et pour vraiment héros, chez les hommes pervers,
On ne reconnut plus qu'usurpateurs iniques,
Que tyranniques Rois censés grands politiques,
Qu'infâmes scélérats à la gloire aspirans,
Et voleurs revêtus du nom de conquérans.
    Mais à quoi s'attacha ta savante malice ?
Ce fut surtout à faire ignorer la justice.
Dans les plus claires lois ton ambiguité
Répandant son adroite et fine obscurité,
Aux yeux embarrassés des juges les plus sages
Tout sens devint douteux, tout mot eut deux visages ;
Plus on crut pénétrer, moins on fut éclairci ;

Le texte fut souvent par la glose obscurci :
Et, pour comble de maux, à tes raisons frivoles
L'éloquence prêtant l'ornement des paroles,
Tous les jours accablé sous leur commun effort,
Le vrai passa pour faux, et le bon droit eut tort.
Voilà comme, déchu de sa grandeur première,
Concluons, l'homme enfin perdit toute lumière,
Et, par tes yeux trompeurs se figurant tout voir,
Ne vit, ne sut plus rien, ne put plus rien savoir.

 De la raison pourtant, par le vrai Dieu guidée,
Il resta quelque trace encor dans la Judée.
Chez les hommes ailleurs sous ton joug gémissans
Vainement on chercha la vertu, le droit sens :
Car, qu'est-ce, loin de Dieu, que l'humaine sagesse ?
Et Socrate l'honneur de la profane Grèce,
Qu'étoit-il en effet, de près examiné,
Qu'un mortel par lui-même au seul mal entraîné,
Et, malgré la vertu dont il faisoit parade,
Très-équivoque ami du jeune Alcibiade ?
Oui, j'ose hardiment l'affirmer contre toi,
Dans le monde idolâtre, asservi sous ta loi,
Par l'humaine raison de clarté dépourvue
L'humble et vraie équité fut à peine entrevue ;
Et, par un sage altier, au seul faste attaché,
Le bien même accompli souvent fut un péché.

 Pour tirer l'homme enfin de ce désordre extrême,
Il fallut qu'ici-bas Dieu, fait homme lui-même,
Vint du sein lumineux de l'éternel séjour
De tes dogmes trompeurs dissiper le faux jour.
A l'aspect de ce Dieu les démons disparurent ;
Dans Delphes, dans Délos, tes oracles se turent :
Tout marqua, tout sentit, sa venue en ces lieux :
L'estropié marcha, l'aveugle ouvrit les yeux.

Mais bientôt contre lui ton audace rebelle
Chez la nation même à son culte fidelle
De tous côtés arma tes nombreux sectateurs,
Prêtres, pharisiens, rois, pontifes, docteurs.
C'est par eux que l'on vit la vérité suprême
De mensonge et d'erreur accusée elle-même,
Au tribunal humain le Dieu du ciel traîné,
Et l'auteur de la vie à mourir condamné.
Ta fureur toutefois à ce coup fut déçue,
Et pour toi ton audace eut une triste issue.
Dans la nuit du tombeau ce Dieu précipité
Se releva soudain tout brillant de clarté;
Et par tout sa doctrine en peu de temps portée
Fut du Gange et du Nil et du Tage écoutée;
Des superbes autels à leur gloire dressés
Tes ridicules dieux tombèrent renversés :
On vit en mille endroits leurs honteuses statues
Pour le plus bas usage utilement fondues,
Et gémir vainement Mars, Jupiter, Vénus,
Urnes, vases, trépieds, vils meubles devenus.
Sans succomber pourtant tu soutins cet orage,
Et, sur l'idolâtrie enfin perdant courage,
Pour embarrasser l'homme en des nœuds plus subtils,
Tu courus chez Satan brouiller de nouveaux fils.
 Alors, pour seconder ta triste frénésie,
Arriva de l'enfer ta fille l'hérésie.
Ce monstre, dès l'enfance à ton école instruit,
De tes leçons bientôt te fit goûter le fruit.
Par lui l'erreur, toujours finement apprêtée,
Sortant pleine d'attraits de sa bouche empestée,
De son mortel poison tout courut s'abreuver,
Et l'église elle-même eut peine à s'en sauver.
Elle-même deux fois, presque tout arienne,

SATIRE XII.

Sentit chez soi trembler la vérité chrétienne,
Lorsqu'attaquant le Verbe et sa divinité,
D'une syllabe impie un saint mot augmenté
Remplit tous les esprits d'aigreurs si meurtrières,
Et fit de sang chrétien couler tant de rivières.
Le fidelle, au milieu de ces troubles confus
Quelque temps égaré, ne se reconnut plus ;
Et dans plus d'un aveugle et ténébreux concile
Le mensonge parut vainqueur de l'évangile.
Mais à quoi bon ici du profond des enfers,
Nouvel historien de tant de maux soufferts,
Rappeler Arius, Valentin, et Pélage,
Et tous ces fiers démons que toujours d'âge en âge
Dieu, pour faire éclaircir à fond ses vérités,
A permis qu'aux chrétiens l'enfer ait suscités ?
Laissons hurler là-bas tous ces damnés antiques,
Et bornons nos regards aux troubles fanatiques
Que ton horrible fille ici sut émouvoir,
Quand Luther et Calvin, remplis de ton savoir,
Et soi-disant choisis pour réformer l'église,
Vinrent du célibat affranchir la prêtrise,
Et, des vœux les plus saints blâmant l'austérité,
Aux moines las du joug rendre la liberté.
Alors n'admettant plus d'autorité visible,
Chacun fut de la foi censé juge infaillible ;
Et, sans être approuvé par le clergé romain,
Tout protestant fut pape, une bible à la main.
De cette erreur dans peu naquirent plus de sectes
Qu'en automne on ne voit de bourdonnans insectes
Fondre sur les raisins nouvellement mûris,
Ou qu'en toutes saisons sur les murs, à Paris,
On ne voit affichés de recueils d'amourettes,
De vers, de contes bleus, de frivoles sornettes,

Souvent peu recherchés du public nonchalant,
Mais vantés à coup sur du Mercure galant.
Ce ne fut par tout que fous anabaptistes,
Qu'orgueilleux puritains, qu'exécrables déistes ;
Le plus vil artisan eut ses dogmes à soi,
Et chaque chrétien fut de différente loi.
La discorde, au milieu de ces sectes altières,
En tout lieu cependant déploya ses bannières ;
Et ta fille, au secours des vains raisonnemens
Appelant le ravage et les vains embrasemens,
Fit, en plus d'un pays, aux villes désolées
Sous l'herbe en vain chercher leurs églises brûlées.
L'Europe fut un champ de massacre et d'horreur :
Et l'orthodoxe même, aveugle en sa fureur,
De tes dogmes trompeurs nourrissant son idée,
Oublia la douceur aux chrétiens commandée ;
Et crut, pour venger Dieu de ses fiers ennemis,
Tout ce que Dieu défend légitime et permis.
Au signal tout-à-coup donné pour le carnage,
Dans les villes, par tout, théâtres de leur rage,
Cent mille faux zélés, le fer en main courans,
Allèrent attaquer leurs amis, leurs parens,
Et, sans distinction, dans tout sein hérétique,
Pleins de joie enfoncer un poignard catholique :
Car quel lion, quel tigre, égale en cruauté
Une injuste fureur qu'arme la piété ?

    Ces fureurs, jusqu'ici du vain peuple admirées,
Etoient pourtant toujours de l'église abhorrées ;
Et, dans ton grand crédit pour te bien conserver,
Il falloit que le ciel parût les approuver :
Ce chef-d'œuvre devoit couronner ton adresse.
Pour y parvenir donc, ton active souplesse,
Dans l'école abusant tes grossiers écrivains,

                                            Fit

SATIRE XII

Fit croire à leurs esprits ridiculement vains
Qu'un sentiment impie, injuste, abominable,
Par deux ou trois d'entre eux répeté soutenable,
Prenoit chez eux un sceau de probabilité
Qui même contre Dieu lui donnoit sûreté;
Et qu'un chrétien pouvoit, rempli de confiance,
Même en le condamnant, le suivre en conscience.

  C'est sur ce beau principe, admis si follement,
Qu'aussitôt tu posas l'énorme fondement
De la plus dangereuse et terrible morale
Que Lucifer, assis dans la chaire infernale,
Vomissant contre Dieu ses monstrueux sermons,
Ait jamais enseignée aux novices démons.
Soudain, au grand honneur de l'école payenne,
On entendit prêcher dans l'église chrétienne
Que sous le joug du vice un pécheur abattu
Pouvoit, sans aimer Dieu ni même la vertu,
Par la seule frayeur au sacrement unie,
Admis au ciel, jouir de la gloire infinie;
Et que, les clefs en main, sur ce seul passeport,
Saint-Pierre à tous venans devoit ouvrir d'abord.

  Ainsi, pour éviter l'éternelle misère
Le vrai zèle au chrétien n'étant plus nécessaire,
Tu sus, dirigeant bien en eux l'intention,
De tout crime laver la coupable action.
Bientôt, se parjurer cessa d'être un parjure;
L'argent à tout denier se prêta sans usure;
Sans simonie, on put, contre un bien temporel,
Hardiment échanger un bien spirituel;
Du soin d'aider le pauvre on dispensa l'avare;
Et même chez les rois le superflu fut rare.
C'est alors qu'on trouva, pour sortir d'embarras,
L'art de mentir tout haut en disant vrai tout bas:

SATIRE XII.

C'est alors qu'on apprit qu'avec un peu d'adresse
Sans crime un prêtre peut vendre trois fois sa messe ;
Pourvu que, laissant là son salut à l'écart,
Lui-même en la disant n'y prenne aucune part :
C'est alors que l'on sut qu'on peut pour une pomme,
Sans blesser la justice, assassiner un homme :
Assassiner ! ah ! non, je parle improprement ;
Mais que, prêt à la perdre, on peut innocemment,
Surtout ne la pouvant sauver d'une autre sorte,
Massacrer le voleur qui fuit et qui l'emporte.
Enfin ce fut alors que, sans se corriger,
Tout pécheur.... Mais où vais-je aujourd'hui m'engager ?
Veux-je d'un pape illustre, armé contre tes crimes,
A tes yeux mettre ici toute la bulle en rimes ;
Exprimer tes détours burlesquement pieux
Pour disculper l'impur, le gourmand, l'envieux ;
Tes subtils faux-fuyans pour sauver la mollesse,
Le larcin, le duel, le luxe, la paresse ;
En un mot, faire voir à fond développés
Tous ces dogmes affreux d'anathême frappés,
Que, sans peur débitant tes distinctions folles,
L'erreur encor pourtant maintient dans tes écoles ?

 Mais sur ce seul projet soudain puis-je ignorer
A quels nombreux combats il faut me préparer ?
J'entends déjà d'ici tes docteurs frénétiques
Hautement me compter au rang des hérétiques ;
M'appeler scélérat, traître, fourbe, imposteur,
Froid plaisant, faux bouffon, vrai calomniateur ;
De Pascal, de Wendrock, copiste misérable ;
Et, pour tout dire enfin, janséniste exécrable.
J'aurai beau condamner, en tous sens expliqués,
Les cinq dogmes fameux par ta main fabriqués,
Blâmer de tes docteurs la morale risible :

C'est, selon eux, prêcher un calvinisme horrible;
C'est nier qu'ici bas par l'amour appelé
Dieu pour tous les humains voulut être immolé.
 Prévenons tout ce bruit : trop tard, dans le naufrage,
Confus on se repent d'avoir bravé l'orage.
Halte-là donc, ma plume. Et toi, sors de ces lieux,
Monstre à qui, par un trait des plus capricieux,
Aujourd'hui terminant ma course satirique,
J'ai prêté dans mes vers une ame allégorique.
Fuis, va chercher ailleurs tes patrons bien-aimés,
Dans ces pays par toi rendus si renommés
Où l'Orne épand ses eaux, et que la Sarte arrose;
Ou, si plus sûrement tu veux gagner ta cause,
Porte-la dans Trévoux à ce beau tribunal
Où de nouveaux Midas un sénat monacal,
Tous les mois, appuyé de ta sœur l'ignorance,
Pour juger Apollon tient, dit-on, sa séance.

ÉPITRES.

AVERTISSEMENT

SUR

L'ÉPITRE PREMIÈRE (1).

JE m'étois persuadé que la fable de l'huître que j'avois mise à la fin de cette épître au Roi pourroit y délasser agréablement les lecteurs qu'un sublime trop sérieux peut enfin fatiguer, joint que la correction que j'y avois mise sembloit me mettre à couvert d'une faute dont je faisois voir que je m'apercevois le premier. Mais j'avoue qu'il y a eu des personnes de bon sens qui ne l'ont pas approuvée. J'ai néanmoins balancé long-temps si je l'ôterois, parce qu'il y en avoit plusieurs qui la louoient avec autant d'excès que les autres la blâmoient. Mais enfin je me suis rendu à l'autorité d'un prince (2) non moins considérable par les lumières de son esprit que par le nombre de ses victoires. Comme il m'a déclaré franchement que cette fable, quoique très-bien contée, ne lui sembloit pas digne du reste de l'ouvrage, je n'ai point résisté, j'ai mis une nouvelle fin à ma pièce, et je

---

(1) Cet avertissement fut mis à la tête de la seconde édition que l'auteur fit en 1672 de sa première épître.

(2) Le grand Condé.

AVERTISSEMENT.

n'ai pas cru pour une vingtaine de vers devoir me brouiller avec le premier capitaine de notre siècle. Au reste je suis bien aise d'avertir le lecteur qu'il y a quantité de pièces impertinentes qu'on s'efforce de faire courir sous mon nom, et entre autres une satire contre les maltôtes ecclésiastiques. Je ne crains pas que les habiles gens m'attribuent toutes ces pièces, parce que mon style, bon ou mauvais, est aisé à reconnoître. Mais comme le nombre des sots est grand, et qu'ils pourroient aisément s'y méprendre, il est bon de leur faire savoir que, hors les onze pièces (1) qui sont dans ce livre, il n'y a rien de moi entre les mains du public ni imprimé ni en manuscrit.

(1) Le discours au Roi, les neuf premières satires et l'épître Ire.

ÉPITRE PREMIÈRE.
AU ROI.

Grand Roi, c'est vainement qu'abjurant la satire
Pour toi seul désormais j'avois fait vœu d'écrire.
Dès que je prends la plume, Apollon éperdu
Semble me dire : Arrête, insensé : que fais-tu ?
Sais-tu dans quels périls aujourd'hui tu t'engages ?
Cette mer où tu cours est célèbre en naufrages.
Ce n'est pas qu'aisément, comme un autre, à ton char
Je ne pusse attacher Alexandre et César ;
Qu'aisément je ne pusse, en quelque ode insipide,
T'exalter aux dépens et de Mars et d'Alcide ;
Te livrer le Bosphore, et d'un vers incivil,
Proposer au sultan de te céder le Nil :
Mais, pour te bien louer, une raison sévère
Me dit qu'il faut sortir de la route vulgaire ;
Qu'après avoir joué tant d'auteurs différens,
Phébus même auroit peur s'il entroit sur les rangs ;
Que par des vers tout neufs, avoués du Parnasse,
Il faut de mes dégoûts justifier l'audace ;
Et, si ma muse enfin n'est égale à mon Roi,
Que je prête aux Cotins des armes contre moi.
    Est-ce là cet auteur, l'effroi de la Pucelle,
Qui devoit des bons vers nous tracer le modèle,
Ce censeur, diront-ils, qui nous réformoit tous ?
Quoi ! ce critique affreux n'en sait pas plus que nous !
N'avons-nous pas cent fois, en faveur de la France,
Comme lui dans nos vers pris Memphis et Byzance,
Sur les bords de l'Euphrate abattu le turban,
Et coupé, pour rimer, les cèdres du Liban ?
De quel front aujourd'hui vient-il, sur nos brisées,
Se revêtir encor de nos phrases usées ?

EPITRE I.

Mais, quelques vains lauriers que promette la guerre,
On peut être héros sans ravager la terre.
Il est plus d'une gloire. En vain aux conquérans
L'erreur, parmi les rois, donne les premiers rangs;
Entre les grands héros ce sont les plus vulgaires.
Chaque siècle est fécond en heureux téméraires;
Chaque climat produit des favoris de Mars;
La Seine a des Bourbons, le Tibre a des Césars :
On a vu mille fois des fanges méotides
Sortir des conquérans, goths, vandales, gépides.
Mais un roi vraiment roi, qui, sage en ses projets,
Sache en un calme heureux maintenir ses sujets,
Qui du bonheur public ait cimenté sa gloire,
Il faut pour le trouver courir toute l'histoire.
La terre compte peu de ces rois bienfaisans :
Le ciel à les former se prépare long-temps.
Tel fut cet empereur (1) sous qui Rome adorée
Vit renaître les jours de Saturne et de Rhée;
Qui rendit de son joug l'univers amoureux;
Qu'on n'alla jamais voir sans revenir heureux;
Qui soupiroit le soir, si sa main fortunée
N'avoit par ses bienfaits signalé la journée.
Le cours ne fut pas long d'un empire si doux.
 Mais où cherché-je ailleurs ce qu'on trouve chez nous?
Grand Roi, sans recourir aux histoires antiques,
Ne t'avons-nous pas vu dans les plaines belgiques,
Quand l'ennemi vaincu, désertant ses remparts,
Au-devant de ton joug couroit de toutes parts,
Toi-même te borner, au fort de ta victoire,
Et chercher dans la paix (2) une plus juste gloire?
Ce sont là les exploits que tu dois avouer,

(1) Titus. (2) La paix de 1668.

EPTIRE I.

Et c'est par là, grand Roi, que je te veux louer.
Assez d'autres sans moi, d'un style moins timide,
Suivront aux champs de Mars ton courage rapide;
Iront de ta valeur effrayer l'univers,
Et camper devant Dôle (1) au milieu des hivers.
Pour moi, loin des combats, sur un ton moins terrible,
Je dirai les exploits de ton règne paisible :
Je peindrai les plaisirs en foule renaissans ;
Les oppresseurs du peuple à leur tour gémissans.
On verra par quels soins ta sage prévoyance
Au fort de la famine entretint l'abondance (2);
On verra les abus par ta main réformés ;
La licence et l'orgueil en tous lieux réprimés (3);
Du débris des traitans ton épargne grossie (4);
Des subsides affreux la rigueur adoucie (5) ;
Le soldat, dans la paix, sage et laborieux (6);
Nos artisans grossiers rendus industrieux (7);
Et nos voisins frustrés de ces tributs serviles
Que payoit à leur art le luxe de nos villes.
Tantôt je tracerai tes pompeux bâtimens,
Du loisir d'un héros nobles amusemens.
J'entends déjà frémir les deux mers étonnées (8)
De voir leurs flots unis au pied des Pyrénées.
Déjà de tous côtés la chicane aux abois
S'enfuit aux seul aspect de tes nouvelles lois (9)
Oh! que ta main par là va sauver de pupilles !
Que de savans plaideurs désormais inutiles !

(1) Le Roi venoit de conquérir la Franche-Comté en plein hiver.
(2) En 1663. (3) Plusieurs édits pour réformer le luxe.
(4) La chambre de justice.
(5) Les tailles furent diminuées de quatre millions.
(6) Les soldats employés aux travaux publics.
(7) Etablissement en France des manufactures.
(8) Le canal de Languedoc. (9) L'ordonnance de 1667.

Qui ne sent point l'effet de tes soins généreux ?
L'univers sous ton règne a-t-il des malheureux ?
Est-il quelque vertu, dans les glaces de l'ourse,
Ni dans ces lieux brûlés où le jour prend sa source,
Dont la triste indigence ose encore approcher,
Et qu'en foule tes dons (1) d'abord n'aillent chercher ?
C'est par toi qu'on va voir les muses enrichies
De leur longue disette à jamais affranchies.
Grand Roi, poursuis toujours, assure leur repos.
Sans elles un héros n'est pas long-temps héros :
Bientôt, quoi qu'il ait fait, la mort d'une ombre noire,
Enveloppe avec lui son nom et son histoire.
En vain, pour s'exempter de l'oubli du cercueil,
Achille mit vingt fois tout Ilion en deuil ;
En vain, malgré les vents, aux bords de l'Hespérie
Enée enfin porta ses dieux et sa patrie :
Sans le secours des vers, leurs noms tant publiés
Seroient depuis mille ans avec eux oubliés.
Non, à quelques hauts faits que ton destin t'appelle,
Sans le secours soigneux d'une muse fidelle
Pour t'immortaliser tu fais de vains efforts.
Apollon te la doit : ouvre-lui tes trésors.
En poëtes fameux rends nos climats fertiles :
Un Auguste aisément peut faire des Virgiles.
Que d'illustres témoins de ta vaste bonté
Vont pour toi déposer à la postérité !
Pour moi qui, sur ton nom déjà brûlant d'écrire,
Sens au bout de ma plume expirer la satire,
Je n'ose de mes vers vanter ici le prix.
Toutefois si quelqu'un de mes foibles écrits

(1) Le Roi, en 1663, donna des pensions à beaucoup de
gens de lettres dans toute l'Europe.

EPITRE I.

Des ans injurieux peut éviter l'outrage,
Peut-être pour ta gloire aura-t-il son usage.
Et comme tes exploits, étonnant les lecteurs,
Seront à peine crus sur la foi des auteurs ;
Si quelque esprit malin les veut traiter de fables,
On dira quelque jour, pour les rendre croyables :
Boileau, qui, dans ses vers pleins de sincérité,
Jadis à tout son siècle a dit la vérité,
Qui mit à tout blâmer son étude et sa gloire,
A pourtant de ce Roi parlé comme l'histoire.

ÉPITRE II.

A M. L'ABBÉ DES ROCHES.

A quoi bon réveiller mes muses endormies,
Pour tracer aux auteurs des règles ennemies ?
Penses-tu qu'aucun d'eux veuille subir mes lois,
Ni suivre une raison qui parle par ma voix ?
O le plaisant docteur, qui, sur les pas d'Horace,
Vient prêcher, diront-ils, la réforme au Parnasse !
Nos écrits sont mauvais ; les siens valent-ils mieux ?
J'entends déjà d'ici Linière furieux
Qui m'appelle au combat sans prendre un plus long terme.
De l'encre, du papier ! dit-il ; qu'on nous enferme !
Voyons qui de nous deux, plus aisé dans ses vers,
Aura plutôt rempli la page et le revers !
Moi donc, qui suis peu fait à ce genre d'escrime,
Je le laisse tout seul verser rime sur rime,
Et, souvent de dépit contre moi s'exerçant,
Punir de mes défauts le papier innocent.
Mais toi, qui ne crains point qu'un rimeur te noircisse,
Que fais-tu cependant seul en ton bénéfice ?
Attends-tu qu'un fermier, payant, quoiqu'un peu tard,
De ton bien pour le moins daigne te faire part ?
Vas-tu, grand défenseur des droits de ton église,
De tes moines mutins réprimer l'entreprise ?
Crois-moi, dût Auzanet (1) t'assurer du succès,
Abbé, n'entreprends point même un juste procès.
N'imite point ces fous dont la sotte avarice
Va de ses revenus engraisser la justice ;
Qui, toujours assignant, et toujours assignés,
Souvent demeurent gueux de vingt procès gagnés.

(1) Fameux avocat au parlement de Paris.

Soutenons

EPITRE II.

Soutenons bien nos droits : sot est celui qui donne.
C'est ainsi devers Caen que tout normand raisonne.
Ce sont là les leçons dont un père manseau
Instruit son fils novice au sortir du berceau.
Mais pour toi, qui, nourri bien en deçà de l'Oise,
As sucé la vertu picarde et champenoise,
Non, non, tu n'iras point, ardent bénéficier,
Faire enrouer pour toi Corbin ni le Mazier (2).
Toutefois si jamais quelque ardeur bilieuse
Allumoit dans ton cœur l'humeur litigieuse,
Consulte-moi d'abord, et pour la réprimer,
Retiens bien la leçon que je te vais rimer.

Un jour, dit un auteur, n'importe en quel chapitre,
Deux voyageurs à jeun rencontrèrent une huître.
Tous deux la contestoient, lorsque dans leur chemin
La Justice passa, la balance à la main.
Devant elle à grand bruit ils expliquent la chose.
Tous deux avec dépens veulent gagner leur cause.
La Justice pesant ce droit litigieux,
Demande l'huître, l'ouvre, et l'avale à leurs yeux ;
Et par ce bel arrêt terminant la bataille :
Tenez ; voilà, dit-elle à chacun, une écaille.
Des sottises d'autrui nous vivons au palais.
Messieurs, l'huître étoit bonne. Adieu. Vivez en paix.

(1) Deux autres avocats.

ÉPITRE III.
A M. ARNAULD,

DOCTEUR DE SORBONNE.

Oui, sans peine, au travers des sophismes de Claude (1),
Arnauld, des novateurs tu découvres la fraude,
Et romps de leurs erreurs les filets captieux.
Mais que sert que ta main leur dessille les yeux,
Si toujours dans leur ame une pudeur rebelle,
Près d'embrasser l'église, au prêche les rappelle ?
Non, ne crois pas que Claude, habile à se tromper,
Soit insensible aux traits dont tu le sais frapper :
Mais un démon l'arrête, et quand ta voix l'attire,
Lui dit : Si tu te rends, sais-tu ce qu'on va dire ?
Dans son heureux retour lui montre un faux malheur,
Lui peint de Charenton (2) l'hérétique douleur ;
Et, balançant Dieu même en son ame flottante,
Fait mourir dans son cœur la vérité naissante.
Des superbes mortels le plus affreux lien,
N'en doutons point, Arnauld, c'est la honte du bien.
Des plus nobles vertus cette adroite ennemie
Peint l'honneur à nos yeux des traits de l'infamie ;
Asservit nos esprits sous un joug rigoureux,
Et nous rend l'un de l'autre esclaves malheureux.
Par elle la vertu devient lâche et timide.
Vois-tu ce libertin en public intrépide,
Qui prêche contre un Dieu que dans son ame il croit ?
Il iroit embrasser la vérité qu'il voit :

(1) Il étoit alors occupé à écrire contre Claude, ministre de Charenton.
(2) Lieu près de Paris, où ceux de la Religion prétendue réformée avoient un temple.

Mais de ses faux amis il craint la raillerie,
Et ne brave ainsi Dieu que par poltronnerie.
　　C'est là de tous nos maux le fatal fondement.
Des jugemens d'autrui nous tremblons follement;
Et, chacun l'un de l'autre adorant les caprices,
Nous cherchons hors de nous nos vertus et nos vices.
Misérables jouets de notre vanité,
Faisons au moins l'aveu de notre infirmité.
A quoi bon, quand la fièvre en nos artères brûle,
Faire de notre mal un secret ridicule?
Le feu sort de vos yeux pétillans et troublés,
Votre pouls inégal marche à pas redoublés;
Quelle fausse pudeur à feindre vous oblige?
Qu'avez-vous? Je n'ai rien. Mais... Je n'ai rien, vous dis-je,
Répondra ce malade à se taire obstiné.
Mais cependant voilà tout son corps gangrené;
Et la fièvre, demain se rendant la plus forte,
Un bénitier aux pieds va l'étendre à la porte.
Prévenons sagement un si juste malheur.
Le jour fatal est proche, et vient comme un voleur.
Avant qu'à nos erreurs le ciel nous abandonne,
Profitons de l'instant que de grâce il nous donne.
Hâtons-nous; le temps fuit, et nous traîne avec soi:
Le moment où je parle est déjà loin de moi.
　　Mais quoi! toujours la honte en esclaves nous lie!
Oui, c'est toi qui nous perds, ridicule folie:
C'est toi qui fit tomber le premier malheureux,
Le jour que, d'un faux bien sottement amoureux,
Et n'osant soupçonner sa femme d'imposture,
Au démon, par pudeur, il vendit la nature.
Hélas! avant ce jour qui perdit ses neveux,
Tous les plaisirs couroient au-devant de ses vœux.

La faim aux animaux ne faisoit point la guerre :
Le blé, pour se donner, sans peine ouvrant la terre,
N'attendoit point qu'un bœuf pressé de l'aiguillon
Traçât à pas tardifs un pénible sillon :
La vigne offroit par tout des grappes toujours pleines,
Et des ruisseaux de lait serpentoient dans les plaines.
Mais dès ce jour Adam, déchu de son état,
D'un tribut de douleurs paya son attentat.
Il fallut qu'au travail son corps rendu docile
Forçât la terre avare à devenir fertile.
Le chardon importun hérissa les guérêts ;
Le serpent venimeux rampa dans les forêts ;
La canicule en feu désola les campagnes ;
L'aquilon en fureur gronda sur les montagnes.
Alors, pour se couvrir durant l'âpre saison,
Il fallut aux brebis dérober leur toison.
La peste en même temps, la guerre et la famine,
Des malheureux humains jurèrent la ruine.

Mais aucun de ces maux n'égala les rigueurs
Que la mauvaise honte exerça dans les cœurs.
De ce nid à l'instant sortirent tous les vices.
L'avare, des premiers en proie à ses caprices,
Dans un infâme gain mettant l'honnêteté,
Pour toute honte alors compta la pauvreté :
L'honneur et la vertu n'osèrent plus paroître ;
La piété chercha les déserts et le cloître.
Depuis on n'a point vu de cœur si détaché
Qui par quelque lien ne tint à ce péché.
Triste et funeste effet du premier de nos crimes !
Moi-même, Arnauld, ici, qui te prêche en ces rimes,
Plus qu'aucun des mortels par la honte abattu,
En vain j'arme contre elle une foible vertu.
Ainsi toujours douteux, chancelant et volage,

EPITRE III.

A peine du limon où le vice m'engage
J'arrache un pied timide et sors en m'agitant,
Que l'autre m'y reporte et s'embourbe à l'instant.
Car si, comme aujourd'hui, quelque rayon de zèle
Allume dans mon cœur une clarté nouvelle,
Soudain, aux yeux d'autrui s'il faut la confirmer,
D'un geste, d'un regard, je me sens alarmer;
Et, même sur ces vers que je te viens d'écrire,
Je tremble en ce moment de ce que l'on va dire.

AVERTISSEMENT
SUR L'ÉPITRE IV (1).

JE ne sais si les rangs de ceux qui passèrent le Rhin à la nage devant Tholus sont fort exactement gardés dans le poëme que je donne au public; et je n'en voudrois pas être garant, parce que franchement je n'y étois pas, et que je n'en suis encore que fort médiocrement instruit. Je viens même d'apprendre en ce moment que M. de Soubise (2), dont je ne parle point, est un de ceux qui s'y est le plus signalé. Je m'imagine qu'il en est ainsi de beaucoup d'autres, et j'espère leur faire justice dans une autre édition. Tout ce que je sais, c'est que ceux dont je fais mention ont passé des premiers. Je ne me déclare donc caution que de l'histoire du fleuve en colère, que j'ai apprise d'une de ses naïades, qui s'est réfugiée dans la Seine. J'aurois bien pu aussi parler de la fameuse rencontre qui suivit le passage : mais je la réserve pour un poëme à part (3). C'est-là que j'espère rendre

---

(1) Cet avertissement fut mis à la tête de la première édition de cette épître, en 1672.

(2) Il traversa le Rhin à la nage, à la tête des gendarmes de la garde, dont il étoit capitaine-lieutenant.

(3) Il n'a pas eu d'exécution.

aux mânes de M. de Longueville (1) l'honneur que tous les écrivains lui doivent, et que je peindrai cette victoire qui fut arrosée du plus illustre sang de l'univers. Mais il faut un peu reprendre haleine pour cela.

(1) Tué au passage du Rhin.

ÉPITRE IV.

AU ROI.

EN vain pour te louer ma muse toujours prête
Vingt fois de la Hollande a tenté la conquête :
Ce pays, où cent murs n'ont pu te résister,
Grand Roi, n'est pas en vers si facile à dompter.
Des villes que tu prends les noms durs et barbares
N'offrent de toutes parts que syllabes bizarres ;
Et, l'oreille effrayée, il faut depuis l'Issel,
Pour trouver un beau mot courir jusqu'au Tessel.
Oui, par tout de son nom chaque place munie
Tient bon contre les vers, en détruit l'harmonie.
Et qui peut sans frémir aborder Woërden ?
Quel vers ne tomberoit au seul nom de Heusden ?
Quelle muse à rimer en tous lieux disposée
Oseroit approcher des bords du Zuiderzée ?
Comment en vers heureux assiéger Doësbourg,
Zutphen, Wageninghen, Harderwic, Knotzembourg ?
Il n'est fort, entre ceux que tu prends par centaines,
Qui ne puisse arrêter un rimeur six semaines :
Et par tout sur le Whal, ainsi que sur le Leck,
Le vers est en déroute, et le poëte à sec.
 Encor si tes exploits, moins grands et moins rapides,
Laissoient prendre courage à nos muses timides,
Peut-être avec le temps, à force d'y rêver,
Par quelque coup de l'art nous pourrions nous sauver.
Mais, dès qu'on veut tenter cette vaste carrière,
Pégase s'effarouche et recule en arrière :
Mon Apollon s'étonne ; et Nimègue est à toi,
Que ma muse est encore au camp devant Orsoi.
 Aujourd'hui toutefois mon zèle m'encourage :
Il faut au moins du Rhin tenter l'heureux passage.

Un trop juste devoir veut que nous l'essayons.
Muses, pour le tracer cherchez tous vos crayons :
Car, puisqu'en cet exploit tout paroît incroyable,
Que la vérité pure y ressemble à la fable,
De tous vos ornemens vous pouvez l'égayer.
Venez donc, et surtout gardez bien d'ennuyer :
Vous savez des grands vers les disgraces tragiques ;
Et souvent on ennuie en termes magnifiques.

   Au pied du mont Adule (1), entre mille roseaux,
Le Rhin tranquille, et fier du progrès de ses eaux,
Appuyé d'une main sur son urne penchante,
Dormoit au bruit flatteur de son onde naissante :
Lorsqu'un cri tout-à-coup suivi de mille cris
Vient d'un calme si doux retirer ses esprits.
Il se trouble, il regarde, et par tout sur ses rives
Il voit fuir à grands pas ses naïades craintives,
Qui toutes accourant vers leur humide roi
Par un récit affreux redoublent son effroi.
Il apprend qu'un héros, conduit par la victoire,
A de ses bords fameux flétri l'antique gloire ;
Que Rhinberg et Wesel, terrassés en deux jours,
D'un joug déjà prochain menacent tout son cours.
Nous l'avons vu, dit l'une, affronter la tempête
De cent foudres d'airain tournés contre sa tête.
Il marche vers Tholus, et tes flots en courroux
Au prix de sa fureur sont tranquilles et doux.
Il a de Jupiter la taille et le visage ;
Et, depuis ce Romain (2) dont l'insolent passage
Sur un pont en deux jours trompa tous tes efforts,
Jamais rien de si grand n'a paru sur tes bords.

   Le Rhin tremble et frémit à ces tristes nouvelles ;

(1) D'où le Rhin prend sa source. (2) Jules-César.

Le feu sort à travers ses humides prunelles.
C'est donc trop peu, dit-il, que l'Escaut en deux mois
Ait appris à couler sous de nouvelles lois;
Et de mille remparts mon onde environnée
De ces fleuves sans nom suivra la destinée !
Ah ! périssent mes eaux ! ou par d'illustres coups
Montrons qui doit céder des mortels ou de nous.
A ces mots, essuyant sa barbe limoneuse,
Il prend d'un vieux guerrier la figure poudreuse.
Son front cicatrisé rend son air furieux;
Et l'ardeur du combat étincelle en ses yeux.
En ce moment il part; et, couvert d'une nue,
Du fameux fort de Skink prend la route connue.
Là, contemplant son cours, il voit de toutes parts
Ses pâles défenseurs par la frayeur épars:
Il voit cent bataillons qui, loin de se défendre,
Attendent sur des murs l'ennemi pour se rendre.
Confus, il les aborde; et renforçant sa voix:
Grands arbitres, dit-il, des querelles des rois,
Est-ce ainsi que votre ame, aux périls aguerrie,
Soutient sur ces remparts l'honneur et la patrie (1) ?
Votre ennemi superbe, en cet instant fameux,
Du Rhin, près de Tholus, fend les flots écumeux:
Du moins en vous montrant sur la rive opposée
N'oseriez-vous saisir une victoire aisée ?
Allez, vils combattans, inutiles soldats;
Laissez là ces mousquets trop pesans pour vos bras;
Et, la faux à la main, parmi vos marécages,
Allez couper vos joncs et presser vos laitages;
Ou, gardant les seuls bords qui vous peuvent couvrir,
Avec moi, de ce pas, venez vaincre ou mourir.

(1) Il y avoit sur les drapeaux des Hollandois, *Pro honore et patria.*

ÉPITRE IV.

Ce discours d'un guerrier que la colère enflamme
Ressuscite l'honneur déjà mort en leur ame ;
Et, leurs cœurs s'allumant d'un reste de chaleur,
La honte fait en eux l'effet de la valeur.
Ils marchent droit au fleuve, où Louis en personne,
Déjà prêt à passer, instruit, dispose, ordonne.
Par son ordre Grammont (1) le premier dans les flots
S'avance soutenu des regards du héros :
Son coursier, écumant sous son maître intrépide,
Nage tout orgueilleux de la main qui le guide.
Revel le suit de près : sous ce chef redouté
Marche des cuirassiers l'escadron indompté.
Mais déjà devant eux une chaleur guerrière
Emporte loin du bord le bouillant Lesdiguière (2),
Vivonne, Nantouillet, et Coislin, et Salart ;
Chacun d'eux au péril veut la première part :
Vendôme, que soutient l'orgueil de sa naissance,
Au même instant dans l'onde impatient s'élance :
La Salle, Beringhen, Nogent, d'Ambre, Cavois,
Fendent les flots tremblans sous un si noble poids.
Louis, les animant du feu de son courage,
Se plaint de sa grandeur qui l'attache au rivage.
Par ses soins cependant trente légers vaisseaux
D'un tranchant aviron déjà coupent les eaux :
Cent guerriers s'y jetant signalent leur audace.
Le Rhin les voit d'un œil qui porte la menace ;
Il s'avance en courroux. Le plomb vole à l'instant,
Et pleut de toutes parts, sur l'escadron flottant.
Du salpêtre en fureur l'air s'échauffe et s'allume,
Et des coups redoublés tout le rivage fume.
Déjà du plomb mortel plus d'un brave est atteint :
Sous les fougueux coursiers l'onde écume et se plaint.

(1) Le comte de Guiche. (2) Le comte de Saulx.

De tant de coups affreux la tempête orageuse
Tient un temps sur les eaux la fortune douteuse.
Mais Louis d'un regard sait bientôt la fixer :
Le destin à ses yeux n'oseroit balancer.
Bientôt avec Grammont courent Mars et Bellone;
Le Rhin à leur aspect d'épouvante frissonne :
Quand, pour nouvelle alarme à ses esprits glacés,
Un bruit s'épand qu'Enguien et Condé sont passés;
Condé, dont le seul nom fait tomber les murailles;
Force les escadrons, et gagne les batailles;
Enguien, de son hymen le seul et digne fruit,
Par lui dès son enfance à la victoire instruit.
L'ennemi renversé fuit et gagne la plaine :
Le dieu lui-même cède au torrent qui l'entraîne,
Et seul, désespéré, pleurant ses vains efforts,
Abandonne à Louis la victoire et ses bords.
  Du fleuve ainsi dompté la déroute éclatante
A Wurts (1) jusqu'en son camp va porter l'épouvante :
Wurts, l'espoir du pays, et l'appui de ses murs;
Wurts... Ah! quel nom, grand Roi, quel Hector que ce Wurts!
Sans ce terrible nom, mal né pour les oreilles,
Que j'allois à tes yeux étaler de merveilles !
Bientôt on eût vu Skink dans mes vers emporté
De ses fameux remparts démentir la fierté :
Bientôt... Mais Wurts s'oppose à l'ardeur qui m'anime.
Finissons, il est temps : aussi-bien si la rime
Alloit mal-à-propos m'engager dans Arnheim,
Je ne sais pour sortir de porte qu'Hildesheim.
  Oh! que le ciel, soigneux de notre poësie,
Grand Roi, ne nous fit-il plus voisins de l'Asie !
Bientôt victorieux de cent peuples altiers,

(1) Commandant de l'armée ennemie.

Tu nous aurois fourni des rimes à milliers.
Il n'est plaine en ces lieux si sèche et si stérile
Qui ne soit en beaux mots par tout riche et fertile.
Là, plus d'un bourg fameux par son antique nom
Vient offrir à l'oreille un agréable son.
Quel plaisir de te suivre aux rives du Scamandre;
D'y trouver d'Ilion la poëtique cendre;
De juger si les Grecs, qui brisèrent ses tours,
Firent plus en dix ans que Louis en dix jours!
Mais pourquoi sans raison désespérer ma veine?
Est-il dans l'univers de plage si lointaine
Où ta valeur, grand Roi, ne te puisse porter,
Et m'offre bientôt des exploits à chanter?
Non, non, ne faisons plus de plaintes inutiles:
Puisqu'ainsi dans deux mois tu prends quarante villes,
Assuré des bons vers dont ton bras me répond,
Je t'attends dans deux ans aux bords de l'Hellespont.

ÉPITRE V.

A M. DE GUILLERAGUES,

SECRÉTAIRE DU CABINET.

Esprit né pour la cour, et maître en l'art de plaire,
Guilleragues, qui sais et parler et te taire,
Apprends-moi si je dois ou me taire, ou parler.
Faut-il dans la satire encor me signaler,
Et, dans ce champ fécond en plaisantes malices,
Faire encore aux auteurs redouter mes caprices ?
Jadis, non sans tumulte, on m'y vit éclater,
Quand mon esprit plus jeune, et prompt à s'irriter,
Aspiroit moins au nom de discret et de sage ;
Que mes cheveux plus noirs ombrageoient mon visage :
Maintenant, que le temps a mûri mes désirs,
Que mon âge, amoureux de plus sages plaisirs,
Bientôt s'en va frapper à son neuvième lustre (1).
J'aime mieux mon repos qu'un embarras illustre.
Que d'une égale ardeur mille auteurs animés
Aiguisent contre moi leurs traits envenimés ;
Que tout jusqu'à Penchêne (2), et m'insulte et m'accable :
Aujourd'hui vieux lion je suis doux et traitable ;
Je n'arme point contre eux mes ongles émoussés.
Ainsi que mes beaux jours mes chagrins sont passés ;
Je ne sens plus l'aigreur de ma bile première,
Et laisse aux froids rimeurs une libre carrière.
  Ainsi donc, philosophe à la raison soumis,
Mes défauts désormais sont mes seuls ennemis :
C'est l'erreur que je fuis ; c'est la vertu que j'aime.

(1) A la 41.e année. (2) Neveu de Voiture.

Je songe à me connoître, et me cherche en moi-même.
C'est là l'unique étude où je veux m'attacher.
Que, l'astrobale en main, un autre aille chercher
Si le soleil est fixe ou tourne sur son axe,
Si Saturne à nos yeux peut faire un parallaxe;
Que Rohaut (1) vainement sèche pour concevoir
Comment, tout étant plein, tout a pu se mouvoir;
Ou que Bernier (2) compose et le sec et l'humide
Des corps ronds et crochus errant parmi le vide :
Pour moi, sur cette mer qu'ici-bas nous courons,
Je songe à me pourvoir d'esquif et d'avirons,
A régler mes désirs, à prévenir l'orage,
Et sauver, s'il se peut, ma raison du naufrage.

 C'est au repos d'esprit que nous aspirons tous ;
Mais ce repos heureux se doit chercher en nous.
Un fou rempli d'erreurs, que le trouble accompagne,
Et malade à la ville ainsi qu'à la campagne,
En vain monte à cheval pour tromper son ennui :
Le chagrin monte en croupe, et galope avec lui.
Que crois-tu qu'Alexandre, en ravageant la terre,
Cherche parmi l'horreur, le tumulte et la guerre?
Possédé d'un ennui qu'il ne sauroit dompter,
Il craint d'être à soi-même, et songe à s'éviter.
C'est-là ce qui l'emporte aux lieux où naît l'aurore,
Où le Perse est brûlé de l'astre qu'il adore.

 De nos propres malheurs auteurs infortunés,
Nous sommes loin de nous à toute heure entraînés.
A quoi bon ravir l'or au sein du nouveau monde?
Le bonheur tant cherché sur la terre et sur l'onde
Est ici comme aux lieux où mûrit le coco,

---

(1) Fameux cartésien.
(2) Célèbre voyageur, qui a composé un abrégé de la philosophie de Gassendi.

EPITRE V.

Et se trouve à Paris de même qu'à Cusco (1),
On ne le tire point des veines du Potose. (2).
Qui vit content de rien possède toute chose.
Mais sans cesse ignorans de nos propres besoins,
Nous demandons au ciel ce qu'il nous faut le moins.
 Oh ! que si cet hiver un rhume salutaire,
Guérissant de tous maux mon avare beau-père,
Pouvoit, bien confessé, l'étendre en un cercueil,
Et remplir sa maison d'un agréable deuil !
Que mon ame, en ce jour de joie et d'opulence,
D'un superbe convoi plaindroit peu la dépense !
Disoit le mois passé, doux, honnête et soumis,
L'héritier affamé de ce riche commis
Qui, pour lui préparer cette douce journée,
Tourmenta quarante ans sa vie infortunée.
La mort vient de saisir le vieillard catarreux :
Voilà son gendre riche ; en est-il plus heureux ?
Tout fier du faux éclat de sa vaine richesse,
Déjà nouveau seigneur il vante sa noblesse.
Quoique fils de meûnier, encor blanc du moulin,
Il est prêt à fournir ses titres en vélin.
En mille vains projets à toute heure il s'égare :
Le voilà fou, superbe, impertinent, bizarre,
Rêveur, sombre, inquiet, à soi-même ennuyeux.
Il vivroit plus content, si, comme ses aïeux,
Dans un habit conforme à sa vraie origine,
Sur le mulet encore il chargeoit la farine.
 Mais ce discours n'est pas pour le peuple ignorant,
Que le faste éblouit d'un bonheur apparent.
L'argent, l'argent, dit-on ; sans lui tout est stérile :

---

(1) Ville du Pérou.
(2) Potosi, montagn où sont les mines d'argent les plus riches de l'Amérique.

EPITRE V.

La vertu sans l'argent n'est qu'un meuble inutile.
L'argent en honnête homme érige un scélérat ;
L'argent seul au palais peut faire un magistrat.
Qu'importe qu'en tous lieux on me traite d'infâme ?
Dit ce fourbe sans foi, sans honneur et sans ame ;
Dans mon coffre, tout plein de rares qualités,
J'ai cent mille vertus en louis bien comptés.
Est-il quelque talent que l'argent ne me donne ?
C'est ainsi qu'en son cœur ce financier raisonne.
Mais pour moi, que l'éclat ne sauroit décevoir,
Qui mets au rang des biens l'esprit et le savoir,
J'estime autant Patru, même dans l'indigence,
Qu'un commis engraissé des malheurs de la France.
Non que je sois du goût de ce sage insensé
Qui, d'un argent commode esclave embarrassé,
Jeta tout dans la mer pour crier: *Je suis libre.*
De la droite raison je sens mieux l'équilibre :
Mais je tiens qu'ici-bas, sans faire tant d'apprêts,
La vertu se contente et vit à peu de frais.
Pourquoi donc s'égarer en des projets si vagues ?

   Ce que j'avance ici, crois-moi, cher Guilleragues,
Ton ami dès l'enfance ainsi l'a pratiqué.
Mon père, soixante ans au travail appliqué,
En mourant me laissa, pour rouler et pour vivre,
Un revenu léger, et son exemple à suivre.
Mais bientôt amoureux d'un plus noble métier,
Fils, frère, oncle, cousin, beau-frère de greffier,
Pouvant charger mon bras d'une utile liasse,
J'allai loin du palais errer sur le Parnasse.
La famille en pâlit, et vit en frémissant
Dans la poudre du greffe un poëte naissant :
On vit avec horreur une muse effrénée
Dormir chez un greffier la grasse matinée.

Dès-lors à la richesse il fallut renoncer.
Ne pouvant l'acquérir, j'appris à m'en passer ;
Et surtout redoutant la basse servitude,
La libre vérité fut toute mon étude.
Dans ce métier funeste à qui veut s'enrichir,
Qui l'eût cru que pour moi le sort dût se fléchir ?
Mais du plus grand des Rois la bonté sans limite,
Toujours prête à courir au-devant du mérite,
Crut voir dans ma franchise un mérite inconnu,
Et d'abord de ses dons enfla mon revenu.
La brigue ni l'envie à mon bonheur contraires,
Ni les cris douloureux de mes vains adversaires,
Ne purent dans leur course arrêter ses bienfaits.
C'en est trop : mon bonheur a passé mes souhaits.
Qu'à son gré désormais la fortune me joue ;
On me verra dormir au branle de sa roue.
   Si quelque soin encore agite mon repos,
C'est l'ardeur de louer un si fameux héros.
Ce soin ambitieux me tirant par l'oreille,
La nuit, lorque je dors, en sursaut me réveille ;
Me dit que ces bienfaits, dont j'ose me vanter,
Par des vers immortels ont dû se mériter.
C'est là le seul chagrin qui trouble encor mon ame.
Mais si, dans le beau feu du zèle qui m'enflamme,
Par un ouvrage enfin des critiques vainqueur
Je puis sur ce sujet satisfaire mon cœur,
Guilleragues, plains-toi de mon humeur légère,
Si jamais, entraîné d'une ardeur étrangère,
Ou d'un vil intérêt reconnoissant la loi,
Je cherche mon bonheur autre part que chez moi.

ÉPITRE VI.

A M. DE LAMOIGNON,

AVOCAT GÉNÉRAL.

Oui, Lamoignon (1), je fuis les chagrins de la ville,
Et contre eux la campagne est mon unique asile.
Du lieu qui m'y retient veux-tu voir le tableau?
C'est un petit village (2), ou plutôt un hameau,
Bâti sur le penchant d'un long rang de collines,
D'où l'œil s'égare au loin dans les plaines voisines.
La Seine, au pied des monts que son flot vient laver,
Voit du sein de ses eaux vingt îles s'élever,
Qui, partageant son cours en diverses manières,
D'une rivière seule y forment vingt rivières.
Tous ses bords sont couverts de saules non plantés,
Et de noyers souvent du passant insultés.
Le village au-dessus forme un amphithéâtre :
L'habitant ne connoît ni la chaux ni le plâtre;
Et dans le roc, qui cède et se coupe aisément,
Chacun sait de sa main creuser son logement.
La maison du seigneur, seule un peu plus ornée,
Se présente au-dehors de murs environnée.
Le soleil en naissant la regarde d'abord,
Et le mont la défend des outrages du nord.
   C'est là, cher Lamoignon, que mon esprit tranquille
Met à profit les jours que la Parque me file.

  (1) Chrétien-François de Lamoignon, depuis président à Mortier, fils de Guillaume de Lamoignon, premier président du parlement de Paris.
  (2) Hautile, près de la Roche-Guyon.

EPITRE V.

Ici dans un vallon bornant tous mes désirs,
J'achète à peu de frais de solides plaisirs :
Tantôt, un livre en main, errant dans les prairies,
J'occupe ma raison d'utiles rêveries :
Tantôt, cherchant la fin d'un vers que je construi,
Je trouve au coin d'un bois le mot qui m'avoit fui :
Quelquefois, aux appas d'un hameçon perfide,
J'amorce, en badinant, le poisson trop avide;
Ou d'un plomb qui suit l'œil, et part avec l'éclair,
Je vais faire la guerre aux habitans de l'air.
Une table au retour, propre et non magnifique,
Nous présente un repas agréable et rustique :
Là, sans s'assujettir aux dogmes du Broussain,
Tout ce qu'on boit est bon; tout ce qu'on mange est sain;
La maison le fournit, la fermière l'ordonne,
Et mieux que Bergerat (1) l'appétit l'assaisonne.
O fortuné séjour ! ô champs aimés des cieux !
Que, pour jamais foulant vos prés délicieux,
Ne puis-je ici fixer ma course vagabonde,
Et connu de vous seuls oublier tout le monde !
Mais à peine, du sein de vos vallons chéris,
Arraché malgré moi, je rentre dans Paris,
Qu'en tous lieux les chagrins m'attendent au passage.
Un cousin, abusant d'un fâcheux parentage,
Veut qu'encor tout poudreux, et sans me débotter,
Chez vingt juges pour lui j'aille solliciter :
Il faut voir de ce pas les plus considérables;
L'un demeure au Marais et l'autre aux Incurables.
Je reçois vingt avis qui me glacent d'effroi :
Hier, dit-on, de vous on parla chez le Roi,
Et d'attentat horrible on traita la satire.

(1) Traiteur très-renommé.

Et le Roi, que dit-il? Le Roi se prit à rire.
Contre vos derniers vers on est fort en courroux:
Pradon a mis au jour un livre contre vous;
Et chez le chapelier du coin de notre place,
Autour d'un caudebec (1) j'en ai lu la préface:
L'autre jour sur un mot la cour vous condamna:
Le bruit court qu'avant-hier on vous assassina:
Un écrit scandaleux sous votre nom se donne:
D'un pasquin qu'on a fait, au Louvre on vous soupçonne.
Moi? Vous, on nous l'a dit dans dans le Palais-royal (2).

    Douze ans sont écoulés depuis le jour fatal
Qu'un libraire, imprimant les essais de ma plume,
Donna, pour mon malheur, un trop heureux volume.
Toujours, depuis ce temps, en proie aux sots discours,
Contre eux la vérité m'est un foible secours.
Vient-il de la province une satire fade,
D'un plaisant du pays insipide boutade,
Pour la faire courir on dit qu'elle est de moi,
Et le sot campagnard le croit de bonne foi.
J'ai beau prendre à témoin et la cour et la ville:
Non; à d'autres, dit-il; on connoit votre style.
Combien de temps ces vers vous ont-ils bien coûté?
Ils ne sont point de moi, monsieur, en vérité:
Peut-on m'attribuer ces sottises étranges?
Ah! monsieur, vos mépris vous servent de louanges.

    Ainsi de cent chagrins dans Paris accablé,
Juge si, toujours triste, interrompu, troublé,
Lamoignon, j'ai le temps de courtiser les muses.
Le monde cependant se rit de mes excuses,

---

(1) Sorte de chapeaux de laine qui se faisoient à Caudebec en Normandie.

(2) Allusion aux nouvellistes, qui s'assembloient dans le jardin de ce palais.

EPITRE VI.

Croit que, pour m'inspirer sur chaque événement,
Apollon doit venir au premier mandement.
 Un bruit court que le Roi va tout réduire en poudre,
Et dans Valenciennes est entré comme un foudre ;
Que Cambrai, des Français l'épouvantable écueil,
A vu tomber enfin ses murs et son orgueil ;
Que, devant Saint-Omer, Nassau par sa défaite,
De Philippe vainqueur (1) rend la gloire complète.
Dieu sait comme les vers chez vous s'en vont couler !
Dit d'abord un ami qui veut me cajoler ;
Et, dans ce temps guerrier et fécond en Achilles,
Croit que l'on fait les vers comme l'on prend les villes.
Mais moi, dont le génie est mort en ce moment,
Je ne sais que répondre à ce vain compliment ;
Et, justement confus de mon peu d'abondance,
Je me fais un chagrin du bonheur de la France.
 Qu'heureux est le mortel qui, du monde ignoré,
Vit content de soi-même en un coin retiré ;
Que l'amour de ce rien qu'on nomme renommée
N'a jamais enivré d'une vaine fumée ;
Qui de sa liberté forme tout son plaisir,
Et ne rend qu'à lui seul compte de son loisir !
Il n'a point à souffrir d'affronts ni d'injustices,
Et du peuple inconstant il brave les caprices.
Mais nous autres faiseurs de livres et d'écrits,
Sur les bords du Permesse aux louanges nourris,
Nous ne saurions briser nos fers et nos entraves,
Du lecteur dédaigneux honorables esclaves.
Du rang où notre esprit une fois s'est fait voir,
Sans un fâcheux éclat nous ne saurions déchoir.

(1) La bataille de Cassel, gagnée par Monsieur, Philippe de France, frère unique du Roi, en 1677.

EPITRE VI.

Le public, enrichi du tribut de nos veilles,
Croit qu'on doit ajouter merveilles sur merveilles.
Au comble parvenus il veut que nous croissions :
Il veut en vieillissant que nous rajeunissions.
Cependant tout décroît ; et moi-même à qui l'âge
D'aucune ride encor n'a flétri le visage,
Déjà moins plein de feu, pour animer ma voix
J'ai besoin du silence et de l'ombre des bois :
Ma muse, qui se plaît dans leurs routes perdues,
Ne sauroit plus marcher sur le pavé des rues.
Ce n'est que dans ces bois, propres à m'exciter,
Qu'Appollon quelquefois daigne encor m'écouter.

 Ne demande donc plus par quelle humeur sauvage
Tout l'été, loin de toi, demeurant au village,
J'y passe obstinément les ardeurs du lion,
Et montre pour Paris si peu de passion.
C'est à toi, Lamoignon, que le rang, la naissance,
Le mérite éclatant, et la haute éloquence,
Appellent dans Paris aux sublimes emplois,
Qu'il sied bien d'y veiller pour le maintien des lois.
Tu dois là tous tes soins au bien de ta patrie :
Tu ne t'en peux bannir que l'orphelin ne crie ;
Que l'oppresseur ne montre un front audacieux :
Et Thémis pour voir clair a besoin de tes yeux.
Mais pour moi, de Paris citoyen inhabile,
Qui ne lui puis fournir qu'un rêveur inutile,
Il me faut du repos, des prés et des forêts.
Laisse-moi donc ici, sous leurs ombrages frais,
Attendre que septembre ait ramené l'automne,
Et que Cérès contente ait fait place à Pomone.
Quand Bacchus comblera de ses nouveaux bienfaits
Le vendangeur ravi de ployer sous le faix,
Aussitôt ton ami, redoutant moins la ville,

EPÎTRE VI.

T'ira joindre à Paris, pour s'enfuir à Bâville (1).
Là, dans le seul loisir que Thémis t'a laissé,
Tu me verras souvent, à te suivre empressé,
Pour monter à cheval rappelant mon audace,
Apprenti cavalier galoper sur ta trace.
Tantôt sur l'herbe assis, au pied de ces côteaux
Où Polycrène (2) épand ses libérales eaux,
Lamoignon, nous irons, libres d'inquiétude,
Discourir des vertus dont tu fais ton étude;
Chercher quels sont les biens véritables ou faux;
Si l'honnête homme en soi doit souffrir des défauts;
Quel chemin le plus droit à la gloire nous guide;
Ou la vaste science, ou la vertu solide.
C'est ainsi que chez toi tu sauras m'attacher.
Heureux si les fâcheux, prompts à nous y chercher,
N'y viennent point semer l'ennuyeuse tristesse!
Car, dans ce grand concours d'hommes de toute espèce
Que sans cesse à Bâville attire le devoir,
Au lieu de quatre amis qu'on attendoit le soir,
Quelquefois de fâcheux arrivent trois volées,
Qui du parc à l'instant assiégent les allées.
Alors sauve qui peut: et quatre fois heureux
Qui sait pour s'échapper quelque antre ignoré d'eux!

(1) Maison de campagne de M. de Lamoignon.
(2) Fontaine à une demi-lieue de Bâville, ainsi nommée par le premier président de Lamoignon.

ÉPITRE VII.

A RACINE.

Que tu sais bien, Racine, à l'aide d'un acteur,
Emouvoir, étonner, ravir un spectateur !
Jamais Iphigénie, en Aulide immolée,
N'a coûté tant de pleurs à la Grèce assemblée,
Que dans l'heureux spectacle à nos yeux étalé
En a fait sous son nom verser la Champmelé (1).
Ne crois pas toutefois, par tes savans ouvrages,
Entraînant tous les cœurs, gagner tous les suffrages.
Sitôt que d'Apollon un génie inspiré
Trouve loin du vulgaire un chemin ignoré,
En cent lieux contre lui les cabales s'amassent ;
Ses rivaux obscurcis autour de lui croassent ;
Et son trop de lumière importunant les yeux,
De ses propres amis lui fait des envieux.
La mort seule ici bas, en terminant sa vie,
Peut calmer sur son nom l'injustice et l'envie ;
Faire au poids du bon sens peser tous ses écrits,
Et donner à ses vers leur légitime prix.
  Avant qu'un peu de terre, obtenu par prière,
Pour jamais sous la tombe eût enfermé Molière,
Mille de ses beaux traits, aujourd'hui si vantés,
Furent des sots esprits à nos yeux rebutés.
L'ignorance et l'erreur à ses naissantes pièces
En habits de marquis, en robes de comtesses,
Venoient pour diffamer son chef-d'œuvre nouveau ;
Et secouoient la tête à l'endroit le plus beau.
Le commandeur vouloit la scène plus exacte ;
Le vicomte indigné sortoit au second acte :

(1) Célèbre comédienne.

L'un, défenseur zélé des bigots mis en jeu,
Pour prix de ses bons mots le condamnoit au feu ;
L'autre, fougueux marquis, lui déclarant la guerre,
Vouloit venger la cour immolée au parterre.
Mais, sitôt que d'un trait de ses fatales mains
La Parque l'eut rayé du nombre des humains,
On reconnut le prix de sa muse éclipsée.
L'aimable comédie, avec lui terrassée,
En vain d'un coup si rude espéra revenir,
Et sur ses brodequins ne put plus se tenir.
Tel fut chez nous le sort du théâtre comique.
   Toi donc qui, t'élevant sur la scène tragique,
Suis les pas de Sophocle, et, seul de tant d'esprits,
De Corneille vieilli sait consoler Paris ;
Cesse de t'étonner si l'envie animée,
Attachant à ton nom sa rouille envenimée,
La calomnie en main, quelquefois te poursuit.
En cela, comme en tout, le ciel qui nous conduit,
Racine, fait briller sa profonde sagesse.
Le mérite en repos s'endort dans la paresse ;
Mais par les envieux un génie excité
Au comble de son art est mille fois monté :
Plus on veut l'affoiblir, plus il croît et s'élance.
Au Cid persécuté, Cinna doit sa naissance ;
Et peut-être ta plume aux censeurs de Pyrrhus
Doit les plus nobles traits dont tu peignis Burrhus.
   Moi-même, dont la gloire ici moins répandue
Des pâles envieux ne blesse point la vue,
Mais qu'une humeur trop libre, un esprit peu soumis,
De bonne heure a pourvu d'utiles ennemis,
Je dois plus à leur haine, il faut que je l'avoue,
Qu'au foible et vain talent dont la France me loue.
Leur venin, qui sur moi brûle de s'épancher,

Tous les jours en marchant m'empêche de broncher.
Je songe à chaque trait que ma plume hasarde,
Que d'un œil dangereux leur troupe me regarde.
Je sais sur leur avis corriger mes erreurs,
Et je mets à profit leurs malignes fureurs.
Sitôt que sur un vice ils pensent me confondre,
C'est en me guérissant que je sais leur répondre :
Et plus en criminel ils pensent m'ériger,
Plus, croissant en vertu, je songe à me venger.

 Imite mon exemple ; et lorsqu'une cabale,
Un flot de vains auteurs follement te ravale,
Profite de leur haine et de leur mauvais sens,
Ris du bruit passager de leurs cris impuissans.
Que peut contre tes vers une ignorance vaine ?
Le Parnasse français, ennobli par ta veine,
Contre tous ces complots saura te maintenir,
Et soulever pour toi l'équitable avenir.
Et qui, voyant un jour la douleur vertueuse
De Phèdre malgré soi perfide, incestueuse,
D'un si noble travail justement étonné,
Ne bénira d'abord le siècle fortuné
Qui, rendu plus fameux par tes illustres veilles,
Vit naître sous ta main ces pompeuses merveilles !
 Cependant laisse ici gronder quelques censeurs
Qu'aigrissent de tes vers les charmantes douceurs.
Et qu'importe à nos vers que Perrin (1) les admire ;
Que l'auteur du Jonas s'empresse pour les lire ;
Qu'ils charment de Senlis le poëte idiot (2),
Ou le sec traducteur du françois d'Amyot :
Pourvu qu'avec éclat leurs rimes débitées

---

(1) Il a traduit l'Enéide, et a fait le premier opéra qui ait paru en France.
(2) Linière.

ÉPITRE VII.

Soient du peuple, des grands, des provinces, goûtées;
Pourvu qu'ils puissent plaire au plus puissant des rois;
Qu'à Chantilli Condé les souffre quelquefois;
Qu'Enguien en soit touché; que Colbert et Vivone,
Que la Rochefoucauld, Marsillac et Pompone,
Et mille autres qu'ici je ne puis faire entrer,
A leurs traits délicats se laissent pénétrer?
Et plût au ciel encor, pour couronner l'ouvrage,
Que Montausier voulût leur donner son suffrage!

C'est à de tels lecteurs que j'offre mes écrits.
Mais pour un tas grossier de frivoles esprits
Admirateurs zélés de toute œuvre insipide,
Que, non loin de la place où Brioché (1) préside,
Sans chercher dans les vers ni cadence ni son,
Il s'en aille admirer le savoir de Pradon.

(1) Fameux joueur de marionnettes.

ÉPITRE VIII.
AU ROI.

Grand Roi, cesse de vaincre, ou je cesse d'écrire.
Tu sais bien que mon style est né pour la satire ;
Mais mon esprit, contraint de la désavouer,
Sous ton règne étonnant ne veut plus que louer.
Tantôt, dans les ardeurs de ce zèle incommode,
Je songe à mesurer les syllabes d'une ode ;
Tantôt, d'une Enéide auteur ambitieux,
Je m'en forme déjà le plan audacieux :
Ainsi, toujours flatté d'une douce manie,
Je sens de jour en jour dépérir mon génie ;
Et mes vers, en ce style ennuyeux, sans appas,
Déshonorent ma plume, et ne t'honorent pas.
  Encor si ta valeur, à tout vaincre obstinée,
Nous laissoit, pour le moins, respirer une année,
Peut-être mon esprit, prompt à ressusciter,
Du temps qu'il a perdu sauroit se racquitter.
Sur ses nombreux défauts, merveilleux à décrire,
Le siècle m'offre encor plus d'un bon mot à dire.
Mais à peine Dinan et Limbourg sont forcés,
Qu'il faut chanter Bouchain et Condé terrassés.
Ton courage, affamé de péril et de gloire,
Court d'exploits en exploits, de victoire en victoire.
Souvent ce qu'un seul jour te voit exécuter
Nous laisse pour un an d'actions à conter.
  Que si quelquefois, las de forcer des murailles,
Le soin de tes sujets te rappelle à Versailles,
Tu viens m'embarrasser de mille autres vertus ;
Te voyant de plus près, je t'admire encor plus.
Dans les nobles douceurs d'un séjour plein de charmes,

EPITRE VIII.

Tu n'es pas moins héros qu'au milieu des alarmes :
De ton trône agrandi portant seul tout le faix,
Tu cultives les arts ; tu répands les bienfaits ;
Tu sais récompenser jusqu'aux muses critiques.
Ah ! crois-moi, c'en est trop. Nous autres satiriques,
Propres à relever les sottises du temps,
Nous sommes un peu nés pour être mécontens :
Notre muse, souvent paresseuse et stérile,
A besoin, pour marcher, de colère et de bile.
Notre style languit dans un remercîment :
Mais, grand Roi, nous savons nous plaindre élégamment.
Oh ! que, si je vivois sous les règnes sinistres
De ces rois nés valets de leurs propres ministres,
Et qui, jamais en main ne prenant le timon,
Aux exploits de leur temps ne prêtoient que leur nom ;
Que, sans les fatiguer d'une louange vaine,
Aisément les bons mots couleroient de ma veine !
Mais toujours sous ton règne il faut se récrier :
Toujours, les yeux au ciel, il faut remercier.
Sans cesse à t'admirer ma critique forcée
N'a plus en écrivant de maligne pensée ;
Et mes chagrins, sans fiel et presque évanouis,
Font grâce à tout le siècle en faveur de Louis.
En tous lieux cependant la Pharsale (1) approuvée,
Sans crainte de mes vers, va la tête levée ;
La licence partout règne dans les écrits :
Déjà le mauvais sens reprenant ses esprits,
Songe à nous redonner des poëmes épiques (2),
S'empare des discours même académiques :

---

(1) La Pharsale de Brébeuf.
(2) *Childebrand* et *Charlemagne*, poëmes qui n'ont point réussi.

ÉPITRE VIII.

Perrin a de ses vers obtenu le pardon ;
Et la scène française est en proie à Pradon.
Et moi, sur ce sujet, loin d'exercer ma plume,
J'amasse de tes faits le pénible volume ;
Et ma muse, occupée à cet unique emploi,
Ne regarde, n'entend, ne connoît plus que toi.

Tu le sais bien pourtant, cette ardeur empressée
N'est point en moi l'effet d'une ame intéressée.
Avant que tes bienfaits courussent me chercher,
Mon zèle impatient ne se pouvoit cacher :
Je n'admirois que toi. Le plaisir de le dire
Vint m'apprendre à louer au sein de la satire.
Et, depuis que tes dons sont venus m'accabler,
Loin de sentir mes vers avec eux redoubler,
Quelquefois, le dirai-je ! un remords légitime,
Au fort de mon ardeur, vient refroidir ma rime.
Il me semble, grand Roi, dans mes nouveaux écrits,
Que mon encens payé n'est plus du même prix.
J'ai peur que l'univers, qui sait ma récompense,
N'impute mes transports à ma reconnoissance ;
Et que par tes présens mon vers décrédité
N'ait moins de poids pour toi dans la postérité.

Toutefois je sais vaincre un remords qui te blesse.
Si tout ce qui reçoit des fruits de ta largesse
A peindre tes exploits ne doit point s'engager,
Qui d'un si juste soin se pourra donc charger ?
Ah ! plutôt de nos sons redoublons l'harmonie :
Le zèle à mon esprit tiendra lieu de génie.
Horace tant de fois dans mes vers imité,
De vapeurs en son temps, comme moi, tourmenté,
Pour amortir le feu de sa rate indocile,
Dans l'encre quelquefois sut égayer sa bile :

ÉPITRE VIII.

Mais de la même main qui peignit Tullius (1),
Qui d'affronts immortels couvrit Tigellius (2).
Il sut fléchir Glycère, il sut vanter Auguste,
Et marquer sur la lyre une cadence juste.
Suivons les pas fameux d'un si noble écrivain.
A ces mots, quelquefois prenant la lyre en main,
Au récit que pour toi je suis près d'entreprendre,
Je crois voir les rochers accourir pour m'entendre ;
Et déjà mon vers coule à flots précipités,
Quand j'entends le lecteur qui me crie : Arrêtez :
Horace eut cent talens ; mais la Nature avare
Ne vous a rien donné qu'un peu d'humeur bizarre :
Vous passez en audace et Perse et Juvénal,
Mais sur le ton flatteur Pinchêne est votre égal.
A ce discours, grand Roi, que pourrois-je répondre ?
Je me sens sur ce point trop facile à confondre ;
Et, sans trop relever des reproches si vrais,
Je m'arrête à l'instant, j'admire, et je me tais.

(1) Sénateur romain. César l'exclut du sénat ; mais il y rentra après sa mort.
(2) Fameux musicien, fort chéri d'Auguste.

ÉPITRE IX.

A M. LE MARQUIS DE SEIGNELAY,

SECRÉTAIRE D'ÉTAT.

Dangereux ennemi de tout mauvais flatteur,
Seignelay (1), c'est en vain qu'un ridicule auteur,
Prêt à porter ton nom de l'Ebre (2) jusqu'au Gange (3),
Croit te prendre aux filets d'une sotte louange.
Aussitôt ton esprit, prompt à se révolter,
S'échappe, et rompt le piége où l'on veut l'arrêter.
Il n'en est pas ainsi de ces esprits frivoles
Que tout flatteur endort au son de ses paroles;
Qui, dans un vain sonnet placés au rang des dieux,
Se plaisent à fouler l'Olympe radieux;
Et, fiers du haut étage où la Serre les loge,
Avalent sans dégoût le plus grossier éloge.
Tu ne te repais point d'encens à si bas prix.
Non que tu sois pourtant de ces rudes esprits
Qui regimbent toujours, quelque main qui les flatte :
Tu souffres la louange adroite et délicate
Dont la trop forte odeur n'ébranle point les sens.
Mais un auteur novice à répandre l'encens,
Souvent à son héros, dans un bizarre ouvrage,
Donne de l'encensoir au travers du visage;
Va louer Monterey (4) d'Oudenarde forcé,
Ou vante aux électeurs Turenne repoussé.
Tout éloge imposteur blesse une ame sincère.

(1) Jean-Baptiste Colbert, ministre et secrétaire d'état, mort en 1690, fils de Jean-Baptiste Colbert, ministre et secrétaire d'état.
(2) Rivière d'Espagne. (3) Rivière des Indes.
(4) Gouverneur des Pays-Bas.

Si, pour faire sa cour à ton illustre père,
Seignelay, quelque auteur, d'un faux zèle emporté,
Au lieu de peindre en lui la noble activité,
La solide vertu, la vaste intelligence,
Le zèle pour son roi, l'ardeur, la vigilance,
La constante équité, l'amour pour les beaux arts,
Lui donnoit les vertus d'Alexandre ou de Mars;
Et, pouvant justement l'égaler à Mécène,
Le comparoit au fils (1) de Pélée ou d'Alcmène (2):
Ses yeux, d'un tel discours foiblement éblouis,
Bientôt dans ce tableau reconnoîtroient Louis;
Et, glaçant d'un regard la muse et le poëte,
Imposeroient silence à sa verve indiscrète.

 Un cœur noble est content de ce qu'il trouve en lui,
Et ne s'applaudit point des qualités d'autrui.
Que me sert en effet qu'un admirateur fade
Vante mon embonpoint, si je me sens malade;
Si dans cet instant même un feu séditieux
Fait bouillonner mon sang et pétiller mes yeux?
Rien n'est beau que le vrai : le vrai seul est aimable;
Il doit régner partout, et même dans la fable :
De toute fiction l'adroite fausseté
Ne tend qu'à faire aux yeux briller la vérité.

 Sais-tu pourquoi mes vers sont lus dans les provinces,
Sont recherchés du peuple, et reçus chez les princes?
Ce n'est pas que leurs sons, agréables, nombreux,
Soient toujours à l'oreille également heureux;
Qu'en plus d'un lieu le sens n'y gêne la mesure,
Et qu'un mot quelquefois n'y brave la césure :
Mais c'est qu'en eux le vrai, du mensonge vainqueur,
Par-tout se montre aux yeux, et va saisir le cœur;

(1) Achille. (2) Hercule.

Que le bien et le mal y sont prisés au juste ;
Que jamais un faquin n'y tint un rang auguste ;
Et que mon cœur, toujours conduisant mon esprit,
Ne dit rien aux lecteurs, qu'à soi-même il n'ait dit.
Ma pensée au grand jour par tout s'offre et s'expose ;
Et mon vers, bien ou mal, dit toujours quelque chose.
C'est par là quelquefois que ma rime surprend :
C'est là ce que n'ont point Jonas ni Childebrand,
Ni tous ces vains amas de frivoles sornettes,
Montre, Miroir d'amours, Amitiés, Amourettes,
Dont le titre souvent est l'unique soutien ;
Et qui, parlant beaucoup, ne disent jamais rien.
   Mais peut-être, enivré des vapeurs de ma muse,
Moi-même en ma faveur, Seignelay, je m'abuse.
Cessons de nous flatter. Il n'est esprit si droit
Qui ne soit imposteur et faux par quelque endroit :
Sans cesse on prend le masque, et quittant la nature,
On craint de se montrer sous sa propre figure.
Par là le plus sincère assez souvent déplaît.
Rarement un esprit ose être ce qu'il est.
Vois-tu cet importun que tout le monde évite :
Cet homme à toujours fuir, qui jamais ne vous quitte ?
Il n'est pas sans esprit : mais, né triste et pesant,
Il veut être folâtre, évaporé, plaisant ;
Il s'est fait de sa joie une loi nécessaire,
Et ne déplaît enfin que pour vouloir trop plaire.
   La simplicité plaît sans étude et sans art.
Tout charme en un enfant dont la langue sans fard,
A peine du filet encor débarrassée,
Sait d'un air innocent bégayer sa pensée.
Le faux est toujours fade, ennuyeux, languissant :
Mais la nature est vraie, et d'abord on la sent ;
C'est elle seule en tout qu'on admire et qu'on aime.

ÉPITRE IX.

Un esprit né chagrin plaît par son chagrin même.
Chacun pris dans son air est agréable en soi :
Ce n'est que l'air d'autrui qui peut déplaire en moi.
    Ce marquis étoit né doux, commode, agréable :
On vantoit en tous lieux son ignorance aimable.
Mais, depuis quelques mois devenu grand docteur,
Il a pris un faux air, une sotte hauteur :
Il ne veut plus parler que de rime et de prose ;
Des auteurs décriés il prend en main la cause ;
Il rit du mauvais goût de tant d'hommes divers,
Et va voir l'opéra seulement pour les vers.
    Voulant se redresser, soi-même on s'estropie,
Et d'un original on fait une copie.
L'ignorance vaut mieux qu'un savoir affecté.
Rien n'est beau, je reviens, que par la vérité :
C'est par elle qu'on plaît, et qu'on peut long-temps plaire.
L'esprit lasse aisément, si le cœur n'est sincère.
En vain par sa grimace un bouffon odieux
A table nous fait rire, et divertit nos yeux :
Ses bons mots ont besoin de farine et de plâtre.
Prenez-le tête à tête, ôtez-lui son théâtre,
Ce n'est plus qu'un cœur bas, un coquin ténébreux :
Son visage essuyé n'a plus rien que d'affreux.
J'aime un esprit aisé qui se montre, qui s'ouvre,
Et qui plaît d'autant plus, que plus il se découvre.
Mais la seule vertu peut souffrir la clarté :
Le vice, toujours sombre, aime l'obscurité ;
Pour paroître au grand jour, il faut qu'il se déguise :
C'est lui qui de nos mœurs a banni la franchise.
    Jadis l'homme vivoit au travail occupé,
Et, ne trompant jamais, n'étoit jamais trompé :
On ne connoissoit point la ruse et l'imposture ;
Le Normand même alors ignoroit le parjure :

Aucun rhéteur encore, arrangeant le discours,
N'avoit d'un art menteur enseigné les détours.
Mais sitôt qu'aux humains, faciles à séduire,
L'abondance eut donné le loisir de se nuire,
La mollesse amena la fausse vanité.
Chacun chercha pour plaire un visage emprunté :
Pour éblouir les yeux, la fortune arrogante
Affecta d'étaler une pompe insolente ;
L'or éclata par tout sur les riches habits ;
On polit l'émeraude, on tailla le rubis ;
Et la laine et la soie, en cent façons nouvelles,
Apprirent à quitter leurs couleurs naturelles :
La trop courte beauté monta sur des patins :
La coquette tendit ses lacs tous les matins ;
Et, mettant la céruse et le plâtre en usage,
Composa de sa main les fleurs de son visage :
L'ardeur de s'enrichir chassa la bonne-foi :
Le courtisan n'eut plus de sentimens à soi.
Tout ne fut plus que fard, qu'erreur, que tromperie :
On vit par tout régner la basse flatterie.
Le Parnasse surtout, fécond en imposteurs,
Diffama le papier par ses propos menteurs.
De là vint cet amas d'ouvrages mercenaires,
Stances, odes, sonnets, épîtres liminaires,
Où toujours le héros passe pour sans pareil,
Et, fût-il louche et borgne, est réputé soleil.

   Ne crois pas toutefois, sur ce discours bizarre,
Que, d'un frivole encens malignement avare,
J'en veuille sans raison frustrer tout l'univers.
La louange agréable est l'âme des beaux vers :
Mais je tiens, comme toi, qu'il faut qu'elle soit vraie,
Et que son tour adroit n'ait rien qui nous effraie.
Alors, comme j'ai dit, tu la sais écouter,

Et sans crainte à tes yeux on pourroit t'exalter.
Mais, sans t'aller chercher des vertus dans les nues,
Il faudroit peindre en toi des vérités connues :
Décrire ton esprit ami de la raison ;
Ton ardeur pour ton Roi puisée en ta maison ;
A servir ses desseins ta vigilance heureuse ;
Ta probité sincère, utile, officieuse.
Tel, qui hait à se voir peint en de faux portraits,
Sans chagrin voit tracer ses véritables traits.
Condé même (1), Condé, ce héros formidable,
Et, non moins qu'aux Flamands, aux flatteurs redoutable,
Ne s'offenseroit pas si quelque adroit pinceau
Traçoit de ses exploits le fidelle tableau ;
Et, dans Senef (2) en feu contemplant sa peinture,
Ne désavoueroit pas Malherbe ni Voiture.
Mais malheur au poëte insipide, odieux,
Qui viendroit le glacer d'un éloge ennuyeux !
Il auroit beau crier : *premier prince du monde !*
Courage sans pareil ! lumière sans seconde (3) *!*
Ses vers jetés d'abord sans tourner le feuillet,
Iroient dans l'antichambre amuser Pacolet (4).

(1) Louis de Bourbon, prince de Condé, mort en 1686.
(2) Combat fameux de monsieur le prince.
(3) Commencement du poëme de *Charlemagne.*
(4) Fameux valet de pied de monsieur le prince.

PRÉFACE

Pour les trois dernières Épîtres.

JE ne sais si les trois nouvelles Épîtres que je donne ici au public auront beaucoup d'approbateurs, mais je sais bien que mes censeurs y trouveront abondamment de quoi exercer leur critique, car tout y est extrêmement hasardé. Dans le premier de ces trois ouvrages, sous prétexte de faire le procès à mes derniers vers, je fais moi-même mon éloge, et n'oublie rien de ce qui peut être dit à mon avantage; dans le second, je m'entretiens avec mon jardinier de choses très-basses et très-petites; et dans le troisième, je décide hautement du plus grand et du plus important point de la religion, je veux dire de l'amour de Dieu. J'ouvre donc un beau champ à ces censeurs pour attaquer en moi et le poëte orgueilleux, et le villageois grossier, et le théologien téméraire. Quelque fortes pourtant que soient leurs attaques, je doute qu'elles ébranlent la ferme résolution que j'ai prise il y a long-temps de ne rien répondre, au moins sur le ton sérieux, à tout ce qu'ils écriront contre moi.

A quoi bon en effet perdre inutilement du papier? Si mes épîtres sont mauvaises, tout ce que je dirai ne les fera pas trouver bonnes; et si elles sont bonnes, tout ce qu'ils diront ne les fera pas trouver mauvaises. Le public n'est pas un juge qu'on puisse corriger, ni qui se règle par les passions d'autrui. Tout ce bruit, tous ces écrits qui se font ordinairement contre des ouvrages où l'on court, ne servent qu'à y faire encore plus courir, et à en mieux marquer le mérite. Il est de l'essence d'un bon livre d'avoir des censeurs; et la plus grande disgrace qui puisse arriver à un écrit qu'on met au jour, ce n'est pas que beaucoup de gens en disent du mal, c'est que personne n'en dise rien.

Je me garderai donc bien de trouver mauvais qu'on attaque mes trois épîtres. Ce qu'il y a de certain, c'est que je les ai fort travaillées, et principalement celle de l'amour de Dieu, que j'ai retouchée plus d'une fois, et où j'avoue que j'ai employé tout le peu que je puis avoir d'esprit et de lumières. J'avois dessein d'abord de la donner toute seule, les deux autres me paroissant trop frivoles pour être présentées au grand jour de l'impression avec un ouvrage si sérieux. Mais des amis très-sensés m'ont fait comprendre que ces deux épîtres, quoique dans le style enjoué, étoient pourtant des épîtres morales, où il n'étoit rien enseigné que de vertueux; qu'ainsi étant liées avec l'autre, bien loin de lui nuire, elles pourroient même faire une diversité agréable; et que d'ailleurs beaucoup d'honnêtes gens souhaitant de les avoir toutes trois ensemble, je ne pouvois pas avec bienséance me dispenser de leur donner une si légère satisfaction. Je me suis rendu à ce sentiment, et on les trouvera rassemblées ici dans un même cahier. Cependant comme il y a des gens de piété qui peut-être ne se soucieront guère de lire les entretiens que je puis avoir avec mon jardinier et avec mes vers, il est bon de les avertir qu'il y a ordre de leur distribuer à part la dernière, savoir celle qui traite de l'amour de Dieu; et que non-seulement je ne trouverai pas étrange qu'ils ne lisent que celle-là, mais que je me sens quelquefois moi-même en des dispositions d'esprit où je voudrois de bon cœur n'avoir de ma vie composé que ce seul ouvrage, qui vraisemblablement sera la dernière pièce de poësie qu'on aura de moi, mon génie pour les vers commençant à s'épuiser, et mes emplois historiques ne me laissant guère le temps de m'appliquer à chercher et à ramasser des rimes.

PRÉFACE.

Voilà ce que j'avois à dire aux lecteurs. Avant, néanmoins, que de finir cette préface, il ne sera pas hors de propos, ce me semble, de rassurer des personnes timides, qui, n'ayant pas une fort grande idée de ma capacité en matière de théologie, douteront peut-être que tout ce que j'avance en mon épître soit fort infaillible, et appréhenderont qu'en voulant les conduire je ne les égare. Afin donc qu'elles marchent sûrement, je leur dirai, vanité à part, que j'ai lu plusieurs fois cette épître à un fort grand nombre de docteurs de Sorbonne, de pères de l'Oratoire, et de jésuites très-célèbres, qui tous y ont applaudi, et en ont trouvé la doctrine très-saine et très-pure : que beaucoup de prélats illustres à qui je l'ai récitée en ont jugé comme eux : que monseigneur l'évêque de Meaux (1), c'est-à-dire, une des plus grandes lumières qui aient éclairé l'église dans les derniers siècles, a eu long-temps mon ouvrage entre les mains; et qu'après l'avoir lu et relu plusieurs fois, il m'a non-seulement donné son approbation, mais a trouvé bon que je publiasse à tout le monde qu'il me la donnoit : enfin, que, pour mettre le comble à ma

(1) Jacques Bénigne Bossuet.

gloire, ce saint Archevêque (1) dans le diocèse duquel j'ai le bonheur de me trouver, ce grand prélat, dis-je, aussi éminent en doctrine et en vertus qu'en dignité et en naissance, que le plus grand Roi de l'univers, par un choix visiblement inspiré du ciel, a donné à la ville capitale de son royaume, pour assurer l'innocence et détruire l'erreur, monseigneur l'Archevêque de Paris, en un mot, a bien daigné aussi examiner soigneusement mon épître, et a eu même la bonté de me donner sur plus d'un endroit des conseils que j'ai suivis, et m'a enfin accordé aussi son approbation, avec des éloges dont je suis également ravi et confus.

Au reste, comme il y a des gens qui ont publié que mon épître n'étoit qu'une vaine déclamation qui n'attaquoit rien de réel ni qu'aucun homme eût jamais avancé, je veux bien, pour l'intérêt de la vérité, mettre ici la proposition que j'y combats, dans la langue et dans les termes qu'on la soutient en plus d'une école. La voici : *Attritio ex gehennae metu sufficit, etiam sine ulla Dei dilectione, et sine ullo ad Deum offensum respectu ; quia talis honesta et supernaturalis est.* C'est

___

(1) Louis-Antoine de Noailles, cardinal, archevêque de Paris.

cette proposition que j'attaque et que je soutiens fausse, abominable, et plus contraire à la vraie religion, que le luthéranisme ni le calvinisme. Cependant je ne crois pas qu'on puisse nier qu'on ne l'ait encore soutenue depuis peu, et qu'on ne l'ait même insérée dans quelques catéchismes en des mots fort approchans des termes latins que je viens de rapporter.

ÉPITRE X.

A MES VERS.

J'AI beau vous arrêter, ma remontrance est vaine,
Allez, partez, mes vers, dernier fruit de ma veine.
C'est trop languir chez moi dans un obscur séjour :
Et déjà chez Barbin (1), ambitieux libelles,
Vous brûlez d'étaler vos feuilles criminelles.
Vains et foibles enfans dans ma vieillesse nés,
Vous croyez, sur les pas de vos heureux aînés,
Voir bientôt vos bons mots, passant du peuple aux princes,
Charmer également la ville et les provinces ;
Et, par le prompt effet d'un sel réjouissant,
Devenir quelquefois proverbes en naissant.
Mais perdez cette erreur dont l'appât vous amorce :
Le temps n'est plus, mes vers, où ma muse en sa force,
Du Parnasse français formant les nourrissons,
De ses riches couleurs habilloit ses leçons ;
Quand mon esprit, poussé d'un courroux légitime,
Vint devant la raison plaider contre la rime ;
A tout le genre humain sut faire le procès,
Et s'attaqua soi-même avec tant de succès.
Alors il n'étoit point de lecteur si sauvage
Qui ne se déridât en lisant mon ouvrage,
Et qui, pour s'égayer, souvent, dans ses discours,
D'un mot pris en mes vers n'empruntât le secours,
    Mais aujourd'hui qu'enfin la vieillesse venue,
Sous mes faux (2) cheveux blonds déjà toute chenue,
A jeté sur ma tête, avec ses doigts pesans,
Onze lustres complets, surchargés de trois ans,

(1) Libraire du palais. (2) L'auteur avoit pris perruque.

Cessez de présumer dans vos folles pensées,
Mes vers, de voir en foule à vos rimes glacées
Courir, l'argent en main, les lecteurs empressés.
Nos beaux jours sont finis, nos honneurs sont passés ;
Dans peu vous allez voir vos froides rêveries
Du public exciter les justes moqueries,
Et leur auteur, jadis à Regnier préféré,
A Pinchêne, à Linière, à Perrin, comparé.
Vous aurez beau crier : *ô vieillesse ennemie !*
N'a-t-il donc tant vécu que pour cette infamie (1) ?
Vous n'entendrez par tout qu'injurieux brocards
Et sur vous et sur lui fondre de toutes parts.

 Que veut-il ? dira-t-on ; quelle fougue indiscrète
Ramène sur les rangs encor ce vain athlète ?
Quels pitoyables vers ! quel style languissant !
Malheureux, laisse en paix ton cheval vieillissant,
De peur que tout-à-coup, efflanqué, sans haleine,
Il ne laisse, en tombant, son maître sur l'arène.
Ainsi s'expliqueront nos censeurs sourcilleux.
Et bientôt vous verrez mille auteurs pointilleux,
Pièce à pièce épluchant vos sons et vos paroles,
Interdire chez vous l'entrée aux hyperboles ;
Traiter tout noble mot de terme hasardeux,
Et dans tous vos discours, comme monstres hideux,
Huer la métaphore et la métonymie,
Grands mots que Pradon croit des termes de chimie ;
Vous soutenir qu'un lit ne peut être effronté (2) ;
Que nommer la luxure est une impureté.
En vain contre ce flot d'aversion publique
Vous tiendrez quelque temps ferme sur la boutique ;

---

(1) Vers du Cid.
(2) Terme de la dixième satire.

ÉPITRE X.

Vous irez à la fin, honteusement exclus,
Trouver au magasin Pyrame et Régulus (1),
Ou couvrir chez Thierry, d'une feuille encor neuve,
Les méditations de Buzée et d'Hayneuve ;
Puis, en tristes lambeaux semés dans les marchés,
Souffrir tous les affronts au Jonas reprochés.

Mais quoi ! de ces discours bravant la vaine attaque,
Déjà, comme les vers de Cinna, d'Andromaque,
Vous croyez à grands pas chez la postérité
Courir, marqués au coin de l'immortalité !
Hé bien ! contentez donc l'orgueil qui vous enivre ;
Montrez-vous, j'y consens : mais du moins, dans mon livre,
Commencez par vous joindre à mes premiers écrits.
C'est là qu'à la faveur de vos frères chéris,
Peut-être enfin soufferts comme enfans de ma plume,
Vous pourrez vous sauver, épars dans le volume.
Que si même, un jour le lecteur gracieux,
Amorcé par mon nom, sur vous tourne les yeux,
Pour m'en récompenser, mes vers, avec usure,
De votre auteur alors faites-lui la peinture :
Et surtout prenez soin d'effacer bien les traits
Dont tant de peintres faux ont flétri mes portraits.
Déposez hardiment qu'au fond cet homme horrible,
Ce censeur qu'ils ont peint si noir et si terrible,
Fut un esprit doux, simple, ami de l'équité,
Qui, cherchant dans ses vers la seule vérité,
Fit, sans être malin, ses plus grandes malices,
Et qu'enfin sa candeur seule a fait tous ses vices.
Dites que, harcelés par les plus vils rimeurs,
Jamais, blessant leurs vers, il n'effleura leurs mœurs :
Libre dans ses discours, mais pourtant toujours sage,

(1) Pièces de théâtre de Pradon.

ÉPITRE X.

Assez foible de corps, assez doux de visage,
Ni petit, ni trop grand, très-peu voluptueux,
Ami de la vertu plutôt que vertueux.
 Que si quelqu'un, mes vers, alors vous importune
Pour savoir mes parens, ma vie et ma fortune,
Contez-lui qu'allié d'assez hauts magistrats,
Fils d'un père greffier, né d'aïeux avocats,
Dès le berceau perdant une fort jeune mère,
Réduit seize ans après à pleurer mon vieux père,
J'allai d'un pas hardi, par moi-même guidé,
Et de mon seul génie en marchant secondé,
Studieux amateur et de Perse et d'Horace,
Assez près de Regnier m'asseoir sur le Parnasse;
Que, par un coup du sort au grand jour amené,
Et des bords du Permesse à la cour entraîné,
Je sus, prenant l'essor par des routes nouvelles,
Elever assez haut mes poëtiques ailes;
Que ce Roi dont le nom fait trembler tant de rois
Voulut bien que ma main crayonnât ses exploits;
Que plus d'un grand m'aima jusques à la tendresse
Que ma vue à Colbert inspiroit l'allégresse;
Qu'aujourd'hui même encor, de deux sens affoibli,
Retiré de la cour, et non mis en oubli,
Plus d'un héros, épris des fruits de mon étude,
Vient quelquefois chez moi (1) goûter la solitude.
 Mais des heureux regards de mon astre étonnant
Marquez bien cet effet encor plus surprenant,
Qui dans mon souvenir aura toujours sa place:
Que de tant d'écrivains de l'école d'Ignace
Etant, comme je suis, ami si déclaré,
Ce docteur toutefois si craint, si révéré,

(1) A Auteuil.

Qui

ÉPITRE X.

Qui contre eux de sa plume épuisa l'énergie,
Arnauld, le grand Arnauld, fit mon apologie (1).
Sur mon tombeau futur, mes vers, pour l'énoncer,
Courez en lettres d'or de ce pas vous placer :
Allez, jusqu'où l'aurore en naissant voit l'Hydaspe (2);
Chercher, pour l'y graver, le plus précieux jaspe.
Surtout à mes rivaux sachez bien l'étaler.

Mais je vous retiens trop. C'est assez vous parler.
Déjà, plein du beau feu qui pour vous le transporte,
Barbin impatient chez moi frappe à la porte:
Il vient pour vous chercher. C'est lui : j'entends sa voix.
Adieu, mes vers, adieu, pour la dernière fois.

(1) M. Arnauld a fait une dissertation où il me justifie contre mes censeurs.
(2) Fleuve des Indes.

ÉPITRE XI.

A MON JARDINIER.

Laborieux valet du plus commode maître
Qui pour te rendre heureux ici-bas pouvoit naître,
Antoine, gouverneur de mon jardin d'Auteuil,
Qui dirige chez moi l'if et le chevrefeuil,
Et sur mes espaliers, industrieux génie,
Sais si bien exercer l'art de la Quintinie (1);
Oh! que de mon esprit triste et mal ordonné,
Ainsi que de ce champ par toi si bien orné,
Ne puis-je faire ôter les ronces, les épines,
Et des défauts sans nombre arracher les racines!
 Mais parle : raisonnons. Quand, du matin au soir,
Chez moi poussant la bêche, ou portant l'arrosoir,
Tu fais d'un sable aride une terre fertile,
Et rends tout mon jardin à tes lois si docile;
Que dis-tu de m'y voir rêveur, capricieux,
Tantôt baissant le front, tantôt levant les yeux,
De paroles en l'air par élans envolées
Effrayer les oiseaux perchés dans mes allées?
Ne soupçonnes-tu point qu'agité du démon,
Ainsi que ce cousin (2) des quatre fils Aimon
Dont tu lis quelquefois la merveilleuse histoire,
Je rumine en marchant quelque endroit du grimoire?
Mais non : tu te souviens qu'au village on t'a dit
Que ton maître est nommé pour coucher par écrit
Les faits d'un Roi plus grand en sagesse, en vaillance,
Que Charlemagne aidé des douze pairs de France.

(1) Directeur des jardins du Roi. (2) Maugis.

Tu crois qu'il y travaille, et qu'au long de ce mur
Peut-être en ce moment il prend Mons et Namur.

 Que penserois-tu donc, si l'on t'alloit apprendre
Que ce grand chroniqueur des gestes d'Alexandre,
Aujourd'hui méditant un projet tout nouveau,
S'agite, se démène, et s'use le cerveau,
Pour te faire à toi-même en rimes insensées
Un bizarre portrait de ses folles pensées ?
Mon maître, dirois-tu, passe pour un docteur,
Et parle quelquefois mieux qu'un prédicateur :
Sous ces arbres pourtant de si vaines sornettes
Il n'iroit point troubler la paix de ces fauvettes,
S'il lui falloit toujours, comme moi, s'exercer,
Labourer, couper, tondre, applanir, palisser,
Et, dans l'eau de ces puits sans relâche tirée,
De ce sable étancher la soif démesurée.

 Antoine, de nous deux tu crois donc, je le voi,
Que le plus occupé dans ce jardin c'est toi !
Oh ! que tu changerois d'avis et de langage,
Si deux jours seulement, libre du jardinage,
Tout-à-coup devenu poëte et bel esprit,
Tu t'allois engager à polir un écrit
Qui dit, sans s'avilir, les plus petites choses ;
Fît, des plus secs chardons, des œillets et des roses ;
Et sût même aux discours de la rusticité
Donner de l'élégance et de la dignité ;
Un ouvrage, en un mot, qui, juste en tous ses termes,
Sût plaire à d'Aguesseau (1), sût satisfaire Termes ;
Sût, dis-je, contenter, en paroissant au jour,
Ce qu'ont d'esprits plus fins et la ville et la cour !
Bientôt de ce travail revenu sec et pâle,
Et le teint plus jauni que de vingt ans de hâle,

---

(1) Alors avocat-général, et ensuite procureur général.

EPITRE XI.

Tu dirois, reprenant ta pelle et ton rateau :
J'aime mieux mettre encor cent arpens au niveau,
Que d'aller follement, égaré dans les nues,
Me lasser à chercher des visions cornues,
Et, pour lier des mots si mal s'entr'accordans,
Prendre dans ce jardin la lune avec les dents.

Approche donc, et viens ; qu'un paresseux t'apprenne,
Antoine, ce que c'est que fatigue et que peine.
L'homme ici-bas, toujours inquiet et géné,
Est, dans le repos même, au travail condamné.
La fatigue l'y suit. C'est en vain qu'aux poëtes
Les neuf trompeuses sœurs dans leurs douces retraites
Promettent du repos sous leurs ombrages frais :
Dans ces tranquilles bois pour eux plantés exprès,
La cadence aussitôt, la rime, la césure,
La riche expression, la nombreuse mesure,
Sorciers dont l'amour sait d'abord les charmer,
De fatigues sans fin viennent les consumer.
Sans cesse poursuivant ces fugitives fées (1),
On voit sous les lauriers haleter les Orphées.
Leur esprit toutefois se plaît dans son tourment,
Et se fait de sa peine un noble amusement.
Mais je ne trouve point de fatigue si rude
Que l'ennuyeux loisir d'un mortel sans étude,
Qui, jamais ne sortant de sa stupidité,
Soutient, dans les langueurs de son oisiveté,
D'une lâche indolence esclave volontaire,
Le pénible fardeau de n'avoir rien à faire.
Vainement offusqué de ses pensers épais,
Loin du trouble et du bruit il croit trouver la paix :
Dans le calme odieux de sa sombre paresse,

(1) Les muses.

ÉPITRE XI.

Tous les honteux plaisirs, enfans de la mollesse,
Usurpant sur son ame un absolu pouvoir,
De monstrueux désirs le viennent émouvoir,
Irritent de ses sens la fureur endormie,
Et le font le jouet de leur triste infamie.
Puis sur leurs pas soudain arrivent les remords :
Et bientôt avec eux tous les fléaux du corps,
La pierre, la colique, et les gouttes cruelles ; (1)
Guénaud, Rainssant, Brayer, presque aussi tristes qu'elles
Chez l'indigne mortel courent tous s'assembler,
De travaux douloureux le viennent accabler ;
Sur le duvet d'un lit, théâtre de ses gênes,
Lui font scier des rocs, lui font fendre des chênes,
Et le mettent au point d'envier ton emploi.
Reconnois donc, Antoine, et conclus avec moi,
Que la pauvreté mâle, active et vigilante,
Est, parmi les travaux, moins lasse et plus contente
Que la richesse oisive au sein des voluptés.
 Je te vais sur cela prouver deux vérités :
L'une, que le travail, aux hommes nécessaire,
Fait leur félicité plutôt que leur misère ;
Et l'autre, qu'il n'est point de coupable en repos.
C'est ce qu'il faut ici montrer en peu de mots.
Suis-moi donc. Mais je vois, sur ce début de prône,
Que ta bouche déjà s'ouvre large d'une aune,
Et que, les yeux fermés, tu baisses le menton.
Ma foi, le plus sûr est de finir ce sermon.
Aussi bien j'apperçois ces melons qui t'attendent ;
Et ces fleurs qui là-bas entre elles se demandent
S'il est fête au village, et pour quel saint nouveau
On les laisse aujourd'hui si long-temps manquer d'eau.

(1) Fameux médecins.

ÉPITRE XII.
SUR L'AMOUR DE DIEU.
A L'ABBÉ RENAUDOT.

Docte abbé, tu dis vrai, l'homme, au crime attaché,
En vain, sans aimer Dieu, croit sortir du péché.
Toutefois, n'en déplaise aux transports frénétiques
Du fougueux moine (1) auteur des troubles germaniques,
Des tourmens de l'enfer la salutaire peur
N'est pas toujours l'effet d'une noire vapeur
Qui, de remords sans fruit agitant le coupable,
Aux yeux de Dieu le rende encor plus haïssable :
Cette utile frayeur, propre à nous pénétrer,
Vient souvent de la grâce en nous prête d'entrer,
Qui veut dans notre cœur se rendre la plus forte,
Et, pour se faire ouvrir, déjà frappe à la porte.
  Si le pécheur, poussé de ce saint mouvement,
Reconnoissant son crime, aspire au sacrement,
Souvent Dieu tout-à-coup d'un vrai zèle l'enflamme ;
Le Saint-Esprit revient habiter dans son ame,
Y convertit enfin les ténèbres en jour,
Et la crainte servile en filial amour.
C'est ainsi que souvent la sagesse suprême
Pour chasser le démon se sert du démon même.
  Mais lorsqu'en sa malice un pécheur obstiné,
Des horreurs de l'enfer vainement étonné,
Loin d'aimer, humble fils, son véritable père,
Craint et regarde Dieu comme un tyran sévère,
Au bien qu'il nous promet ne trouve aucun appas,
Et souhaite en son cœur que ce Dieu ne soit pas :

(1) Luther.

ÉPITRE XII.

En vain, la peur sur lui remportant la victoire,
Aux pieds d'un prêtre il court décharger sa mémoire :
Vil esclave toujours sous le joug du péché,
Au démon qu'il redoute il demeure attaché.
L'amour, essentiel à notre pénitence,
Doit être l'heureux fruit de notre repentance.
Non, quoique l'ignorance enseigne sur ce point,
Dieu ne fait jamais grâce à qui ne l'aime point.
A le chercher la peur nous dispose et nous aide :
Mais il ne vient jamais, que l'amour ne succède.
Cessez de m'opposer vos discours imposteurs,
Confesseurs insensés, ignorans séducteurs,
Qui, pleins des vains propos que l'erreur nous débite,
Vous figurez qu'en vous un pouvoir sans limite
Justifie à coup sûr tout pécheur alarmé,
Et que sans aimer Dieu l'on peut en être aimé.

  Quoi donc ! cher Renaudot, un chrétien effroyable,
Qui jamais, servant Dieu, n'eut d'objet que le diable,
Pourra, marchant toujours dans des sentiers maudits,
Par des formalités gagner le paradis !
Et parmi les élus, dans la gloire éternelle,
Pour quelques sacremens reçus sans aucun zèle,
Dieu fera voir aux yeux des saints épouvantés
Son ennemi mortel assis à ses côtés !
Peut-on se figurer de si folles chimères !
On voit pourtant, on voit des docteurs même austères
Qui, les semant par tout, s'en vont pieusement
De toute piété saper le fondement ;
Qui, le cœur infecté d'erreurs si criminelles,
Se disent hautement les purs, les vrais fidelles ;
Traitant d'abord d'impie et d'hérétique affreux
Quiconque ose pour Dieu se déclarer contre eux.

ÉPITRE XII.

De leur audace en vain les vrais chrétiens gémissent !
Prêts à la repousser les plus hardis mollissent,
Et, voyant contre Dieu le diable accrédité,
N'osent qu'en bégayant prêcher la vérité.
Mollirons-nous aussi ? Non, sans peur, sur ta trace,
Docte abbé, de ce pas j'irai leur dire en face :
Ouvrez les yeux enfin, aveugles dangereux.
Oui, je vous le soutiens, il seroit moins affreux
De ne point reconnoître un Dieu maître du monde,
Et qui règle à son gré le ciel, la terre et l'onde,
Qu'en avouant qu'il est, et qu'il sut tout former,
D'oser dire qu'on peut lui plaire sans l'aimer.
Un si bas, si honteux, si faux christianisme
Ne vaut pas des Platons l'éclairé paganisme ;
Et chérir les vrais biens, sans en savoir l'auteur,
Vaut mieux que, sans l'aimer, connoître un créateur.
Expliquons-nous pourtant. Par cette ardeur si sainte,
Que je veux qu'en un cœur amène enfin la crainte,
Je n'entends pas ici ce doux saisissement,
Ces transports pleins de joie et de ravissement,
Qui font des bienheureux la juste récompense,
Et qu'un cœur rarement goûte ici par avance.
Dans nous l'amour de Dieu, fécond en saints désirs,
N'y produit pas toujours de sensibles plaisirs.
Souvent le cœur qui l'a ne le sait pas lui-même :
Tel craint de n'aimer pas, qui sincèrement aime ;
Et tel croit au contraire être brûlant d'ardeur,
Qui n'eut jamais pour Dieu que glace et que froideur.
C'est ainsi quelquefois qu'un indolent mystique (1),
Au milieu des péchés tranquille fanatique,

(1) Quiétistes, dont les erreurs ont été condamnées par les papes Innocent XI et Innocent XII.

ÉPITRE XII.

Du plus parfait amour pense avoir l'heureux don,
Et croit posséder Dieu, dans les bras du démon.
   Voulez-vous donc savoir si la foi dans votre ame
Allume les ardeurs d'une sincère flamme?
Consultez-vous vous-même. A ses règles soumis,
Pardonnez-vous sans peine à tous vos ennemis?
Combattez-vous vos sens? domptez-vous vos foiblesses?
Dieu dans le pauvre est-il l'objet de vos largesses?
Enfin dans tous ses points pratiquez-vous sa loi?
Oui, dites-vous. Allez, vous l'aimez, croyez-moi.
Qui fait exactement ce que ma loi commande,
A pour moi, dit ce Dieu, l'amour que je demande.
Faites-le donc; et, sûr qu'il nous veut sauver tous,
Ne vous alarmez point pour quelques vains dégoûts
Qu'en sa ferveur souvent la plus sainte ame éprouve:
Marchez, courez à lui: qui le cherche le trouve.
Et plus de votre cœur il paroît s'écarter,
Plus par vos actions songez à l'arrêter.
Mais ne soutenez point cet horrible blasphême,
Qu'un sacrement reçu, qu'un prêtre, que Dieu même,
Quoique vos faux docteurs osent vous avancer,
De l'amour qu'on lui doit puissent vous dispenser.
   Mais il faut qu'avant tout, dans une ame chrétienne,
Diront ces grands docteurs, l'amour de Dieu survienne,
Puisque ce seul amour suffit pour nous sauver,
De quoi le sacrement viendra-t-il nous laver?
Sa vertu n'est donc plus qu'une vertu frivole?
Oh! le bel argument digne de leur école!
Quoi! dans l'amour divin en nos cœurs allumé,
Le vœu du sacrement n'est-il pas renfermé?
Un païen converti, qui croit un Dieu suprême,
Peut-il être chrétien qu'il n'aspire au baptême,

EPITRE XII.

Ni le chrétien en pleurs être vraiment touché,
Qu'il ne veuille à l'église avouer son péché ?
Du funeste esclavage où le démon nous traîne
C'est le sacrement seul qui peut rompre la chaîne :
Aussi l'amour d'abord y court avidement ;
Mais lui-même il en est l'ame et le fondement.
Lorsqu'un pécheur, ému d'une humble repentance,
Par les degrés prescrits court à la pénitence,
S'il n'y peut parvenir, Dieu sait les supposer.
Le seul amour manquant ne peut point s'excuser :
C'est par lui que dans nous la grâce fructifie ;
C'est lui qui nous ranime et qui nous vivifie ;
Pour nous rejoindre à Dieu, lui seul est le lien ;
Et sans lui, foi, vertus, sacremens, tout n'est rien.

A ces discours pressans que sauroit-on répondre ?
Mais approchez : je veux encor mieux vous confondre,
Docteurs. Dites-moi donc : quand nous sommes absous,
Le Saint-Esprit est-il, ou n'est-il pas, en nous ?
S'il est en nous, peut-il, n'étant qu'amour lui-même,
Ne nous échauffer point de son amour suprême ?
Et s'il n'est pas en nous, Satan toujours vainqueur
Ne demeure-t-il pas maître de notre cœur ?
Avouez donc qu'il faut qu'en nous l'amour renaisse :
Et n'allez point, pour fuir la raison qui vous presse,
Donner le nom d'amour au trouble inanimé
Qu'au cœur d'un criminel la peur seule a formé.
L'ardeur qui justifie, et que Dieu nous envoie,
Quoiqu'ici-bas souvent inquiète et sans joie,
Est pourtant cette ardeur, ce même feu d'amour,
Dont brûle un bienheureux en l'éternel séjour.
Dans le fatal instant qui borne notre vie,
Il faut que de ce feu notre ame soit remplie ;

Et Dieu, sourd à nos cris s'il ne l'y trouve pas,
Ne l'y rallume plus après notre trépas.
Rendez-vous donc enfin à ces clairs syllogismes ;
Et ne prétendez plus, par vos confus sophismes,
Pouvoir encore aux yeux du fidelle éclairé
Cacher l'amour de Dieu dans l'école égaré.
Apprenez que la gloire où le ciel nous appelle
Un jour des vrais enfans doit couronner le zèle,
Et non les froids remords d'un esclave craintif,
Où crut voir Abeli (1) quelque amour négatif.

   Mais quoi ! j'entends déjà plus d'un fier scolastique
Qui, me voyant ici sur ce ton dogmatique
En vers audacieux traiter ces points sacrés,
Curieux, me demander où j'ai pris mes degrés ;
Et si, pour m'éclairer sur ces sombres matières,
Deux cents auteurs extraits m'ont prêté leurs lumières.
Non. Mais pour décider que l'homme, qu'un chrétien
Est obligé d'aimer l'unique auteur du bien,
Le Dieu qui le nourrit, le Dieu qui le fit naître,
Qui nous vint par sa mort donner un second être,
Faut-il avoir reçu le bonnet doctoral,
Avoir extrait Gamache, Isambert et du Val ?
Dieu, dans son livre saint, sans chercher d'autre ouvrage,
Ne l'a-t-il pas écrit lui-même à chaque page ?
De vains docteurs encore, ô prodige honteux !
Oseront nous en faire un problème douteux !
Viendront traiter d'erreur digne de l'anathême
L'indispensable loi d'aimer Dieu pour lui-même,
Et, par un dogme faux dans nos jours enfanté,
Des devoirs du chrétien rayer la charité !

   (1) Auteur de la *Moëlle théologique*, qui soutient la fausse attrition par les raisons réfutées dans cette épître.

Si j'allois consulter chez eux le moins sévère,
Et lui disois : un fils doit-il aimer son père ?
Ah ! peut-on en douter ? diroit-il brusquement.
Et quand je leur demande en ce même moment:
L'homme, ouvrage d'un Dieu seul bon et seul aimable,
Doit-il aimer ce Dieu, son père véritable ?
Leur plus rigide auteur n'ose le décider,
Et craint, en l'affirmant, de se trop hasarder !

Je ne m'en puis défendre ; il faut que je t'écrive
La figure bizarre, et pourtant assez vive,
Que je sus l'autre jour employer dans son lieu,
Et qui déconcerta ces ennemis de Dieu.
Au sujet d'un écrit qu'on nous venoit de lire,
Un d'entre eux m'insulta sur ce que j'osai dire
Qu'il faut, pour être absous d'un crime confessé,
Avoir pour Dieu du moins un amour commencé.
Ce dogme, me dit-il, est un pur calvinisme.
O ciel ! me voilà donc dans l'erreur, dans le schisme,
Et partant réprouvé ! mais, poursuivis-je alors,
Quand Dieu viendra juger les vivans et les morts,
Et des humbles agneaux, objets de sa tendresse,
Séparera des boucs la troupe pécheresse,
A tous il nous dira, sévère ou gracieux,
Ce qui nous fit impurs ou justes à ses yeux.
Selon vous donc, à moi réprouvé, bouc infâme,
Va brûler, dira-t-il, en l'éternelle flamme,
Malheureux qui soutins que l'homme dut m'aimer ;
Et qui, sur ce sujet trop prompt à déclamer,
Prétendis qu'il falloit, pour fléchir ma justice,
Que le pécheur, touché de l'horreur de son vice,
De quelque ardeur pour moi sentit les mouvemens,
Et gardât le premier de mes commandemens !

EPITRE XII.

Dieu, si je vous en crois, me tiendra ce langage :
Mais à vous, tendre agneau, son plus cher héritage,
Orthodoxe ennemi d'un dogme si blâmé,
Venez, vous dira-t-il, venez, mon bien aimé :
Vous qui, dans les détours de vos raisons subtiles
Embarrassant les mots d'un des plus saints conciles (1),
Avez délivré l'homme, ô l'utile docteur !
De l'importun fardeau d'aimer son créateur ;
Entrez au ciel, venez, comblé de mes louanges,
Du besoin d'aimer Dieu désabuser les anges.
A de tels mots, si Dieu pouvoit les prononcer,
Pour moi je répondrois, je crois, sans l'offenser :
Oh! que pour vous mon cœur moins dur et moins farouche,
Seigneur, n'a-t-il, hélas ! parlé comme ma bouche !
Ce seroit ma réponse à ce Dieu fulminant.
Mais vous, de ses douceurs objet fort surprenant,
Je ne sais pas comment, ferme en votre doctrine,
Des ironiques mots de sa bouche divine
Vous pourriez, sans rougeur et sans confusion,
Soutenir l'amertume et la dérision.

L'audace du docteur, par ce discours frappée,
Demeura sans réplique à ma prosopopée.
Il sortit tout-à-coup, et, murmurant tout bas
Quelques termes d'aigreur que je n'entendis pas,
S'en alla chez Binsfeld, ou chez Basile Ponce (2),
Sur l'heure à mes raisons chercher une réponse.

(1) Le concile de Trente.
(2) Deux défenseurs de la fausse attrition. Le premier étoit chanoine de Trèves, et l'autre étoit de l'ordre de St.-Augustin.

L'ART POÉTIQUE.

L'ART

L'ART POÉTIQUE.

CHANT PREMIER.

C'est en vain qu'au Parnasse un téméraire auteur
Pense de l'art des vers atteindre la hauteur :
S'il ne sent point du ciel l'influence secrète,
Si son astre en naissant ne l'a formé poëte,
Dans son génie étroit il est toujours captif ;
Pour lui Phébus est sourd, et Pégase est rétif.
   O vous donc qui, brûlant d'une ardeur périlleuse,
Courez du bel esprit la carrière épineuse,
N'allez pas sur des vers sans fruit vous consumer,
Ni prendre pour génie un amour de rimer :
Craignez d'un vain plaisir les trompeuses amorces,
Et consultez long-temps votre esprit et vos forces.
   La Nature, fertile en esprits excellens,
Sait entre les auteurs partager les talens :
L'un peut tracer en vers une amoureuse flamme ;
L'autre, d'un trait plaisant aiguiser l'épigramme :
Malherbe d'un héros peut vanter les exploits ;
Racan, chanter Philis, les bergers et les bois.
Mais souvent un esprit qui se flatte et qui s'aime
Méconnoît son génie, et s'ignore soi-même :
Ainsi tel (1), autrefois qu'on vit avec Faret (2)
Charbonner de ses vers les murs d'un cabaret,
S'en va, mal-à-propos, d'une voix insolente,
Chanter du peuple hébreu la fuite triomphante,

---

(1) Saint-Amand, auteur du *Moïse sauvé*.
(2) Faret, auteur du livre intitulé *l'honnête Homme*; et ami de Saint-Amand.

Et, poursuivant Moïse au travers des déserts,
Court avec Pharaon se noyer dans les mers.

Quelque sujet qu'on traite, ou plaisant, ou sublime,
Que toujours le bon sens s'accorde avec la rime :
L'un l'autre vainement ils semblent se haïr ;
La rime est une esclave, et ne doit qu'obéir.
Lorsqu'à la bien chercher d'abord on s'évertue,
L'esprit à la trouver aisément s'habitue ;
Au joug de la raison sans peine elle fléchit,
Et, loin de la gêner, la sert et l'enrichit.
Mais, lorsqu'on la néglige, elle devient rebelle ;
Et pour la rattraper le sens court après elle.
Aimez donc la raison : que toujours vos écrits
Empruntent d'elle seule et leur lustre et leur prix.

La plupart, emportés d'une fougue insensée,
Toujours loin du droit sens vont chercher leur pensée ;
Ils croiroient s'abaisser, dans leurs vers monstrueux,
S'ils pensoient ce qu'un autre a pu penser comme eux.
Évitons ces excès : laissons à l'Italie
De tous ces faux brillans l'éclatante folie.
Tout doit tendre au bon sens : mais pour y parvenir
Le chemin est glissant et pénible à tenir ;
Pour peu qu'on s'en écarte, aussitôt on se noie.
La raison pour marcher n'a souvent qu'une voie.

Un auteur quelquefois trop plein de son objet
Jamais sans l'épuiser n'abandonne un sujet.
S'il rencontre un palais, il m'en dépeint la face ;
Il me promène après de terrasse en terrasse ;
Ici s'offre un perron ; là règne un corridor ;
Là ce balcon s'enferme en un balustre d'or.
Il compte des plafonds les ronds et les ovales ;
Ce ne sont que festons, ce ne sont qu'astragales (1).

---

(1) Vers de Scuderi.

CHANT PREMIER.

Je saute vingt feuillets pour en trouver la fin ;
Et je me sauve à peine au travers du jardin.
Fuyez de ces auteurs l'abondance stérile ;
Et ne vous chargez point d'un détail inutile.
Tout ce qu'on dit de trop est fade et rebutant,
L'esprit rassasié le rejette à l'instant.
Qui ne sait se borner ne sut jamais écrire.
Souvent la peur d'un mal nous conduit dans un pire :
Un vers étoit trop foible ; et vous le rendez dur :
J'évite d'être long ; et je deviens obscur :
L'un n'est point trop fardé ; mais sa muse est trop nue :
L'autre a peur de ramper ; il se perd dans la nue.
   Voulez-vous du public mériter les amours ?
Sans cesse en écrivant variez vos discours.
Un style trop égal et toujours uniforme
En vain brille à nos yeux, il faut qu'il nous endorme.
On lit peu ces auteurs, nés pour nous ennuyer,
Qui toujours sur un ton semblent psalmodier.
Heureux qui, dans ses vers, sait d'une voix légère
Passer du grave au doux, du plaisant au sévère !
Son livre, aimé du ciel, et chéri des lecteurs,
Est souvent chez Barbin entouré d'acheteurs.
   Quoi que vous écriviez, évitez la bassesse :
Le style le moins noble a pourtant sa noblesse.
Au mépris du bon sens, le burlesque (1) effronté
Trompa les yeux d'abord, plut par sa nouveauté :
On ne vit plus en vers que pointes triviales ;
Le Parnasse parla le langage des halles :
La licence à rimer alors n'eut plus de frein ;
Apollon travesti devint un Tabarin.

(1) Le style burlesque fut extrêmement en vogue depuis le commencement du dernier siècle jusques vers 1660 qu'il tomba.

Cette contagion infecta les provinces,
Du clerc et du bourgeois passa jusques aux princes :
Le plus mauvais plaisant eut ses approbateurs ;
Et, jusqu'à d'Assouci (1), tout trouva des lecteurs.
Mais de ce style enfin la cour désabusée
Dédaigna de ces vers l'extravagance aisée,
Distingua le naïf du plat et du bouffon,
Et laissa la province admirer le Typhon.
Que ce style jamais ne souille votre ouvrage.
Imitons de Marot l'élégant badinage,
Et laissons le burlesque aux plaisans (2) du pont-neuf.

 Mais n'allez point aussi, sur les pas de Brébeuf,
Même en une Pharsale, entasser sur les rives
De morts et de mourans cent montagnes plaintives.
Prenez mieux votre ton. Soyez simple avec art,
Sublime sans orgueil, agréable sans fard.
N'offrez rien au lecteur que ce qui peut lui plaire.
Ayez pour la cadence une oreille sévère :
Que toujours dans vos vers le sens coupant les mots
Suspende l'hémistiche, en marque le repos.
Gardez qu'une voyelle à courir trop hâtée
Ne soit d'une voyelle en son chemin heurtée.

Il est un heureux choix de mots harmonieux.
Fuyez des mauvais sons le concours odieux :
Le vers le mieux rempli, la plus noble pensée,
Ne peut plaire à l'esprit quand l'oreille est blessée.

 Durant les premiers ans du Parnasse français,
Le caprice tout seul faisoit toutes les lois.
La rime, au bout des mots assemblés sans mesure,
Tenoit lieu d'ornemens, de nombre et de césure.

---

(1) Pitoyable auteur, qui a composé l'*Ovide en belle humeur.*
(2) Les vendeurs d'orviétan et les joueurs de marionnettes se mettent depuis long-temps sur le Pont-neuf.

CHANT PREMIER.

Villon sut le premier, dans ces siècles grossiers,
Débrouiller l'art confus de nos vieux romanciers (1).
Marot bientôt après fit fleurir les ballades,
Tourna des triolets, rima des mascarades,
A des refreins réglés asservit les rondeaux,
Et montra pour rimer des chemins tout nouveaux.
Ronsard, qui le suivit, par une autre méthode,
Réglant tout, brouilla tout, fit un art à sa mode,
Et toutefois long-temps eut un heureux destin.
Mais sa muse, en français parlant grec et latin,
Vit dans l'âge suivant, par un retour grotesque,
Tomber de ses grands mots le faste pédantesque.
Ce poëte orgueilleux, trébuché de si haut,
Rendit plus retenus Desportes et Bertaut.

Enfin Malherbe vint, et, le premier en France,
Fit sentir dans les vers une juste cadence,
D'un mot mis en sa place enseigna le pouvoir,
Et réduisit la muse aux règles du devoir.
Par ce sage écrivain la langue réparée
N'offrit plus rien de rude à l'oreille épurée.
Les stances avec grâce apprirent à tomber,
Et le vers sur le vers n'osa plus enjamber.
Tout reconnut ses lois; et ce guide fidèle
Aux auteurs de ce temps sert encor de modèle.
Marchez donc sur ses pas; aimez sa pureté,
Et de son tour heureux imitez la clarté.
Si le sens de vos vers tarde à se faire entendre,
Mon esprit aussitôt commence à se détendre;
Et, de vos vains discours prompt à se détacher,
Ne suit point un auteur qu'il faut toujours chercher.

---

(1) La plupart de nos plus anciens romans françois sont en vers confus et sans ordre, comme le roman de *la Rose* et plusieurs autres.

Il est certains esprits dont les sombres pensées
Sont d'un nuage épais toujours embarrassées ;
Le jour de la raison ne le sauroit percer.
Avant donc que d'écrire, apprenez à penser.
Selon que notre idée est plus ou moins obscure,
L'expression la suit, ou moins nette, ou plus pure.
Ce que l'on conçoit bien s'énonce clairement,
Et les mots pour le dire arrivent aisément.
Surtout qu'en vos écrits la langue révérée
Dans vos plus grands excès vous soit toujours sacrée.
En vain vous me frappez d'un son mélodieux,
Si le terme est impropre, ou le tour vicieux :
Mon esprit n'admet point un pompeux barbarisme,
Ni d'un vers ampoulé l'orgueilleux solécisme.
Sans la langue, en un mot, l'auteur le plus divin
Est toujours, quoiqu'il fasse, un méchant écrivain.
 Travaillez à loisir, quelque ordre qui vous presse (1),
Et ne vous piquez point d'une folle vitesse :
Un style si rapide, et qui court en rimant,
Marque moins trop d'esprit, que peu de jugement.
J'aime mieux un ruisseau qui, sur la molle arène,
Dans un pré plein de fleurs lentement se promène,
Qu'un torrent débordé qui, d'un cours orageux,
Roule, plein de gravier, sur un terrain fangeux.
Hâtez-vous lentement ; et, sans perdre courage,
Vingt fois sur le métier remettez votre ouvrage :
Polissez-le sans cesse et le repolissez ;
Ajoutez quelquefois, et souvent effacez.
 C'est peu qu'en un ouvrage où les fautes fourmillent,
Des traits d'esprits semés de temps en temps pétillent :

---

(1) Scuderi disoit toujours, pour s'excuser de travailler si vite, qu'*il avoit ordre de finir*.

Il faut que chaque chose y soit mise en son lieu ;
Que le début, la fin, répondent au milieu ;
Que d'un art délicat les pièces assorties
N'y forment qu'un seul tout de diverses parties ;
Que jamais du sujet le discours s'écartant
N'aille chercher trop loin quelque mot éclatant.

   Craignez-vous pour vos vers la censure publique ?
Soyez-vous à vous-même un sévère critique :
L'ignorance toujours est prête à s'admirer.
Faites-vous des amis prompts à vous censurer ;
Qu'ils soient de vos écrits les confidens sincères,
Et de tous vos défauts les zélés adversaires :
Dépouillez devant eux l'arrogance d'auteur.
Mais sachez de l'ami discerner le flatteur :
Tel vous semble applaudir, qui vous raille et vous joue.
Aimez qu'on vous conseille, et non pas qu'on vous loue.

   Un flatteur aussitôt cherche à se récrier :
Chaque vers qu'il entend le fait extasier.
Tout est charmant, divin ; aucun mot ne le blesse :
Il trépigne de joie, il pleure de tendresse :
Il vous comble partout d'éloges fastueux.
La vérité n'a point cet air impétueux.

   Un sage ami, toujours rigoureux, inflexible,
Sur vos fautes jamais ne vous laisse paisible :
Il ne pardonne point les endroits négligés ;
Il renvoie en leur lieu les vers mal arrangés ;
Il réprime des mots l'ambitieuse emphase ;
Ici le sens le choque, et plus loin c'est la phrase :
Votre construction semble un peu s'obscurcir :
Ce terme est équivoque ; il le faut éclaircir.
C'est ainsi que vous parle un ami véritable.
Mais souvent sur ses vers un auteur intraitable

A les protéger tous se croit intéressé,
Et d'abord prend en main le droit de l'offensé.
De ce vers, direz-vous, l'expression est basse.
Ah! monsieur, pour ce vers je vous demande grâce,
Répondra-t-il d'abord. — Ce mot me semble froid,
Je le retrancherois. — C'est le plus bel endroit!
Ce tour ne me plaît pas. —Tout le monde l'admire!
Ainsi toujours constant à ne se point dédire,
Qu'un mot dans son ouvrage ait paru vous blesser,
C'est un titre chez lui pour ne point l'effacer.
Cependant, à l'entendre, il chérit la critique :
Vous avez sur ses vers un pouvoir despotique.
Mais tout ce beau discours dont il vient vous flatter
N'est rien qu'un piége adroit pour vous les réciter.
Aussitôt il vous quitte; et, content de sa muse,
S'en va chercher ailleurs quelque fat qu'il abuse :
Car souvent il en trouve. Ainsi qu'en sots auteurs,
Notre siècle est fertile en sots admirateurs ;
Et, sans ceux que fournit la ville et la province,
Il en est chez le duc, il en est chez le prince.
L'ouvrage le plus plat a, chez les courtisans,
De tout temps rencontré de zélés partisans ;
Et, pour finir enfin par un trait de satire,
Un sot trouve toujours un plus sot qui l'admire.

CHANT SECOND.

Telle qu'une bergère, au plus beau jour de fête,
De superbes rubis ne charge point sa tête,
Et, sans mêler à l'or l'éclat des diamans,
Cueille en un champ voisin ses plus beaux ornemens;
Telle, aimable en son air, mais humble dans son style,
Doit éclater sans pompe une élégante Idylle.
Son tour simple et naïf n'a rien de fastueux,
Et n'aime point l'orgueil d'un vers présomptueux.
Il faut que sa douceur flatte, chatouille, éveille,
Et jamais de grands mots n'épouvante l'oreille.
 Mais souvent dans ce style un rimeur aux abois
Jette là, de dépit, la flûte et le hautbois;
Et, follement pompeux, dans sa verve indiscrète,
Au milieu d'une Eglogue en tonne la trompette.
Craignez d'un vain plaisir les trompeuses amorces,
Et consultez long-temps votre esprit et vos forces.
 Au contraire cet autre, abject en son langage,
Fait parler ses bergers comme on parle au village.
Ses vers plats et grossiers, dépouillés d'agrément,
Toujours baisent la terre, et rampent tristement:
On diroit que Ronsard, sur ses pipeaux rustiques,
Vient encor fredonner ses idylles gothiques,
Et changer, sans respect de l'oreille et du son,
Lycidas en Pierrot, et Philis en Toinon.
 Entre ces deux excès la route est difficile.
Suivez, pour la trouver, Théocrite et Virgile:
Que leurs tendres écrits, par les Grâces dictés,
Ne quittent point vos mains, jour et nuit feuilletés.
Seuls, dans leurs doctes vers, ils pourront vous apprendre
Par quel art sans bassesse un auteur peut descendre;
Chanter Flore, les champs, Pomone, les vergers;
Au combat de la flûte animer deux bergers;

Des plaisirs de l'amour vanter la douce amorce ;
Changer Narcisse en fleur, couvrir Daphné d'écorce ;
Et par quel art encor l'Eglogue quelquefois
Rend dignes d'un consul (1) la campagne et les bois.
Telle est de ce poëme et la force et la grâce.

    D'un ton un peu plus haut, mais pourtant sans audace,
La plaintive Elégie, en longs habits de deuil,
Sait, les cheveux épars, gémir sur un cercueil.
Elle peint des amans la joie et la tristesse ;
Flatte, menace, irrite, apaise une maîtresse.
Mais, pour bien exprimer ces caprices heureux,
C'est peu d'être poëte, il faut être amoureux.

    Je hais ces vains auteurs dont la muse forcée
M'entretient de ses feux, toujours froide et glacée ;
Qui s'affligent par art, et, fous de sens rassis,
S'érigent, pour rimer, en amoureux transis.
Leurs transports les plus doux ne sont que phrases vaines :
Ils ne savent jamais que se charger de chaînes,
Que bénir leur martyre, adorer leur prison,
Et faire quereller le sens et la raison.
Ce n'étoit pas jadis sur ce ton ridicule
Qu'Amour dictoit les vers que soupiroit Tibulle,
Ou que, du tendre Ovide animant les doux sons,
Il donnoit de son art les charmantes leçons.
Il faut que le cœur seul parle dans l'Elégie.

    L'Ode, avec plus d'éclat, et non moins d'énergie :
Elevant jusqu'au ciel son vol ambitieux,
Entretient dans ses vers commerce avec les dieux.
Aux athlétes dans Pise (2) elle ouvre la barrière,
Chante un vainqueur poudreux au bout de la carrière,
Mène Achille sanglant aux bords du Simoïs,

---

(1) Virgile, églogue IV, v. 3.
(2) Pise en Elide, où l'on célébroit les jeux olympiques.

CHANT SECOND.

Ou fait fléchir l'Escaut sous le joug de Louis.
Tantôt, comme une abeille ardente à son ouvrage,
Elle s'en va de fleurs dépouiller le rivage :
Elle peint les festins, les danses, et les ris ;
Vante un baiser cueilli sur les lèvres d'Iris,
Qui mollement résiste, et, par un doux caprice,
Quelquefois le refuse, afin qu'on le ravisse (1).
Son style impétueux souvent marche au hasard :
Chez elle un beau désordre est un effet de l'art.

Loin ces rimeurs craintifs, dont l'esprit flegmatique
Garde dans ses fureurs un ordre didactique ;
Qui, chantant d'un héros les progrès éclatans,
Maigres historiens, suivront l'ordre des temps.
Ils n'osent un moment perdre un sujet de vue :
Pour prendre Dole, il faut que Lille soit rendue ;
Et que leur vers exact, ainsi que Mézeray,
Ait fait déjà tomber les remparts de Courtray.
Apollon de son feu leur fut toujours avare.

On dit, à ce propos, qu'un jour ce dieu bizarre,
Voulant pousser à bout tous les rimeurs français,
Inventa du Sonnet les rigoureuses lois ;
Voulut qu'en deux quatrains de mesure pareille
La rime avec deux sons frappât huit fois l'oreille ;
Et qu'ensuite six vers artistement rangés
Fussent en deux tercets par le sens partagés.
Surtout de ce poëme il bannit la licence :
Lui-même en mesura le nombre et la cadence ;
Défendit qu'un vers foible y pût jamais entrer,
Ni qu'un mot déjà mis osât s'y remontrer.
Du reste il l'enrichit d'une beauté suprême :
Un Sonnet sans défaut vaut seul un long poëme.

(1) Horace, ode 12, liv. II.

Mais en vain mille auteurs y pensent arriver ;
Et cet heureux phénix est encore à trouver.
A peine dans Gombaut, Mainard et Malleville,
En peut-on admirer deux ou trois entre mille :
Le reste, aussi peu lu que ceux de Pelletier
N'a fait de chez Sercy (1) qu'un saut chez l'épicier.
Pour enfermer son sens dans la borne prescrite
La mesure est toujours trop longue ou trop petite.

   L'Épigramme, plus libre en son tour plus borné,
N'est souvent qu'un bon mot de deux rimes orné.
Jadis de nos auteurs les pointes ignorées
Furent de l'Italie en nos vers attirées.
Le vulgaire, ébloui de leur faux agrément,
A ce nouvel appât courut avidement :
La faveur du public excitant leur audace,
Leur nombre impétueux inonda le Parnasse :
Le Madrigal d'abord en fut enveloppé ;
Le Sonnet orgueilleux lui-même en fut frappé ;
La Tragédie (2) en fit ses plus chères délices ;
L'Elégie en orna ses douloureux caprices ;
Un héros sur la scène eut soin de s'en parer,
Et sans pointe un amant n'osa plus soupirer ;
On vit tous les bergers, dans leurs plaintes nouvelles,
Fidelles à la pointe encor plus qu'à leurs belles ;
Chaque mot eut toujours deux visages divers :
La prose la reçut aussi bien que les vers ;
L'avocat au palais en hérissa son style,
Et le docteur (3) en chaire en sema l'évangile.
La raison outragée enfin ouvrit les yeux,
La chassa pour jamais des discours sérieux ;
Et, dans tous ces écrits la déclarant infâme,

(1) Libraire du palais. (2) La *Sylvie* de Mairet.
(3) Le P. André, augustin.

CHANT SECOND.

Par grâce lui laissa l'entrée en l'Epigramme,
Pourvu que sa finesse, éclatant à propos,
Roulât sur la pensée, et non pas sur les mots.
Ainsi de toutes parts les désordres cessèrent.
Toutefois à la cour les turlupins restèrent,
Insipides plaisans, bouffons infortunés,
D'un jeu de mots grossier partisans surannés.
Ce n'est pas quelquefois qu'une muse un peu fine
Sur un mot, en passant, ne joue et ne badine,
Et d'un sens détourné n'abuse avec succès :
Mais fuyez sur ce point un ridicule excès ;
Et n'allez pas toujours d'une pointe frivole
Aiguiser par la queue une Epigramme folle.

Tout poëme est brillant de sa propre beauté.
Le Rondeau, né gaulois, a la naïveté.
La Ballade, asservie à ses vieilles maximes,
Souvent doit tout son lustre au caprice des rimes.
Le Madrigal, plus simple, et plus noble en son tour,
Respire la douceur, la tendresse et l'amour.
L'ardeur de se montrer, et non pas de médire,
Arma la Vérité du vers de la Satire.
Lucile le premier osa la faire voir ;
Aux vices des Romains présenta le miroir ;
Vengea l'humble vertu, de la richesse altière,
Et l'honnête homme à pied, du faquin en litière.

Horace à cette aigreur mêla son enjouement :
On ne fut plus ni fat ni sot impunément ;
Et malheur à tout nom qui, propre à la censure,
Put entrer dans un vers sans rompre la mesure.

Perse, en ses vers obscurs mais serrés et pressans,
Affecta d'enfermer moins de mots que de sens.

Juvénal, élevé dans les cris de l'école,
Poussa jusqu'à l'excès sa mordante hyperbole.

Ses ouvrages, tout pleins d'affreuses vérités,
Etincellent pourtant de sublimes beautés :
Soit que (1) sur un écrit arrivé de Caprée
Il brise de Séjan la statue adorée ;
Soit (2) qu'il fasse au conseil courir les sénateurs,
D'un tyran soupçonneux pâles adulateurs ;
Ou que (3), poussant à bout la luxure latine,
Aux portefaix de Rome il vende Messaline.
Ses écrits pleins de feu par tout brillent aux yeux.
   De ces maîtres savans, disciple ingénieux,
Regnier seul, parmi nous, formé sur leurs modèles,
Dans son vieux style encore a des grâces nouvelles.
Heureux, si ses discours, craints du chaste lecteur,
Ne se sentoient des lieux où fréquentoit l'auteur ;
Et si du son hardi de ses rimes cyniques
Il n'alarmoit souvent les oreilles pudiques !
   Le latin, dans les mots, brave l'honnêteté :
Mais le lecteur français veut être respecté ;
Du moindre sens impur la liberté l'outrage,
Si la pudeur des mots n'en adoucit l'image.
Je veux dans la satire un esprit de candeur,
Et fuis un effronté qui prêche la pudeur.
   D'un trait de ce poëme, en bons mots si fertiles,
Le Français, né malin, forma le Vaudeville ;
Agréable indiscret, qui, conduit par le chant,
Passe de bouche en bouche, et s'accroît en marchant.
La liberté française en ses vers se déploie :
Cet enfant de plaisir veut naître dans la joie.
Toutefois n'allez pas, goguenard dangereux,
Faire Dieu le sujet d'un badinage affreux :
A la fin tous ces jeux, que l'athéisme élève,

---

(1) Satire 10. (2) Satire 4. (3) Satire 6.

CHANT SECOND.

Conduisent tristement le plaisant à la grève.
Il faut, même en chansons, du bon sens et de l'art :
Mais pourtant on a vu le vin et le hasard
inspirer quelquefois une muse grossière,
Et fournir, sans génie, un couplet à Linière.
Mais pour un vain bonheur qui vous a fait rimer,
Gardez qu'un sot orgueil ne vous vienne enfumer.
Souvent l'auteur altier de quelque chansonnette
Au même instant prend droit de se croire poëte :
Il ne dormira plus qu'il n'ait fait un sonnet ;
Il met tous les matins six impromptus au net.
Encore est-ce un miracle ; en ses vagues furies,
Si bientôt, imprimant ses sottes rêveries,
Il ne se fait graver au-devant du recueil,
Couronné de lauriers, par la main de Nanteuil (1).

(1) Fameux graveur.

CHANT TROISIÈME.

IL n'est point de serpent, ni de monstre odieux,
Qui, par l'art imité, ne puisse plaire aux yeux :
D'un pinceau délicat l'artifice agréable
Du plus affreux objet fait un objet aimable.
Ainsi, pour nous charmer, la Tragédie en pleurs
D'OEdipe tout sanglant (1) fit parler les douleurs,
D'Oreste parricide exprima les alarmes,
Et, pour nous divertir, nous arracha des larmes.
  Vous donc qui, d'un beau feu pour le théâtre épris,
Venez en vers pompeux y disputer le prix,
Voulez-vous sur la scène étaler des ouvrages
Où tout Paris en foule apporte ses suffrages,
Et qui, toujours plus beaux, plus ils sont regardés,
Soient au bout de vingt ans encor redemandés ?
Que dans tous vos discours la passion émue
Aille chercher le cœur, l'échauffe et le remue.
Si d'un beau mouvement l'agréable fureur
Souvent ne nous remplit d'une douce terreur,
Ou n'excite en notre ame une pitié charmante,
En vain vous étalez une scène savante :
Vos froids raisonnemens ne feront qu'attiédir
Un spectateur toujours paresseux d'applaudir,
Et qui, des vains efforts de votre réthorique
Justement fatigué, s'endort, ou vous critique.
Le secret est d'abord de plaire et de toucher :
Inventez des ressorts qui puissent m'attacher.
Que dès les premiers vers l'action préparée
Sans peine du sujet applanisse l'entrée.

(1) Sophocle.

CHANT TROISIEME.

Je me ris d'un acteur qui, lent à s'exprimer,
De ce qu'il veut, d'abord ne sait pas m'informer ;
Et qui, débrouillant mal une pénible intrigue,
D'un divertissement me fait une fatigue.
J'aimerois mieux encor qu'il déclinât son nom (1),
Et dit, je suis Oreste, ou bien Agamemnon,
Que d'aller, par un tas de confuses merveilles,
Sans rien dire à l'esprit, étourdir les oreilles :
Le sujet n'est jamais assez tôt expliqué.

Que le lieu de la scène y soit fixe et marqué.
Un rimeur, sans péril, delà les Pyrénées,
Sur la scène en un jour renferme des années :
Là souvent le héros d'un spectacle grossier,
Enfant au premier acte, est barbon au dernier.
Mais nous, que la raison à ses règles engage,
Nous voulons qu'avec art l'action se ménage ;
Qu'en un lieu, qu'en un jour, un seul fait accompli
Tienne jusqu'à la fin le théâtre rempli.

Jamais au spectateur n'offrez rien d'incroyable :
Le vrai peut quelquefois n'être pas vraisemblable.
Une merveille absurde est pour moi sans appas :
L'esprit n'est point ému de ce qu'il ne croit pas.
Ce qu'on ne doit point voir, qu'un récit nous l'expose :
Les yeux en le voyant saisiroient mieux la chose ;
Mais il est des objets que l'art judicieux
Doit offrir à l'oreille et reculer des yeux.

Que le trouble, toujours croissant de scène en scène,
A son comble arrivé se débrouille sans peine.
L'esprit ne se sent point plus vivement frappé
Que lorsqu'en un sujet d'intrigue enveloppé

(1) Il y a de pareils exemples dans Euripide.

D'un secret tout-à-coup la vérité connue
Change tout, donne à tout une face imprévue.

 La Tragédie, informe et grossière en naissant,
N'étoit qu'un simple chœur, où chacun en dansant,
Et du dieu des raisins entonnant les louanges,
S'efforçoit d'attirer de fertiles vendanges.
Là, le vin et la joie éveillant les esprits,
Du plus habile chantre un bouc étoit le prix.

 Thespis fut le premier qui, barbouillé de lie,
Promena par les bourgs (1) cette heureuse folie;
Et, d'acteurs mal ornés chargeant un tombereau,
Amusa les passans d'un spectacle nouveau.

 Eschyle dans le chœur jeta les personnages,
D'un masque plus honnête habilla les visages,
Sur les ais d'un théâtre en public exhaussé
Fit paroître l'acteur d'un brodequin chaussé.

 Sophocle enfin, donnant l'essor à son génie,
Accrut encor la pompe, augmenta l'harmonie,
Intéressa le chœur dans toute l'action,
Des vers trop raboteux polit l'expression,
Lui donna chez les Grecs cette hauteur divine (2)
Où jamais n'atteignit la foiblesse latine.

 Chez nos dévots aïeux le théâtre abhorré
Fut long-temps dans la France un plaisir ignoré.
De pélerins (3), dit-on, une troupe grossière
En public à Paris y monta la première;
Et, sottement zélée en sa simplicité,
Joua les Saints, la Vierge, et Dieu, par piété.
Le savoir, à la fin dissipant l'ignorance,
Fit voir de ce projet la dévote imprudence.

---

(1) Les bourgs de l'Attique.
(2) Voyez Quintilien, livre X, chap. 1.
(3) Leurs pièces furent imprimées.

On chassa ces docteurs prêchant sans mission ;
On vit renaître Hector, Andromaque, Ilion (1).
Seulement les acteurs laissant le masque antique (2),
Le violon tint lieu (3) de chœur et de musique.

    Bientôt l'amour, fertile en tendres sentimens,
S'empara du théâtre ainsi que des romans.
De cette passion la sensible peinture
Est pour aller au cœur la route la plus sûre.
Peignez donc, j'y consens, les héros amoureux ;
Mais ne m'en formez pas des bergers doucereux :
Qu'Achille aime autrement que Thyrsis et Philène ;
N'allez pas d'un Cyrus nous faire un Artamène ;
Et que l'amour, souvent de remords combattu,
Paroisse une foiblesse et non une vertu.

    Des héros de roman fuyez les petitesses :
Toutefois aux grands cœurs donnez quelques foiblesses.
Achille déplairoit, moins bouillant et moins prompt :
J'aime à lui voir verser des pleurs pour un affront.
A ces petits défauts marqués dans sa peinture,
L'esprit avec plaisir reconnoît la nature.
Qu'il soit sur ce modèle en vos écrits tracé :
Qu'Agamemnon soit fier, superbe, intéressé ;
Que pour ses dieux Enée ait un respect austère.
Conservez à chacun son propre caractère.
Des siècles, des pays, étudiez les mœurs :
Les climats font souvent les diverses humeurs.

    Gardez donc de donner, ainsi que dans Clélie,
L'air ni l'esprit français à l'antique Italie ;

---

(1) Ce ne fut que sous Louis XIII que la tragédie commença à prendre une bonne forme en France.
(2) Ce masque antique s'appliquoit sur le visage de l'acteur, et représentoit le personnage que l'on introduisoit sur la scène.
(3) *Esther* et *Athalie* ont montré combien on a perdu en supprimant les chœurs et la musique.

Et, sous des noms romains faisant notre portrait,
Peindre Caton galant, et Brutus dameret.
Dans un roman frivole aisément tout s'excuse ;
C'est assez qu'en courant la fiction amuse ;
Trop de rigueur alors seroit hors de saison :
Mais la scène demande une exacte raison ;
L'étroite bienséance y veut être gardée.

D'un nouveau personnage inventez-vous l'idée ?
Qu'en tout avec soi-même il se montre d'accord,
Et qu'il soit jusqu'au bout tel qu'on l'a vu d'abord.

Souvent, sans y penser, un écrivain qui s'aime
Forme tous ses héros semblables à soi-même :
Tout a l'humeur gasconne en un auteur gascon ;
Calprenède et Juba (1) parlent du même ton.

La nature est en nous plus diverse et plus sage ;
Chaque passion parle un différent langage :
La colère est superbe, et veut des mots altiers ;
L'abattement s'explique en des termes moins fiers.

Que devant Troie en flamme Hécube désolée
Ne vienne pas pousser une plainte ampoulée,
Ni sans raison décrire en quel affreux pays
Par sept bouches l'Euxin reçoit le Tanaïs (2).
Tous ces pompeux amas d'expressions frivoles
Sont d'un déclamateur amoureux des paroles.
Il faut dans la douleur que vous vous abaissiez :
Pour me tirer des pleurs, il faut que vous pleuriez.
Ces grands mots dont alors l'acteur emplit sa bouche
Ne partent point d'un cœur que sa misère touche.

Le théâtre, fertile en censeurs pointilleux,
Chez nous pour se produire est un champ périlleux.

---

(1) Héros de la *Cléopâtre.*
(2) Séneque le tragique, *Troade*, sc. I.

Un auteur n'y fait pas de faciles conquêtes ;
Il trouve à le siffler des bouches toujours prêtes :
Chacun le peut traiter de fat et d'ignorant ;
C'est un droit qu'à la porte on achète en entrant.
Il faut qu'en cent façons, pour plaire, il se replie ;
Que tantôt il s'élève et tantôt s'humilie ;
Qu'en nobles sentimens il soit par tout fécond ;
Qu'il soit aisé, solide, agréable, profond ;
Que de traits surprenans sans cesse il nous réveille ;
Qu'il coure dans ses vers de merveille en merveille ;
Et que tout ce qu'il dit, facile à retenir,
De son ouvrage en nous laisse un long souvenir.
Ainsi la Tragédie agit, marche, et s'explique.

D'un air plus grand encor la poësie Épique,
Dans le vaste récit d'une longue action,
Se soutient par la fable, et vit de fiction.
Là pour nous enchanter tout est mis en usage :
Tout prend un corps, une ame, un esprit, un visage.
Chaque vertu devient une divinité :
Minerve est la prudence, et Vénus la beauté ;
Ce n'est plus la vapeur qui produit le tonnerre,
C'est Jupiter armé pour effrayer la terre ;
Un orage terrible aux yeux des matelots,
C'est Neptune en courroux qui gourmande les flots ;
Echo n'est plus un son qui dans l'air retentisse,
C'est une nymphe en pleurs qui se plaint de Narcisse.
Ainsi, dans cet amas de nobles fictions,
Le poëte s'égaie en mille inventions,
Orne, élève, embellit, agrandit toutes choses,
Et trouve sous sa main des fleurs toujours écloses.
Qu'Enée et ses vaisseaux, par le vent écartés,
Soient aux bords africains d'un orage emportés ;
Ce n'est qu'une aventure ordinaire et commune,

Qu'un coup peu surprenant des traits de la fortune.
Mais que Junon, constante en son aversion,
Poursuive sur les flots les restes d'Ilion ;
Qu'Eole, en se faveur, les chassant d'Italie,
Ouvre aux vents mutinés les prisons d'Eolie ;
Que Neptune en courroux s'élevant sur la mer
D'un mot calme les flots, mette la paix dans l'air,
Délivre les vaisseaux, des syrtes les arrache :
C'est là ce qui surprend, frappe, saisit, attache.
Sans tous ces ornemens le vers tombe en langueur ;
La poësie est morte (1), ou rampe sans vigueur ;
Le poëte n'est plus qu'un orateur timide,
Qu'un froid historien d'une fable insipide.

C'est donc bien vainement que nos auteurs déçus,
Bannissant de leurs vers ces ornemens reçus,
Pensent faire agir Dieu, ses saints et ses prophètes,
Comme ces dieux éclos du cerveau des poëtes ;
Mettent à chaque pas le lecteur en enfer ;
N'offrent rien qu'Astaroth, Belzébuth, Lucifer.
De la foi d'un chrétien les mystères terribles
D'ornemens égayés ne sont point susceptibles :
L'évangile à l'esprit n'offre de tous côtés
Que pénitence à faire et tourmens mérités ;
Et de vos fictions le mélange coupable
Même à ses vérités donne l'air de la fable.
Et quel objet enfin à présenter aux yeux
Que le diable toujours hurlant contre les cieux (2),
Qui de votre héros veut rabaisser la gloire,
Et souvent avec Dieu balance la victoire !

----

(1) L'auteur avoit en vue Saint-Sorlin des Marets, qui a écrit contre la fable.
(2) Voyez le Tasse.

Le Tasse, dira-t-on, l'a fait avec succès.
Je ne veux point ici lui faire son procès :
Mais, quoique notre siècle à sa gloire publie,
Il n'eût point de son livre illustré l'Italie,
Si son sage héros, toujours en oraison,
N'eût fait que mettre enfin Satan à la raison ;
Et si Renaud, Argant, Tancrède et sa maîtresse,
N'eussent de son sujet égayé la tristesse.
 Ce n'est pas que j'approuve, en un sujet chrétien (1),
Un auteur follement idolâtre et païen.
Mais, dans une profane et riante peinture,
De n'oser de la fable employer la figure ;
De chasser les tritons de l'empire des eaux ;
D'ôter à Pan sa flûte, aux Parques leurs ciseaux ;
D'empêcher que Caron, dans la fatale barque,
Ainsi que le berger ne passe le monarque :
C'est d'un scrupule vain s'alarmer sottement,
Et vouloir aux lecteurs plaire sans agrément.
Bientôt ils défendront de peindre la Prudence,
De donner à Thémis ni bandeau ni balance,
De figurer aux yeux la Guerre au front d'airain,
Ou le Temps qui s'enfuit une horloge à la main ;
Et par tout des discours, comme une idolâtrie,
Dans leur faux zèle iront chasser l'Allégorie.
Laissons-les s'applaudir de leur pieuse erreur.
Mais pour nous, bannissons une vaine terreur ;
Et, fabuleux chrétiens, n'allons point, dans nos songes,
Du Dieu de vérité faire un Dieu de mensonges.
 La fable offre à l'esprit mille agrémens divers :
Là tous les noms heureux semblent nés pour les vers,
Ulysse, Agamemnon, Oreste, Idoménée,

---

1) Voyez l'Arioste.

Hélène, Ménélas, Pâris, Hector, Enée.
Oh ! le plaisant projet d'un poëte ignorant,
Qui de tant de héros va choisir Childebrand !
D'un seul nom quelquefois le son dur ou bizarre
Rend un poëme entier ou burlesque ou barbare.
 Voulez-vous long-temps plaire et jamais ne lasser ?
Faites choix d'un héros propre à m'intéresser,
En valeur éclatant, en vertus magnifique ;
Qu'en lui, jusqu'aux défauts, tout se montre héroïque ;
Que ses faits surprenans soient dignes d'être ouïs ;
Qu'il soit tel que César, Alexandre, ou Louis ;
Non tel que Polynice et son perfide (1) frère :
On s'ennuie aux exploits d'un conquérant vulgaire.
 N'offrez point un sujet d'incidens trop chargé.
Le seul courroux d'Achille, avec art ménagé,
Remplit abondamment une Iliade entière :
Souvent trop d'abondance appauvrit la matière.
 Soyez vif et pressé dans vos narrations :
Soyez riche et pompeux dans vos descriptions.
C'est là qu'il faut des vers étaler l'élégance :
N'y présentez jamais de basse circonstance.
N'imitez pas ce fou (2) qui, décrivant les mers,
Et peignant, au milieu de leurs flots entr'ouverts,
L'Hébreu sauvé du joug de ses injustes maîtres,
Met, pour le voir passer, les poissons (3) aux fenêtres ;
Peint le petit enfant qui va, saute, revient,
Et joyeux à sa mère offre un caillou qu'il tient.
Sur de trop vains objets c'est arrêter la vue.

---

(1). Polynice et Étéocle, frères ennemis, auteurs de la guerre de Thèbes. Voyez la *Thébaïde* de Stace.
 (2) Saint-Amand.
 (1) Les poissons ébahis les regardent passer.
       Moïse sauvé.

Donnez à votre ouvrage une juste étendue.
Que le début soit simple et n'ait rien d'affecté.
N'allez pas dès l'abord, sur Pégase monté,
Crier à vos lecteurs d'une voix de tonnerre :
Je chante le vainqueur des vainqueurs de la terre (1).
Que produira l'auteur après tous ces grands cris ?
La montagne en travail enfante une souris.
Oh ! que j'aime bien mieux cet auteur plein d'adresse
Qui, sans faire d'abord de si haute promesse,
Me dit d'un ton aisé, doux, simple, harmonieux :
Je chante les combats et cet homme pieux
Qui, des bords phrygiens conduit dans l'Ausonie,
Le premier aborda les champs de Lavinie !
Sa muse en arrivant ne met pas tout en feu,
Et, pour donner beaucoup, ne nous promet que peu ;
Bientôt vous la verrez, prodiguant les miracles,
Du destin des Latins prononcer les oracles ;
De Styx et d'Achéron peindre les noirs torrens,
Et déjà les Césars dans l'Elysée errans.

   De figures sans nombre égayez votre ouvrage ;
Que tout y fasse aux yeux une riante image :
On peut être à-la-fois et pompeux et plaisant ;
Et je hais un sublime ennuyeux et pesant ;
J'aime mieux Arioste et ses fables comiques,
Que ces auteurs toujours froids et mélancoliques,
Qui dans leur sombre humeur se croiroient faire affront,
Si les Grâces jamais leur déridoient le front.

   On diroit que pour plaire, instruit par la nature,
Homère ait à Vénus (2) dérobé sa ceinture.
Son livre est d'agrémens un fertile trésor :

---

(1) *Alaric*, poëme de Scuderi, liv. I.
(2) Iliade, liv. XIV.

Tout ce qu'il a touché se convertit en or ;
Tout reçoit dans ses mains une nouvelle grâce ;
Par tout il divertit, et jamais il ne lasse.
Une heureuse chaleur anime ses discours :
Il ne s'égare point en de trop longs détours.
Sans garder dans ses vers un ordre méthodique,
Son sujet de soi-même et s'arrange et s'explique :
Tout, sans faire d'apprêts, s'y prepare aisément ;
Chaque vers, chaque mot court à l'événement.
Aimez donc ses écrits, mais d'un amour sincère :
C'est avoir profité que de savoir s'y plaire.
 Un poëme excellent, où tout marche et se suit,
N'est pas de ces travaux qu'un caprice produit :
Il veut du temps, des soins ; et ce pénible ouvrage
Jamais d'un écolier ne fut l'apprentissage.
Mais souvent parmi nous un poëte sans art,
Qu'un beau feu quelquefois échauffa par hasard,
Enflant d'un vain orgueil son esprit chimérique,
Fièrement prend en main la trompette héroïque :
Sa muse déréglée, en ses vers vagabonds,
Ne s'élève jamais que par sauts et par bonds ;
Et son feu, dépourvu de sens et de lecture,
S'éteint à chaque pas faute de nourriture.
Mais en vain le public, prompt à le mépriser,
De son mérite faux le veut désabuser ;
Lui-même, applaudissant à son maigre génie,
Se donne par ses mains l'encens qu'on lui dénie :
Virgile, au prix de lui, n'a point d'invention ;
Homère n'entend point la noble fiction.
Si contre cet arrêt le siècle se rebelle,
A la postérité d'abord il en appelle :
Mais attendant qu'ici le bon sens de retour

Ramène triomphans ses ouvrages au jour ;
Leurs tas au magasin, cachés à la lumière,
Combattent tristement les vers et la poussière.
Laissons-les donc entre eux s'escrimer en repos ;
Et, sans nous égarer, suivons notre propos.

   Des succès fortunés du spectacle tragique
Dans Athènes naquit la Comédie antique.
Là le Grec, né moqueur, par mille jeux plaisans
Distilla le venin de ses traits médisans.
Aux accès insolens d'une bouffonne joie
La sagesse, l'esprit, l'honneur, furent en proie ;
On vit par le public un poëte avoué
S'enrichir aux dépens du mérite joué ;
Et Socrate par lui, dans un chœur de nuées (1),
D'un vil amas de peuple attirer les huées.
Enfin de la licence on arrêta le cours :
Le magistrat des lois emprunta le secours,
Et, rendant par édit les poëtes plus sages,
Défendit de marquer les noms et les visages.
Le théâtre perdit son antique fureur :
La Comédie apprit à rire sans aigreur,
Sans fiel et sans venin sut instruire et reprendre,
Et plut innocemment dans les vers de Ménandre.
Chacun, peint avec art dans ce nouveau miroir,
S'y vit avec plaisir, ou crut ne s'y point voir :
L'avare, des premiers, rit du tableau fidèle
D'un avare souvent tracé sur son modèle ;
Et mille fois un fat finement exprimé
Méconnut le portrait sur lui-même formé.

   Que la nature donc soit votre étude unique,

---

(1) Les *Nuées*, comédie d'Aristophane.

Auteurs qui prétendez aux honneurs du comique.
Quiconque voit bien l'homme, et, d'un esprit profond,
De tant de cœurs cachés a pénétré le fond ;
Qui sait bien ce que c'est qu'un prodigue, un avare,
Un honnête homme, un fat, un jaloux, un bizarre,
Sur une scène heureuse il peut les étaler,
Et les faire à nos yeux vivre, agir et parler.
Présentez-en par tout les images naïves ;
Que chacun y soit peint des couleurs les plus vives.
La nature, féconde en bizarres portraits,
Dans chaque ame est marquée à de différens traits ;
Un geste la découvre, un rien la fait paroître :
Mais tout esprit n'a pas des yeux pour la connoître.

 Le temps, qui change tout, change aussi nos humeurs :
Chaque âge a ses plaisirs, son esprit et ses mœurs.
 Un jeune homme, toujours bouillant dans ses caprices,
Est prompt à recevoir l'impression des vices :
Est vain dans ses discours, volage en ses désirs,
Rétif à la censure, et fou dans les plaisirs.
 L'âge viril, plus mûr, inspire un air plus sage,
Se pousse auprès des grands, s'intrigue, se ménage,
Contre les coups du sort songe à se maintenir,
Et loin dans le présent regarde l'avenir.
 La vieillesse chagrine incessamment amasse ;
Garde, non pas pour soi, les trésors qu'elle entasse ;
Marche en tous ses desseins d'un pas lent et glacé ;
Toujours plaint le présent et vante le passé ;
Inhabile aux plaisirs dont la jeunesse abuse,
Blâme en eux les douceurs que l'âge lui refuse.
 Ne faites point parler vos acteurs au hasard,
Un vieillard en jeune homme, un jeune homme en vieillard.
 Etudiez la cour, et connoissez la ville :

L'une et l'autre est toujours en modèles fertile.
C'est par-là que Molière, illustrant ses écrits,
Peut-être de son art eût remporté le prix,
Si, moins ami du peuple, en ses doctes peintures
Il n'eût point fait souvent grimacer ses figures,
Quitté, pour le bouffon, l'agréable et le fin,
Et sans honte à Térence allié Tabarin :
Dans ce sac ridicule où Scapin s'enveloppe
Je ne reconnois plus l'auteur du Misanthrope (1).

   Le Comique, ennemi des soupirs et des pleurs,
N'admet point en ses vers de tragiques douleurs ;
Mais son emploi n'est pas d'aller, dans une place,
De mots sales et bas charmer la populace :
Il faut que ses acteurs badinent noblement ;
Que son nœud bien formé se dénoue aisément ;
Que l'action, marchant où la raison la guide,
Ne se perde jamais dans une scène vide ;
Que son style humble et doux se relève à propos ;
Que ses discours, par tout fertiles en bons mots,
Soient pleins de passions finement maniées,
Et les scènes toujours l'une à l'autre liées.
Aux dépens du bon sens gardez de plaisanter :
Jamais de la nature il ne faut s'écarter.
Contemplez de quel air un père dans Térence (2)
Vient d'un fils amoureux gourmander l'imprudence ;
De quel air cet amant écoute ses leçons,
Et court chez sa maîtresse oublier ces chansons.
Ce n'est pas un portrait, une image semblable ;
C'est un amant, un fils, un père véritable.

(1) Comédie de Molière.
(2) Voyez Simon dans l'*Andrienne*, et Démée dans les *Adelphes*.

J'aime sur le théâtre un agréable auteur
Qui, sans se diffamer aux yeux du spectateur,
Plaît par la raison seule, et jamais ne la choque;
Mais pour un faux plaisant à grossière équivoque,
Qui pour me divertir n'a que la saleté,
Qu'il s'en aille, s'il le veut, sur deux treteaux monté,
Amusant le pont-neuf de ses sornettes fades,
Aux laquais assemblés jouer ses mascarades.

CHANT QUATRIÈME.

Dans Florence jadis vivoit un médecin,
Savant hableur, dit-on, et célèbre assassin.
Lui seul y fit long-temps la publique misère :
Là le fils orphelin lui redemande un père ;
Ici le frère pleure un frère empoisonné :
L'un meurt vide de sang, l'autre plein de séné :
Le rhume à son aspect se change en pleurésie,
Et par lui la migraine est bientôt frénésie.
Il quitte enfin la ville, en tous lieux détesté.
De tous ses amis morts un seul ami resté
Le mène en sa maison de superbe structure.
C'étoit un riche abbé, fou de l'architecture.
Le médecin d'abord semble né dans cet art,
Déjà de bâtimens parle comme Mansard :
D'un salon qu'on élève il condamne la face ;
Au vestibule obscur il marque une autre place ;
Approuve l'escalier tourné d'autre façon.
Son ami le conçoit, et mande son maçon.
Le maçon vient, écoute, approuve, et se corrige.
Enfin, pour abréger un si plaisant prodige,
Notre assassin renonce à son art inhumain ;
Et désormais, la règle et l'équerre à la main,
Laissant de Galien la science suspecte,
De méchant médecin devient bon architecte.

 Son exemple est pour nous un précepte excellent.
Soyez plutôt maçon, si c'est votre talent,
Ouvrier estimé dans un art nécessaire,
Qu'écrivain du commun, et poëte vulgaire.
Il est dans tout autre art des degrés différens,
On peut avec honneur remplir les seconds rangs ;
Mais, dans l'art dangereux de rimer et d'écrire,
Il n'est point de degrés du médiocre au pire :

— Qui dit *froid écrivain* dit *détestable auteur.*
Boyer (1) est à Pinchêne égal pour le lecteur ;
On ne lit guère plus Rampale et Ménardière,
Que Magnon(2), du Souhait(3), Corbin(4) et la Morlière(5).
Un fou du moins fait rire, et peut nous égayer :
Mais un froid écrivain ne sait rien qu'ennuyer.
J'aime mieux Bergerac (6) et sa burlesque audace
Que ces vers où Motin se morfond et nous glace.
  Ne vous enivrez point des éloges flatteurs
Qu'un amas quelquefois de vains admirateurs
Vous donne en ces réduits, prompts à crier : *Merveille!*
Tel écrit récité se soutint à l'oreille,
Qui, dans l'impression au grand jour se montrant,
Ne soutient pas des yeux le regard pénétrant (7).
On sait de cent auteurs l'aventure tragique :
Et Gombaud tant loué garde encor la boutique.
  Ecoutez tout le monde, assidu consultant :
Un fat quelquefois ouvre un avis important.
Quelques vers toutefois qu'Apollon vous inspire,
En tous lieux aussitôt ne courez pas les lire.
Gardez-vous d'imiter ce rimeur furieux (8),
Qui, de ses vains écrits lecteur harmonieux,
Aborde en récitant quiconque le salue,
Et poursuit de ses vers les passans dans la rue.
Il n'est temple si saint des anges respecté (9),
Qui soit contre sa muse un lieu de sûreté.

(1) Auteur médiocre.
(2) Magnon a composé un poëme fort long, intitulé l'*Encyclopédie.*
(3) Du Souhait avoit traduit l'Iliade en prose.
(4) Corbin avoit traduit la Bible mot à mot.
(5) La Morlière, méchant poëte.
(6) Cyrano de Bergerac, auteur du Voyage de la Lune.
(7) Chapelain. (8) Du Perrier.
(9) Il récita des vers à l'auteur, malgré lui, dans une église.

Je vous l'ai déjà dit, aimez qu'on vous censure,
Et, souple à la raison, corrigez sans murmure.
Mais ne vous rendez pas dès qu'un sot vous reprend.
 Souvent dans son orgueil un subtil ignorant
Par d'injustes dégoûts combat toute une pièce,
Blâme des plus beaux vers la noble hardiesse.
On a beau réfuter ses vains raisonnemens,
Son esprit se complaît dans ses faux jugemens ;
Et sa foible raison, de clarté dépourvue,
Pense que rien n'échappe à sa débile vue.
Ses conseils sont à craindre ; et, si vous les croyez,
Pensant fuir un écueil, souvent vous vous noyez.
 Faites choix d'un censeur solide et salutaire
Que la raison conduise et le savoir éclaire,
Et dont le crayon sûr d'abord aille chercher
L'endroit que l'on sent foible, et qu'on se veut cacher.
Lui seul éclaircira vos doutes ridicules,
De votre esprit tremblant levera les scrupules.
C'est lui qui vous dira, par quel transport heureux,
Quelquefois dans sa course un esprit vigoureux
Trop resserré par l'art, sort des règles prescrites,
Et de l'art même apprend à franchir leurs limites.
Mais ce parfait censeur se trouve rarement.
Tel excelle à rimer qui juge sottement :
Tel s'est fait par ses vers distinguer dans la ville,
Qui jamais de Lucain n'a distingué Virgile.
 Auteurs, prêtez l'oreille à mes instructions.
Voulez-vous faire aimer vos riches fictions ?
Qu'en savantes leçons votre muse fertile
Par tout joigne au plaisant le solide et l'utile.
Un lecteur sage fuit un vain amusement,
Et veut mettre à profit son divertissement.

Que votre ame et vos mœurs, peintes dans vos ouvrages,
N'offrent jamais de vous que de nobles images.
Je ne puis estimer ces dangereux auteurs
Qui de l'honneur, en vers, infâmes déserteurs,
Trahissant la vertu sur un papier coupable,
Aux yeux de leurs lecteurs rendent le vice aimable.

Je ne suis pas pourtant de ces tristes esprits
Qui, bannissant l'amour de tous chastes écrits,
D'un si riche ornement veulent priver la scène ;
Traitent d'empoisonneurs et Rodrigue et Chimène.
L'amour le moins honnête, exprimé chastement,
N'excite point en nous de honteux mouvement.
Didon a beau gémir et m'étaler ses charmes,
Je condamne sa faute, en partageant ses larmes.

Un auteur vertueux dans ses vers innocens,
Ne corrompt point le cœur en chatouillant les sens :
Son feu n'allume point de criminelle flamme.
Aimez donc la vertu, nourrissez-en votre ame :
En vain l'esprit est plein d'une noble vigueur ;
Le vers se sent toujours des bassesses du cœur.

Fuyez surtout, fuyez, ces basses jalousies,
Des vulgaires esprits malignes frénésies.
Un sublime écrivain n'en peut être infecté ;
C'est un vice qui suit la médiocrité.
Du mérite éclatant cette sombre rivale
Contre lui chez les grands incessamment cabale ;
Et, sur les pieds en vain tâchant de se hausser,
Pour s'égaler à lui cherche à le rabaisser.
Ne descendons jamais dans ces lâches intrigues :
N'allons point à l'honneur par de honteuses brigues :
Que les vers ne soient pas votre éternel emploi.
Cultivez vos amis, soyez homme de foi.
C'est peu d'être agréable et charmant dans un livre,

CHANT QUATRIÈME.

Il faut savoir encore et converser et vivre.
　Travaillez pour la gloire, et qu'un sordide gain
Ne soit jamais l'objet d'un illustre écrivain.
Je sais qu'un noble esprit peut, sans honte et sans crime,
Tirer de son travail un tribut légitime :
Mais je ne puis souffrir ces auteurs renommés
Qui, dégoûtés de gloire, et d'argent affamés,
Mettent leur Apollon aux gages d'un libraire,
Et font d'un art divin un métier mercenaire.
　Avant que la raison, s'expliquant par la voix,
Eût instruit les humains, eût enseigné des lois,
Tous les hommes suivoient la grossière nature,
Dispersés dans les bois couroient à la pâture ;
La force tenoit lieu de droit et d'équité ;
Le meurtre s'exerçoit avec impunité.
Mais du discours enfin l'harmonieuse adresse
De ces sauvages mœurs adoucit la rudesse,
Rassembla les humains dans les forêts épars,
Enferma les cités de murs et de remparts,
De l'aspect du supplice effraya l'insolence,
Et sous l'appui des lois mit la foible innocence :
Cet ordre fut, dit-on, le fruit des premiers vers.
De là sont nés ces bruits reçus dans l'univers,
Qu'aux accens dont Orphée emplit les monts de Thrace
Les tigres amollis dépouilloient leur audace ;
Qu'aux accords d'Amphion les pierres se mouvoient,
Et sur les murs thébains en ordre s'élevoient.
L'harmonie en naissant produisit ces miracles.
Depuis, le ciel en vers fit parler les oracles ;
Du sein d'un prêtre, ému d'une divine horreur,
Apollon par des vers exhala sa fureur.
Bientôt, ressuscitant les héros des vieux âges,
Homère aux grands exploits anima les courages.

Hésiode à son tour, par d'utiles leçons,
Des champs trop paresseux vint hâter les moissons.
En mille écrits fameux la sagesse tracée
Fut, à l'aide des vers, aux mortels annoncée ;
Et par tout des esprits ses préceptes vainqueurs,
Introduits par l'oreille, entrèrent dans les cœurs.
Pour tant d'heureux bienfaits les muses révérées
Furent d'un juste encens dans la Grèce honorées ;
Et leur art, attirant le culte des mortels,
A sa gloire en cent lieux vit dresser des autels.
Mais enfin, l'indigence amenant la bassesse,
Le Parnasse oublia sa première noblesse.
Un vil amour du gain, infectant les esprits,
De mensonges grossiers souilla tous les écrits ;
Et par tout, enfantant mille ouvrages frivoles,
Trafiqua du discours et vendit les paroles.

 Ne vous flétrissez point par un vice si bas.
Si l'or seul a pour vous d'invincibles appas,
Fuyez ces lieux charmans qu'arrose le permesse :
Ce n'est point sur ses bords qu'habite la richesse.
Aux plus savans auteurs, comme aux plus grands guerriers,
Apollon ne promet qu'un nom et des lauriers.

 Mais quoi ! dans la disette une muse affamée,
Ne peut pas, dira-t-on, subsister de fumée.
Un auteur qui, pressé d'un besoin importun,
Le soir entend crier ses entrailles à jeun,
Goûte peu d'Hélicon les douces promenades :
Horace a bu son soul, quand il voit les Ménades ;
Et, libre du souci qui trouble Colletet,
N'attend pas pour dîner, le succès d'un sonnet.

 Il est vrai : mais enfin cette affreuse disgrâce
Rarement parmi nous afflige le Parnasse.
Et que craindre en ce siècle, où toujours les beaux arts

CHANT QUATRIÈME.

D'un astre favorable éprouvent les regards ;
Où d'un prince éclairé la sage prévoyance
Fait par tout au mérite ignorer l'indigence ?
  Muses, dictez sa gloire à tous vos nourrissons :
Son nom vaut mieux pour eux, que toutes vos leçons.
Que Corneille, pour lui rallumant son audace,
Soit encor le Corneille et du Cid et d'Horace :
Que Racine, enfantant des miracles nouveaux,
De ses héros sur lui forme tous les tableaux :
Que de son nom, chanté par la bouche des belles,
Benserade en tous lieux amuse les ruelles :
Que Segrais dans l'églogue en charme les forêts ;
Que pour lui l'épigramme aiguise tous ses traits.
Mais quel heureux auteur, dans une autre Enéide,
Aux bords du Rhin tremblant conduira cet Alcide ?
Quelle savante lyre au bruit de ses exploits
Fera marcher encor les rochers et les bois ;
Chantera le Batave, éperdu dans l'orage,
Soi-même se noyant pour sortir du naufrage ;
Dira les bataillons sous Mastricht enterrés,
Dans ces affreux assauts du soleil éclairés ?
  Mais tandis que je parle, une gloire nouvelle
Vers ce vainqueur rapide aux Alpes vous appelle.
Déjà Dole et Salins (1) sous le joug ont ployé ;
Besançon fume encor sur son roc foudroyé.
Où sont ces grands guerriers dont les fatales ligues
Devoient à ce torrent opposer tant de digues ?
Est-ce encore en fuyant qu'ils pensent l'arrêter,
Fiers du honteux honneur d'avoir su l'éviter ?
Que de remparts détruits ! que de villes forcées !
Que de moissons de gloire en courant amassées !

(1) Places de la Franche-Comté, prises en plein hiver.

Auteurs, pour les chanter redoublez vos transports :
Le sujet ne veut pas de vulgaires efforts.
 Pour moi qui, jusqu'ici nourri dans la satire,
N'ose encor manier la trompette et la lyre,
Vous me verrez pourtant, dans ce champ glorieux,
Vous animer du moins de la voix et des yeux ;
Vous offrir ces leçons que ma muse au Parnasse
Rapporta, jeune encor, du commerce d'Horace ;
Seconder votre ardeur, échauffer vos esprits,
Et vous montrer de loin la couronne et le prix.
Mais aussi pardonnez si, plein de ce beau zèle,
De tous vos pas fameux observateur fidèle,
Quelquefois du bon or je sépare le faux,
Et des auteurs grossiers j'attaque les défauts :
Censeur un peu fâcheux, mais souvent nécessaire,
Plus enclin à blâmer, que savant à bien faire.

LE LUTRIN,
POËME HÉROÏ-COMIQUE.

AVIS AU LECTEUR.

IL seroit inutile maintenant de nier que le poëme suivant a été composé à l'occasion d'un différend assez léger, qui s'émut, dans une des plus célèbres églises de Paris, entre le trésorier et le chantre. Mais c'est tout ce qu'il y a de vrai. Le reste, depuis le commencement jusqu'à la fin, est une pure fiction : et tous les personnages y sont non-seulement inventés, mais j'ai eu soin même de les faire d'un caractère directement opposé au caractère de ceux qui desservent cette église, dont la plupart, et principalement les chanoines, sont tous gens, non-seulement d'une fort grande probité, mais de beaucoup d'esprit, et entre lesquels il y en a tel à qui je demanderois aussi volontiers son sentiment sur mes ouvrages, qu'à beaucoup de messieurs de l'académie. Il ne faut donc pas s'étonner si personne n'a été offensé de l'impression de ce poëme, puisqu'il n'y a en effet personne qui y soit véritablement attaqué. Un prodigue ne s'avise guère de s'offenser de voir rire d'un avare, ni un dévot de voir tourner en ridicule un libertin.

Je ne dirai point comment je fus engagé

à travailler à cette bagatelle sur une espèce de défi qui me fut fait en riant par feu M. le premier président de Lamoignon, qui est celui que j'y peins sous le nom d'*Ariste.* Ce détail, à mon avis, n'est pas fort nécessaire. Mais je croirois me faire un trop grand tort, si je laissois échapper cette occasion d'apprendre à ceux qui l'ignorent, que ce grand personnage, durant sa vie, m'a honoré de son amitié. Je commençai à le connoître dans le temps que mes satires faisoient le plus de bruit; et l'accès obligeant, qu'il me donna dans son illustre maison, fit avantageusement mon apologie contre ceux qui vouloient m'accuser alors de libertinage et de mauvaises mœurs. C'étoit un homme d'un savoir étonnant, et passionné admirateur de tous les bons livres de l'antiquité; et c'est ce qui lui fit plus aisément souffrir mes ouvrages, où il crut entrevoir quelque goût des anciens. Comme sa piété étoit sincère, elle étoit aussi fort gaie, et n'avoit rien d'embarrassant. Il ne s'effraya point du nom de *satire* que portoient ces ouvrages, où il ne vit en effet que des vers et des auteurs attaqués. Il me loua même plusieurs fois d'avoir purgé, pour ainsi dire, ce genre de poësie de la saleté qui lui avoit été jusqu'alors comme affectée. J'eus donc le bonheur de ne pas lui être désagréable. Il m'appela à tous ses plaisirs et à tous ses divertissemens ; c'est-à-dire, à ses lectures et à ses promenades. Il me favorisa même quelquefois de sa plus étroite confidence, et me fit voir à fond son ame entière. Et que n'y vis-je point ! Quel trésor surprenant de probité et de justice ! Quel fonds inépuisable de piété et de zèle ! Bien que sa vertu jetât un fort grand éclat au-dehors, c'étoit tout autre chose au-dedans ; et on voyoit bien qu'il avoit soin d'en tempérer les rayons, pour ne pas blesser les yeux d'un siècle aussi corrompu que le nôtre. Je fus sincèrement épris de tant de qualités admirables ; et s'il eut beaucoup de bonne volonté pour moi, j'eus aussi pour lui une très-forte attache. Les soins que je lui rendis ne furent mêlés d'aucune raison d'intérêt mercenaire ; et je songeai bien plus à profiter de sa conversation que de son crédit. Il mourut dans le temps que cette amitié étoit en son plus haut point ; et le souvenir de sa perte m'afflige encore tous les jours. Pourquoi faut-il que des hommes si dignes de vivre soient sitôt enlevés du monde, tandis que des misérables et des gens inutiles arrivent à une extrême vieillesse ! Je ne m'étendrai pas davantage sur un sujet si triste : car je sens bien que si je continuois à en parler, je ne pourrois m'empêcher de mouiller peut-être de larmes la préface d'un ouvrage de pure plaisanterie.

LE LUTRIN.

ARGUMENT.

LE *Trésorier remplit la première dignité du chapitre dont il est ici parlé, et il officie avec toutes les marques de l'épiscopat. Le Chantre remplit la seconde dignité. Il y avoit autrefois dans le chœur, à la place de celui-ci, un énorme pupitre ou lutrin, qui le couvroit presque tout entier. Il le fit ôter. Le Trésorier voulut le faire remettre. De-là arriva une dispute, qui fait le sujet de ce poëme.*

P. 265.

LE LUTRIN,
POËME HÉROÏ-COMIQUE.

CHANT PREMIER.

JE chante les combats, et ce prélat terrible,
Qui, par ses longs travaux et sa force invincible,
Dans une illustre église exerçant son grand cœur,
Fit placer à la fin un lutrin dans le chœur.
C'est en vain que le chantre, abusant d'un faux titre,
Deux fois l'en fit ôter par les mains du chapitre :
Ce prélat, sur le banc de son rival altier
Deux fois le reportant, l'en couvrit tout entier.
 Muse, redis-moi donc, quelle ardeur de vengeance,
De ces hommes sacrés rompit l'intelligence,
Et troubla si long-temps deux célèbres rivaux ?
Tant de fiel entre-t-il dans l'ame des dévots !
 Et toi, fameux héros (1), dont la sage entremise
De ce schime naissant débarrassa l'église,
Viens d'un regard heureux animer mon projet,
Et garde-toi de rire en ce grave sujet.
 PARMI les doux plaisirs d'une paix fraternelle
Paris voyoit fleurir son antique chapelle :
Ses chanoines vermeils et brillans de santé,
S'engraissoient d'une longue et sainte oisiveté ;
Sans sortir de leurs lits, plus doux que leurs hermines,
Ces pieux fainéans faisoient chanter matines,
Veilloient à bien dîner, et laissoient en leur lieu
A des chantres gagés le soin de louer Dieu :

(1) Le premier président de Lamoignon.

Quand la Discorde, encor toute noire de crimes,
Sortant des Cordeliers pour aller aux Minimes (1),
Avec cet air hideux qui fait frémir la Paix,
S'arrêta près d'un arbre au pied de son palais.
Là, d'un œil attentif, contemplant son empire,
A l'aspect du tumulte, elle-même s'admire.
Elle y voit par le coche et d'Evreux et du Mans
Accourir à grands flots ses fidelles Normands :
Elle y voit aborder le marquis, la comtesse,
Le bourgeois, le manant, le clergé, la noblesse;
Et par tout des plaideurs les escadrons épars
Faire autour de Thémis flotter ses étendards.
Mais une église seule à ses yeux immobile
Garde au sein du tumulte une assiette tranquille :
Elle seule la brave ; elle seule aux procès
De ses paisibles murs veut défendre l'accès.
La Discorde, à l'aspect d'un calme qui l'offense,
Fait siffler ses serpens, s'excite à la vengeance :
Sa bouche se remplit d'un poison odieux,
Et de longs traits de feu lui sortent par les yeux.

 Quoi ! dit-elle, d'un ton qui fit trembler les vîtres,
J'aurai pu jusqu'ici brouiller tous les chapitres,
Diviser Cordeliers, Carmes et Célestins ;
J'aurai fait soutenir un siége aux Augustins :
Et cette église seule, à mes ordres rebelle,
Nourrira dans son sein une paix éternelle !
Suis-je donc la Discorde ? et, parmi les mortels,
Qui voudra désormais encenser mes autels (2) ?

 A ces mots, d'un bonnet couvrant sa tête énorme,
Elle prend d'un vieux chantre et la taille et la forme :

---

(1) Il y eut de grandes brouilleries dans ces deux couvens, à l'occasion de quelques supérieurs qu'on y vouloit élire.
(2) Virgile, Enéide, liv. I. v. 52.

Elle

CHANT PREMIER.

Elle peint de bourgeons son visage guerrier,
Et s'en va de ce pas trouver le trésorier.

Dans le réduit obscur d'une alcove enfoncée
S'élève un lit de plume à grands frais amassée :
Quatre rideaux pompeux, par un double contour,
En défendent l'entrée à la clarté du jour.
Là, parmi les douceurs d'un tranquille silence,
Règne sur le duvet une heureuse indolence :
C'est là que le Prélat, muni d'un déjeûner,
Dormant d'un léger somme, attendoit le dîner.
La jeunesse en sa fleur brille sur son visage :
Son menton sur son sein descend à double étage ;
Et son corps ramassé dans sa courte grosseur
Fait gémir les coussins sous sa molle épaisseur.

La Déesse en entrant, qui voit la nappe mise,
Admire un si bel ordre, et reconnoît l'église ;
Et, marchant à grands pas vers le lieu du repos,
Au Prélat sommeillant elle adresse ces mots :

Tu dors, Prélat, tu dors, et là-haut à ta place
Le Chantre aux yeux du chœur étale son audace,
Chante les ORÉMUS, fait des processions,
Et répand à grands flots les bénédictions.
Tu dors ! attends-tu donc que, sans bulle et sans titre,
Il te ravisse encor le rochet et la mitre ?
Sors de ce lit oiseux qui te tient attaché,
Et renonce au repos, ou bien à l'évêché.

Elle dit, et, du vent de sa bouche profane,
Lui souffle avec ces mots l'ardeur de la chicane.
Le Prélat se réveille, et, plein d'émotion,
Lui donne toutefois la bénédiction.

Tel qu'on voit un taureau qu'une guêpe en furie
A piqué dans les flancs aux dépens de sa vie ;

Le superbe animal, agité de tourmens,
Exhale sa douleur en longs mugissemens :
Tel le fougueux Prélat, que ce songe épouvante,
Querelle en se levant et laquais et servante ;
Et d'un juste courroux rallumant sa vigueur,
Même avant le dîner, parle d'aller au chœur.
Le prudent Gilotin, son aumônier fidelle,
En vain par ses conseils sagement le rappelle ;
Lui montre le péril ; que midi va sonner ;
Qu'il va faire, s'il sort, refroidir le dîner.

 Quelle fureur, dit-il, quel aveugle caprice,
Quand le dîner est prêt, vous appelle à l'office ?
De votre dignité soutenez mieux l'éclat :
Est-ce pour travailler que vous êtes prélat ?
A quoi bon ce dégoût et ce zèle inutile ?
Est-il donc pour jeûner quatre-temps ou vigile ?
Reprenez vos esprits, et souvenez-vous bien
Qu'un dîner réchauffé ne valut jamais rien.

 Ainsi dit Gilotin ; et ce ministre sage
Sur table, au même instant, fait servir le potage.
Le Prélat voit la soupe, et plein d'un saint respect,
Demeure quelque temps muet à cet aspect.
Il cède, il dîne enfin : mais, toujours plus farouche,
Les morceaux trop hâtés se pressent dans sa bouche.
Gilotin en gémit, et, sortant de fureur,
Chez tous ses partisans va semer la terreur.
On voit courir chez lui leurs troupes éperdues,
Comme on voit marcher les bataillons de grues (1),
Quand le Pygmée altier, redoublant ses efforts,
De l'Hèbre (2) ou du Strymon (3) vient d'occuper les bords.

(1) Homère, Iliade, liv. III, v. 6.
(2) Fleuve de Thrace. (3) Fleuve de l'ancienne Thrace.

CHANT PREMIER.

A l'aspect imprévu de leur foule agréable,
Le Prélat radouci veut se lever de table :
La couleur lui renaît, sa voix change de ton ;
Il fait par Gilotin rapporter un jambon.
Lui-même le premier, pour honorer la troupe,
D'un vin pur et vermeil il fait remplir sa coupe ;
Il l'avale d'un trait : et, chacun l'imitant,
La cruche au large ventre est vide en un instant.
Sitôt que du nectar la troupe est abreuvée,
On dessert : et soudain, la nappe étant levée,
Le Prélat, d'une voix conforme à son malheur,
Leur confie en ces mots sa trop juste douleur :

   Illustres compagnons de mes longues fatigues,
Qui m'avez soutenu par vos pieuses ligues,
Et par qui, maître enfin d'un chapitre insensé,
Seul à MAGNIFICAT je me vois encensé ;
Souffrirez-vous toujours qu'un orgueilleux m'outrage ;
Que le Chantre à vos yeux détruise votre ouvrage,
Usurpe tous mes droits, et, s'égalant à moi,
Donne à votre lutrin et le ton et la loi ?
Ce matin même encor, ce n'est point un mensonge,
Une divinité me l'a fait voir en songe ;
L'insolent, s'emparant du fruit de mes travaux,
A prononcé pour moi le BENEDICAT VOS !
Oui, pour mieux m'égorger, il prend mes propres armes.

   Le Prélat à ces mots verse un torrent de larmes.
Il veut, mais vainement, poursuivre son discours ;
Ses sanglots redoublés en arrêtent le cours.
Le zélé Gilotin, qui prend part à sa gloire,
Pour lui rendre la voix fait rapporter à boire :
Quand Sidrac, à qui l'âge alonge le chemin,
Arrive dans la chambre, un bâton à la main.
Ce vieillard dans le chœur a déjà vu quatre âges :

Il sait de tous les temps les différens usages;
Et son rare savoir, de simple marguillier (1),
L'éleva par degrés au rang de chévecier (2).
A l'aspect du Prélat qui tombe en défaillance,
Il devine son mal, il se ride, il s'avance ;
Et d'un ton paternel réprimant ses douleurs:
  Laisse au Chantre, dit-il, la tristesse et les pleurs
Prélat ; et pour sauver tes droits et ton empire,
Ecoute seulement ce que le ciel m'inspire.
Vers cet endroit du chœur où le chantre orgueilleux
Montre, assis à ta gauche, un front si sourcilleux,
Sur ce rang d'ais serrés qui forment sa clôture
Fut jadis un lutrin d'inégale structure,
Dont les flancs élargis de leur vaste contour
Ombrageoient pleinement tous les lieux d'alentour.
Derrière ce lutrin, ainsi qu'au fond d'un antre,
A peine sur son banc on discernoit le Chantre :
Tandis qu'à l'autre banc le Prélat radieux,
Découvert au grand jour, attiroit tous les yeux.
Mais un démon, fatal à cette ample machine,
Soit qu'une main la nuit eût hâté sa ruine,
Soit qu'ainsi de tout temps l'ordonnât le destin,
Fit tomber à nos yeux le pupitre un matin.
J'eus beau prendre le ciel et le chantre à partie,
Il fallut l'emporter dans notre sacristie,
Où depuis trente hivers, sans gloire enseveli,
Il languit tout poudreux dans un honteux oubli.
Entends-moi donc, Prélat. Dès que l'ombre tranquille
Viendra d'un crêpe noir envelopper la ville,
Il faut que trois de nous, sans tumulte et sans bruit,
Partent à la faveur de la naissante nuit,

(1) C'est celui qui a soin des reliques.
(2) C'est celui qui a soin des chapes et de la cire.

Et, du lutrin rompu réunissant la masse,
Aillent d'un zèle adroit le remettre en sa place.
Si le Chantre demain ose le renverser,
Alors de cent arrêts tu le peux terrasser.
Pour soutenir tes droits, que le ciel autorise,
Abime tout plutôt: c'est l'esprit de l'église :
C'est par là qu'un prélat signale sa vigueur.
Ne borne pas ta gloire à prier dans un chœur :
Ces vertus dans Aleth peuvent être en usage ;
Mais dans Paris, plaidons ; c'est là notre partage.
Tes bénédictions dans le trouble croissant,
Tu pourras les répandre et par vingt et par cent ;
Et, pour braver le chantre en son orgueil extrême,
Les répandre à ses yeux ; et le bénir lui-même.

   Ce discours aussitôt frappe tous les esprits ;
Et le Prélat charmé l'approuve par des cris.
Il veut que, sur-le-champ, dans la troupe on choisisse
Les trois que Dieu destine à ce pieux office :
Mais chacun prétend part à cet illustre emploi.
Le sort, dit le Prélat, vous servira de loi (1).
Que l'on tire au billet ceux que l'on doit élire.
Il dit, on obéit, on se presse d'écrire.
Aussitôt trente noms, sur le papier tracés,
Sont au fond d'un bonnet par billets entassés.
Pour tirer ces billets avec moins d'artifice,
Guillaume, enfant du chœur, prête sa main novice :
Son front nouveau tondu, symbole de candeur,
Rougit, en approchant, d'une honnête pudeur.
Cependant le Prélat, l'œil au ciel, la main nue,
Bénit trois fois les noms, et trois fois les remue.
Il tourne le bonnet : l'enfant tire ; et Brontin
Est le premier des noms qu'apporte le destin.

(1) Homère, Iliade, liv. VII, v. 171.

Le Prélat en conçoit un favorable augure,
Et ce nom dans la troupe excite un doux murmure.
On se tait ; et bientôt on voit paroître au jour
Le nom, le fameux nom du perruquier Lamour (2).
Ce nouvel Adonis, à la blonde crinière,
Est l'unique souci d'Anne sa perruquière :
Ils s'adorent l'un l'autre ; et ce couple charmant
S'unit long-temps, dit-on, avant le sacrement :
Mais, depuis trois moissons, à leur saint assemblage
L'official a joint le nom de mariage.
Ce perruquier superbe est l'effroi du quartier,
Et son courage est peint sur son visage altier.
Un des noms reste encore, et le Prélat par grâce
Une dernière fois les brouille et les ressasse.
Chacun croit que son nom est le dernier des trois.
Mais que ne dis-tu point, ô puissant porte croix,
Boirude, sacristain, cher appui de ton maître,
Lorsqu'aux yeux du prélat tu vis ton nom paroître !
On dit que ton front jaune, et ton teint sans couleur,
Perdit en ce moment son antique pâleur ;
Et que ton corps goutteux, plein d'une ardeur guerrière,
Pour sauter au plancher fit deux pas en arrière.
Chacun bénit tout haut l'arbitre des humains,
Qui remet leur bon droit en de si bonnes mains.
Aussitôt on se lève ; et l'assemblée en foule,
Avec un bruit confus, par les portes s'écoule.
 Le Prélat resté seul calme un peu son dépit,
Et jusques au souper se couche et s'assoupit.

 (1) Molière a peint le caractère de cet homme dans son *Médecin malgré lui*, à la fin de la première scène, sur ce que Despréaux lui en avoit dit.

P. 263.

CHANT SECOND.

Cependant cet oiseau qui prône les merveilles (1),
Ce monstre composé de bouches et d'oreilles,
Qui, sans cesse volant de climats en climats,
Dit par tout ce qu'il sait et ce qu'il ne sait pas;
La Renommée enfin, cette prompte courrière,
Va d'un mortel effroi glacer la perruquière;
Lui dit que son époux, d'un faux zèle conduit,
Pour placer un lutrin doit veiller cette nuit.

   A ce triste récit, tremblante, désolée,
Elle accourt, l'œil en feu, la tête échevelée,
Et trop sûre d'un mal qu'on pense lui céler :

   Oses-tu bien encor, traître, dissimuler (2)?
Dit-elle : et ni la foi que ta main m'a donnée,
Ni nos embrassemens qu'a suivis l'hyménée,
Ni ton épouse enfin toute prête à périr,
Ne sauroient donc t'ôter cette ardeur de courir!
Perfide! si du moins, à ton devoir fidelle,
Tu veillois, pour orner quelque tête nouvelle!
L'espoir d'un juste gain consolant ma langueur
Pourroit de ton absence adoucir la longueur.
Mais quel zèle indiscret, quelle aveugle entreprise
Arme aujourd'hui ton bras en faveur d'une église?
Où vas-tu, cher époux? est-ce que tu me fuis?
As-tu donc oublié tant de si douces nuits?
Quoi! d'un œil sans pitié vois-tu couler mes larmes?
Au nom de nos baisers jadis si pleins de charmes,
Si mon cœur, de tout temps facile à tes desirs,
N'a jamais d'un moment différé tes plaisirs;
Si, pour te prodiguer mes plus tendres caresses,

(1) Enéide, liv. IV, v. 173.
(2) Enéide, liv. IV, v. 305.

Je n'ai point exigé ni sermens, ni promesses ;
Si toi seul à mon lit enfin eus toujours part ;
Diffère au moins d'un jour ce funeste départ.
 En achevant ces mots, cette amante enflammée
Sur un placet voisin tombe demi-pâmée.
Son époux s'en émeut, et son cœur éperdu
Entre deux passions demeure suspendu ;
Mais enfin rappelant son audace première :
Ma femme, lui dit-il d'une voix douce et fière,
Je ne veux point nier les solides bienfaits
Dont ton amour prodigue a comblé mes souhaits ;
Et le Rhin de ses flots ira grossir la Loire
Avant que tes faveurs sortent de ma mémoire.
Mais ne présume pas qu'en te donnant ma foi,
L'hymen m'ait pour jamais asservi sous ta loi.
Si le ciel en mes mains eût mis ma destinée,
Nous aurions fui tous deux le joug de l'hyménée,
Et, sans nous opposer ces devoirs prétendus,
Nous goûterions encor des plaisirs défendus.
Cesse donc à mes yeux d'étaler un vain titre :
Ne m'ôte pas l'honneur d'élever un pupitre ;
Et toi-même, donnant un frein à tes désirs,
Raffermis ma vertu qu'ébranlent tes soupirs.
Que te dirai-je enfin ? c'est le ciel qui m'appelle.
Une église, un prélat m'engage en sa querelle.
Il faut partir : j'y cours. Dissipe tes douleurs,
Et ne me trouble plus par ces indignes pleurs.
 Il la quitte à ces mots. Son amante effarée
Demeure le teint pâle, et la vue égarée :
La force l'abandonne ; et sa bouche, trois fois
Voulant le rappeler, ne trouve plus de voix.
Elle fuit, et, de pleurs inondant son visage,
Seule pour s'enfermer vole au cinquième étage.

CHANT SECOND.

Mais, d'un bouge prochain accourant à ce bruit,
Sa servante Alizon la rattrape et la suit.

Les ombres cependant, sur la ville épandues,
Du faîte des maisons descendent dans les rues (1),
Le souper hors du chœur chasse les chapelains,
Et de chantres buvans, les cabarets sont pleins.
Le redouté Brontin, que son devoir éveille,
Sort à l'instant, chargé d'une triple bouteille
D'un vin dont Gilotin, qui savoit tout prévoir,
Au sortir du conseil eut soin de le pourvoir.
L'odeur d'un jus si doux lui rend le faix moins rude.
Il est bientôt suivi du sacristain Boirude;
Et tous deux, de ce pas, s'en vont avec chaleur
Du trop lent perruquier réveiller la valeur.
Partons, lui dit Brontin : déjà le jour plus sombre,
Dans les eaux s'éteignant, va faire place à l'ombre.
D'où vient ce noir chagrin que je lis dans tes yeux ?
Quoi ! le pardon sonnant te retrouve en ces lieux !
Où donc est ce grand cœur dont tantôt l'alégresse
Sembloit du jour trop long accuser la paresse ?
Marche, et suis-nous du moins où l'honneur nous attend.

Le perruquier honteux rougit en l'écoutant.
Aussitôt de longs clous il prend une poignée :
Sur son épaule il charge une lourde coignée ;
Et derrière son dos, qui tremble sous le poids,
Il attache une scie en forme de carquois :
Il sort au même instant, il se met à leur tête.
A suivre ce grand chef l'un et l'autre s'apprête :
Leur cœur semble allumé d'un zèle tout nouveau ;
Brontin tient un maillet; et Boirude un marteau.
La lune, qui du ciel voit leur démarche altière,

---

(1) Virgile, églog. I, v. 83.

Retire en leur faveur sa paisible lumière.
La Discorde en sourit, et, les suivant des yeux,
De joie, en les voyant, pousse un cri dans les cieux.
L'air, qui gémit du cri de l'horrible déesse,
Va jusques dans Cîteaux réveiller la Mollesse.
C'est là qu'en un dortoir elle fait son séjour :
Les Plaisirs nonchalans folâtrent à l'entour ;
L'un pétrit dans un coin l'embonpoint des chanoines ;
L'autre broie en riant le vermillon des moines :
La Volupté la sert avec des yeux dévots ;
Et toujours le Sommeil lui verse des pavots.
Ce soir, plus que jamais, en vain il les redouble.
La Mollesse à ce bruit se réveille, se trouble :
Quand la Nuit, qui déjà va tout envelopper,
D'un funeste récit vient encor la frapper ;
Lui conte du Prélat l'entreprise nouvelle :
Aux pieds des murs sacrés d'une sainte chapelle,
Elle a vu trois guerriers, ennemis de la paix,
Marcher à la faveur de ses voiles épais :
La Discorde en ces lieux menace de s'accroître :
Demain avec l'Aurore un lutrin va paroître,
Qui doit y soulever un peuple de mutins.
Ainsi le ciel l'écrit au livre des destins.

  A ce triste discours, qu'un long soupir achève,
La Mollesse, en pleurant, sur un bras se relève ;
Ouvre un œil languissant, et, d'une foible voix,
Laisse tomber ces mots qu'elle interrompt vingt fois :
O Nuit ! que m'as-tu dit ? quel démon sur la terre
Souffle dans tous les cœurs la fatigue et la guerre ?
Hélas ! qu'est devenu ce temps, cet heureux temps,
Où les Rois s'honoroient du nom de fainéants,
S'endormoient sur le trône, et, me servant sans honte,
Laissoient leur sceptre aux mains ou d'un maire ou d'un comte !

CHANT SECOND.

Aucun soin n'approchoit de leur paisible cour :
On reposoit la nuit, on dormoit tout le jour.
Seulement au printemps, quand Flore dans les plaines
Faisoit taire des vents les bruyantes haleines,
Quatre bœufs attelés, d'un pas tranquille et lent,
Promenoient dans Paris le monarque indolent.
Ce doux siècle n'est plus. Le ciel impitoyable
A placé sur leur trône un prince infatigable.
Il brave mes douceurs, il est sourd à ma voix :
Tous les jours il m'éveille au bruit de ses exploits.
Rien ne peut arrêter sa vigilante audace :
L'été n'a point de feux, l'hiver n'a point de glace.
J'entends à son seul nom tous mes sujets frémir :
En vain deux fois la paix a voulu l'endormir ;
Loin de moi son courage, entraîné par la gloire,
Ne se plaît qu'à courir de victoire en victoire.
Je me fatiguerois à te tracer le cours
Des outrages cruels qu'il me fait tous les jours.
Je croyois, loin des lieux d'où ce prince m'exile,
Que l'église du moins m'assuroit un asyle.
Mais en vain j'espérois y régner sans effroi :
Moines, abbés, prieurs, tout s'arme contre moi.
Par mon exil honteux la Trappe (1) est ennoblie ;
J'ai vu dans Saint-Denys la réforme établie ;
Le Carme, le Feuillant, s'endurcit aux travaux ;
Et la règle déjà se remet dans Clairvaux.
Cîteaux dormoit encore, et la Sainte-Chapelle
Conservoit du vieux temps l'oisiveté fidelle :
Et voici qu'un lutrin, prêt à tout renverser,
D'un séjour si chéri vient encor me chasser !

(1) Abbaye de saint Bernard, dans laquelle l'abbé Armand Bouthillier de Rancé a mis la réforme.

O toi, de mon repos compagne aimable et sombre,
A de si noirs forfaits prêteras-tu ton ombre?
Ah! Nuit, si tant de fois, dans les bras de l'amour,
Je t'admis aux plaisirs que je cachois au jour,
Du moins ne permets pas... La Mollesse oppressée
Dans sa bouche à ce mot sent sa langue glacée ;
Et, lasse de parler, succombant sous l'effort,
Soupire, étend les bras, ferme l'œil, et s'endort.

P. 269.

CHANT TROISIÈME.

Mais la Nuit aussitôt de ses ailes affreuses
Couvre des Bourguignons les campagnes vineuses,
Revole vers Paris, et, hâtant son retour,
Déjà de Mont-Lhéri voit la fameuse tour (1).
Ses murs, dont le sommet se dérobe à la vue,
Sur la cime d'un roc s'alongent dans la nue,
Et, présentant de loin leur objet ennuyeux,
Du passant qui le fuit semblent suivre les yeux.
Mille oiseaux effrayans, mille corbeaux funèbres,
De ces murs désertés habitent les ténèbres.
Là, depuis trente hivers, un hibou retiré
Trouvoit contre le jour un refuge assuré.
Des désastres fameux ce messager fidelle
Sait toujours des malheurs la première nouvelle,
Et, tout prêt d'en semer le présage odieux,
Il attendoit la Nuit dans ces sauvages lieux.
Aux cris qu'à son abord vers le ciel il envoie,
Il rend tous ses voisins attristés de sa joie.
La plaintive Progné de douleur en frémit;
Et, dans les bois prochains, Philomèle en gémit.
Suis-moi, lui dit la Nuit. L'oiseau plein d'alégresse
Reconnoît à ce ton la voix de sa maîtresse.
Il la suit: et tous deux, d'un cours précipité,
De Paris à l'instant abordent la cité;
Là, s'élançant d'un vol que le vent favorise,
Ils montent au sommet de la fatale église.
La Nuit baisse la vue, et, du haut du clocher,
Observe les guerriers, les regarde marcher.
Elle voit le barbier qui, d'une main légère,

(1) Tour très-haute, à cinq lieues de Paris, sur le chemin d'Orléans.

Tient un verre de vin qui rit dans la fougère ;
Et chacun, tour-à-tour s'inondant de ce jus,
Célébrer, en buvant, Gilotin et Bacchus.
Ils triomphent, dit-elle, et leur ame abusée
Se promet dans mon ombre une victoire aisée :
Mais allons ; il est temps qu'ils connoissent la Nuit.
A ces mots, regardant le hibou qui la suit,
Elle perce les murs de la voûte sacrée ;
Jusqu'en la sacristie elle s'ouvre une entrée,
Et, dans le ventre creux du pupitre fatal,
Va placer de ce pas le sinistre animal.

Mais les trois champions, pleins de vin et d'audace,
Du palais cependant passent la grande place ;
Et, suivant de Bacchus les auspices sacrés,
De l'auguste chapelle ils montent les degrés.
Ils atteignoient déjà le superbe portique
Où Ribou le libraire, au fond de sa boutique,
Sous vingt fidèles clefs, garde et tient en dépôt
L'amas toujours entier des écrits de Haynaut:
Quand Boirude, qui voit que le péril approche,
Les arrête, et, tirant un fusil de sa poche,
Des veines d'un caillou (1), qu'il frappe au même instant,
Il fait jaillir un feu qui petille en sortant ;
Et bientôt, au brasier d'une mèche enflammée,
Montre, à l'aide du soufre, une cire allumée.
Cet astre tremblotant, dont le jour les conduit,
Est pour eux un soleil au milieu de la nuit.
Le temple à sa faveur est ouvert par Boirude :
Ils passent de la nef la vaste solitude,
Et dans la sacristie entrant, non sans terreur,
En percent jusqu'au fond la ténébreuse horreur.

(1) Virg. Géorg. liv. I, v. 135 ; et Enéide, liv. I, v. 178.

C'est là que du lutrin gît la machine énorme :
La troupe quelque temps en admire la forme.
Mais le barbier, qui tient les momens précieux :
Ce spectacle n'est pas pour amuser nos yeux,
Dit-il : le temps est cher, portons-le dans le temple ;
C'est là qu'il faut demain qu'un prélat le contemple.
Et, d'un bras, à ces mots, qui peut tout ébranler,
Lui-même, se courbant, s'apprête à le rouler.
Mais à peine il y touche (1), ô prodige incroyable !
Que du pupitre sort une voix effroyable.
Brontin en est ému ; le sacristain pâlit ;
Le perruquier commence à regretter son lit.
Dans son hardi projet toutefois il s'obstine ;
Lorsque des flancs poudreux de la vaste machine
L'oiseau sort en courroux, et, d'un cri menaçant,
Achève d'étonner le barbier frémissant :
De ses ailes dans l'air secouant la poussière,
Dans la main de Boirude il éteint la lumière.
Les guerriers à ce coup demeurent confondus ;
Ils regagnent la nef, de frayeur éperdus :
Sous leurs corps tremblotans leurs genoux s'affoiblissent ;
D'une subite horreur leurs cheveux se hérissent ;
Et bientôt, au travers des ombres de la nuit ;
Le timide escadron se dissipe et s'enfuit.

 Ainsi lorsqu'en un coin, qui leur tient lieu d'asyle,
D'écoliers libertins une troupe indocile,
Loin des yeux d'un préfet au travail assidu,
Va tenir quelquefois un brelan défendu :
Si du veillant Argus la figure effrayante
Dans l'ardeur du plaisir à leurs yeux se présente,
Le jeu cesse à l'instant, l'asyle est déserté,
Et tout fuit à grands pas le tyran redouté.

(1) Enéide, liv. III, v. 39.

LE LUTRIN.

La Discorde, qui voit leur honteuse disgrace,
Dans les airs cependant tonne, éclate, menace,
Et, malgré la frayeur dont leurs cœurs sont glacés,
S'apprête à réunir ses soldats dispersés.
Aussitôt de Sidrac elle emprunte l'image :
Elle ride son front, alonge son visage,
Sur un bâton noueux laisse courber son corps,
Dont la chicane semble animer les ressorts ;
Prend un cierge en sa main, et, d'une voix cassée,
Vient ainsi gourmander la troupe terrassée :
    Lâches, où fuyez-vous ? quelle peur vous abat ?
Aux cris d'un vil oiseau vous cédez sans combat !
Où sont ces beaux discours jadis si pleins d'audace ?
Craignez-vous d'un hibou l'impuissante grimace ?
Que feriez-vous, hélas ! si quelque exploit nouveau
Chaque jour, comme moi, vous traînoit au barreau ;
S'il falloit, sans amis, briguant une audience,
D'un magistrat glacé soutenir la présence,
Ou, d'un nouveau procès hardi solliciteur,
Aborder sans argent un clerc de rapporteur ?
Croyez-moi, mes enfans, je vous parle à bon titre ;
J'ai moi seul autrefois plaidé tout un chapitre ;
Et le barreau n'a point de monstres si hagards,
Dont mon œil n'ait cent fois soutenu les regards.
Tous les jours sans trembler j'assiégeois leurs passages.
L'église étoit alors fertile en grands courages :
Le moindre d'entre nous, sans argent, sans appui,
Eût plaidé le Prélat, et le Chantre avec lui.
Le monde, de qui l'âge avance les ruines,
Ne peut plus enfanter de ces ames divines (1) :
Mais que vos cœurs, du moins, imitant leurs vertus,

---

(1) Iliade, liv. I. Discours de Nestor.

De.

CHANT TROISIÈME.

De l'aspect d'un hibou ne soient pas abattus.
Songez quel déshonneur va souiller votre gloire,
Quand le Chantre demain entendra sa victoire.
Vous verrez tous les jours le chanoine insolent,
Au seul mot de *hibou*, vous sourire en parlant.
Votre ame, à ce penser, de colère murmure :
Allez donc de ce pas en prévenir l'injure ;
Méritez les lauriers qui vous sont réservés,
Et ressouvenez-vous quel Prélat vous servez.
Mais déjà la fureur dans vos yeux étincelle :
Marchez, courez, volez où l'honneur vous appelle.
Que le Prélat, surpris d'un changement si prompt,
Apprenne la vengeance aussitôt que l'affront.
 En achevant ces mots, la Déesse guerrière
De son pied trace en l'air un sillon de lumière;
Rend aux trois champions leur intrépidité,
Et les laisse tout pleins de sa divinité.
 C'est ainsi, grand Condé, qu'en ce combat célèbre (1)
Où ton bras fit trembler le Rhin, l'Escaut et l'Ebre,
Lorsqu'aux plaines de Lens nos bataillons poussés
Furent presque à tes yeux ouverts et renversés,
Ta valeur, arrêtant les troupes fugitives,
Rallia d'un regard leurs cohortes craintives ;
Répandit dans leurs rangs ton esprit belliqueux,
Et força la victoire à te suivre avec eux.
 La colère à l'instant succèdant à la crainte,
Ils rallument le feu de leur bougie éteinte :
Ils rentrent ; l'oiseau sort : l'escadron raffermi
Rit du honteux départ d'un si foible ennemi.
Aussitôt dans le chœur la machine emportée
Est sur le banc du Chantre à grand bruit remontée.

(1) En 1648.

Ses ais demi-pourris, que l'âge a relâchés,
Sont à coups de maillet unis et rapprochés.
Sous les coups redoublés tous les bancs retentissent;
Les murs en sont émus; les voûtes en mugissent,
Et l'orgue même en pousse un long gémissement.

Que fais-tu, Chantre; hélas! dans ce triste moment?
Tu dors d'un profond somme; et ton cœur sans alarmes
Ne sait pas qu'on bâtit l'instrument de tes larmes!
Oh! que si quelque bruit, par un heureux réveil,
T'annonçoit du lutrin le funeste appareil;
Avant que de souffrir qu'on en posât la masse,
Tu viendrois en apôtre expirer dans ta place;
Et, martyr glorieux d'un point d'honneur nouveau,
Offrir ton corps aux clous et ta tête au marteau.

Mais déjà sur ton banc la machine enclavée
Est, durant ton sommeil, à ta honte élevée.
Le sacristain achève en deux coups de rabot;
Et le pupitre enfin tourne sur son pivot.

P. 275.

CHANT QUATRIÈME.

Les cloches, dans les airs, de leurs voix argentines,
Appeloient à grand bruit les chantres à matines;
Quand leur chef (1), agité d'un sommeil effrayant,
Encor tout en sueur, se réveille en criant.
Aux élans redoublés de sa voix douloureuse,
Tous ses valets tremblans quittent la plume oiseuse :
Le vigilant Girot court à lui le premier.
C'est d'un maître si saint le plus digne officier;
La porte dans le chœur à sa garde est commise :
Valet souple au logis, fier huissier à l'église.
 Quel chagrin, lui dit-il, trouble votre sommeil?
Quoi! voulez-vous au chœur prévenir le soleil?
Ah! dormez, et laissez à des chantres vulgaires
Le soin d'aller sitôt mériter leurs salaires.
 Ami, lui dit le Chantre encor pâle d'horreur,
N'insulte point, de grâce, à ma juste terreur :
Mêle plutôt ici tes soupirs à mes plaintes,
Et tremble en écoutant le sujet de mes craintes.
Pour la seconde fois un sommeil gracieux
Avoit sous ses pavots appesanti mes yeux :
Quand, l'esprit enivré d'une douce fumée,
J'ai cru remplir au chœur ma place accoutumée.
Là, triomphant aux yeux des chantres impuissans,
Je bénissois le peuple, et j'avalois l'encens :
Lorsque du fond caché de notre sacristie
Une épaisse nuée à longs flots est sortie,
Qui, s'ouvrant à mes yeux, dans son bleuâtre éclat
M'a fait voir un serpent conduit par le Prélat.
Du corps de ce dragon, plein de soufre et de nitre,
Une tête sortoit en forme de pupitre,

(1) Le grand Chantre.

Dont le triangle affreux, tout hérissé de crins,
Surpassoit en grosseur nos plus épais lutrins.
Animé par son guide, en sifflant il s'avance :
Contre moi sur mon banc je le vois qui s'élance.
J'ai crié, mais en vain : et, fuyant sa fureur,
Je me suis réveillé plein de trouble et d'horreur.

 Le Chantre, s'arrêtant à cet endroit funeste,
A ses yeux effrayés laisse dire le reste.
Girot en vain l'assure, et, riant de sa peur,
Nomme sa vision l'effet d'une vapeur :
Le désolé vieillard, qui hait la raillerie,
Lui défend de parler, sort du lit en furie.
On apporte à l'instant ses somptueux habits,
Où sur l'ouate molle éclate le tabis.
D'une longue soutane il endosse la moire,
Prend ses gants violets, les marques de sa gloire ;
Et saisit, en pleurant, ce rochet qu'autrefois
Le Prélat trop jaloux lui rogna de trois doigts.
Aussitôt d'un bonnet ornant sa tête grise,
Déjà l'aumuce en main il marche vers l'église ;
Et, hâtant de ses ans l'importune langueur,
Court, vole, et, le premier, arrive dans le chœur.

 O toi qui, sur ces bords qu'une eau dormante mouille,
Vis combattre autrefois le rat et la grenouille (1),
Qui, par les traits hardis d'un bizarre pinceau,
Mis l'Italie en feu pour la perte d'un sceau (2) ;
Muse, prête à ma bouche une voix plus sauvage,
Pour chanter le dépit, la colère, la rage,
Que le Chantre sentit allumer dans son sang
A l'aspect du pupitre élevé sur son banc,

---

(1) Homère a fait le poëme de la Guerre des rats et des grenouilles.
(2) *La Secchia rapita*, poëme italien.

CHANT QUATRIÈME.

D'abord pâle et muet, de colère immobile,
A force de douleur, il demeura tranquille :
Mais sa voix s'échappant au travers des sanglots
Dans sa bouche à la fin fit passage à ces mots :
  La voilà donc, Girot, cette hydre épouvantable
Que m'a fait voir un songe, hélas ! trop véritable !
Je le vois ce dragon tout prêt à m'égorger,
Ce pupitre fatal qui me doit ombrager !
Prélat, que t'ai-je fait ? quelle rage envieuse
Rend pour me tourmenter ton ame ingénieuse ?
Quoi ! même dans ton lit, cruel, entre deux draps,
Ta profane fureur ne se repose pas !
O ciel ! quoi ! sur mon banc une honteuse masse
Désormais me va faire un cachot de ma place !
Inconnu dans l'église, ignoré dans ce lieu,
Je ne pourrai donc plus être vu que de Dieu !
Ah ! plutôt qu'un moment cet affront m'obscurcisse,
Renonçons à l'autel, abandonnons l'office ;
Et, sans lasser le ciel par des chants superflus,
Ne voyons plus un chœur où l'on ne nous voit plus.
Sortons..... Mais cependant mon ennemi tranquille
Jouira sur son banc de ma rage inutile,
Et verra dans le chœur le pupitre exhaussé
Tourner sur le pivot où sa main l'a placé !
Non, s'il n'est abattu, je ne saurois plus vivre.
A moi Girot, je veux que mon bras m'en délivre.
Périssons, s'il le faut : mais de ses ais brisés
Entraînons, en mourant, les restes divisés.
  A ces mots, d'une main par la rage affermie,
Il saisissoit déjà la machine ennemie,
Lorsqu'en ce sacré lieu, par un heureux hasard,
Entrent Jean le choriste, et le sonneur Girard,
Deux Manseaux renommés, en qui l'expérience

Pour les procès est jointe à la vaste science.
L'un et l'autre aussitôt prend part à son affront.
Toutefois condamnant un mouvement trop prompt,
Du lutrin, disent-ils, abattons la machine:
Mais ne nous chargeons pas tous seuls de sa ruine;
Et que tantôt, aux yeux du chapitre assemblé,
Il soit sous trente mains en plein jour accablé.

 Ces mots des mains du Chantre arrachent le pupitre.
J'y consens, leur dit-il ; assemblons le chapitre.
Allez donc de ce pas, par de saints hurlemens,
Vous-mêmes appeler les chanoines dormans.
Partez. Mais ce discours les surprend et les glace.
Nous ! qu'en ce vain projet, pleins d'une folle audace,
Nous allions, dit Girard, la nuit nous engager !
De notre complaisance osez-vous l'exiger ?
Hé ! seigneur ! quand nos cris pourroient du fond des rues,
De leurs appartemens, percer les avenues,
Réveiller ces valets autour d'eux étendus,
De leur sacré repos ministres assidus,
Et pénétrer des lits au bruit inaccessibles ;
Pensez-vous, au moment que les ombres paisibles
A ces lits enchanteurs ont su les attacher,
Que la voix d'un mortel les en puisse arracher ?
Deux chantres feront-ils, dans l'ardeur de vous plaire,
Ce que depuis trente ans six cloches n'ont pu faire ?

 Ah ! je vois bien où tend tout ce discours trompeur,
Reprend le chaud vieillard : le Prélat vous fait peur.
Je vous ai vus cent fois, sous sa main bénissante,
Courber servilement une épaule tremblante.
Hé bien ! allez ; sous lui fléchissez les genoux :
Je saurai réveiller les chanoines sans vous.
Viens, Girot, seul ami qui me reste fidelle :

CHANT QUATRIÈME.

Prenons du saint jeudi la bruyante crecelle (1).
Suis-moi. Qu'à son lever le soleil aujourd'hui
Trouve tout le chapitre éveillé devant lui.

   Il dit. Du fond poudreux d'une armoire sacrée
Par les mains de Girot la crecelle est tirée.
Ils sortent à l'instant, et, par d'heureux efforts,
Du lugubre instrument font crier les ressorts.
Pour augmenter l'effroi, la Discorde infernale
Monte dans le palais, entre dans la grand'salle,
Et, du fond de cet antre, au travers de la nuit,
Fait sortir le démon du tumulte et du bruit.
Le quartier alarmé n'a plus d'yeux qui sommeillent;
Déjà de toutes parts les chanoines s'éveillent:
L'un croit que le tonnerre est tombé sur les toits,
Et que l'église brûle une seconde fois (2);
L'autre, encore agité de vapeurs plus funèbres,
Pense être au jeudi saint, croit que l'on dit ténèbres,
Et déjà tout confus, tenant midi sonné,
En soi-même frémit de n'avoir point dîné.

   Ainsi, lorsque tout prêt à briser cent murailles
Louis, la foudre en main, abandonnant Versailles,
Au retour du soleil et des zéphirs nouveaux,
Fait dans les champs de Mars déployer ses drapeaux;
Au seul bruit répandu de sa marche étonnante,
Le Danube s'émeut, le Tage s'épouvante,
Bruxelle attend le coup qui la doit foudroyer,
Et le Batave encore est prêt à se noyer.

   Mais en vain dans leurs lits un juste effroi les presse:
Aucun ne laisse encor la plume enchanteresse.

---

   (1) Instrument dont on se sert le jeudi saint au lieu de cloches.
   (2) Le toit de la sainte Chapelle fut brûlé en 1618.

Pour les en arracher Girot s'inquiétant
Va crier qu'au chapitre un repas les attend.
Ce mot dans tous les cœurs répand la vigilance :
Tout s'ébranle, tout sort, tout marche en diligence.
Ils courent au chapitre, et chacun se pressant
Flatte d'un doux espoir son appétit naissant.
Mais, ô d'un déjeûner vaine et frivole attente !
A peine ils sont assis, que, d'une voix dolente,
Le Chantre désolé, lamentant son malheur,
Fait mourir l'appétit et naître la douleur.
Le seul chanoine Evrard, d'abstinence incapable,
Ose encor proposer qu'on apporte la table.
Mais il a beau presser, aucun ne lui répond :
Quand, le premier rompant ce silence profond,
Alain tousse, et se lève ; Alain, ce savant homme,
Qui de Bauny vingt fois a lu toute la somme,
Qui possède Abéli, qui sait tout Raconis,
Et même entend, dit-on, le latin d'A-Kempis.

N'en doutez point, leur dit ce savant canoniste,
Ce coup part, j'en suis sûr, d'une main janséniste.
Mes yeux en sont témoins : j'ai vu moi-même hier
Entrer chez le Prélat le chapelain Garnier.
Arnauld, cet hérétique ardent à nous détruire,
Par ce ministre adroit tente de le séduire :
Sans doute il aura lu dans son saint Augustin
Qu'autrefois Saint Louis érigea ce lutrin ;
Il va nous inonder des torrens de sa plume.
Il faut, pour lui répondre, ouvrir plus d'un volume.
Consultons sur ce point quelque auteur signalé ;
Voyons si des lutrins Bauny n'a point parlé ;
Etudions enfin, il en est temps encore ;
Et, pour ce grand projet, tantôt dès que l'aurore

Rallumera le jour dans l'onde enseveli,
Que chacun prenne en main le moelleux Abéli (1).

Ce conseil imprévu de nouveau les étonne:
Surtout le gras Evrard d'épouvante en frissonne.
Moi, dit-il, qu'à mon âge, écolier tout nouveau,
J'aille pour un lutrin me troubler le cerveau!
O le plaisant conseil! Non, non, songeons à vivre:
Va maigrir, si tu veux, et sécher sur un livre.
Pour moi, je lis la bible autant que l'alcoran:
Je sais ce qu'un fermier nous doit rendre par an;
Sur quelle vigne à Reims nous avons hypothéque:
Vingt muids rangés chez moi font ma bibliothèque.
En plaçant un pupitre on croit nous rabaisser:
Mon bras seul sans latin saura le renverser.
Que m'importe qu'Arnauld me condamne ou m'approuve?
J'abats ce qui me nuit par tout où je le trouve:
C'est là mon sentiment. A quoi bon tant d'apprêts?
Du reste déjeûnons, messieurs, et buvons frais.

Ce discours, que soutient l'embonpoint du visage,
Rétablit l'appétit, réchauffe le courage:
Mais le chantre surtout en paroît rassuré.
Oui, dit-il, le pupitre a déjà trop duré.
Allons sur sa ruine assurer ma vengeance:
Donnons à ce grand œuvre une heure d'abstinence;
Et qu'au retour tantôt un ample déjeûner
Long-temps nous tienne à table, et s'unisse au dîner.

Aussitôt il se lève, et la troupe fidèle
Par ces mots attirans sent redoubler son zèle.
Ils marchent droit au chœur d'un pas audacieux;
Et bientôt le lutrin se fait voir à leurs yeux.

(1) Fameux auteur, qui a fait la *Moëlle théologique* (*Medulla theologica*).

A ce terrible objet aucun d'eux ne consulte,
Sur l'ennemi commun ils fondent en tumulte,
Ils sapent le pivot, qui se défend en vain;
Chacun sur lui d'un coup veut honorer sa main.
Enfin sous tant d'efforts la machine succombe,
Et son corps entr'ouvert chancèle, éclate, et tombe :
Tel sur les monts glacés des farouches Gelons (1)
Tombe un chêne battu des voisins aquilons;
Ou tel, abandonné de ses poutres usées,
Fond enfin un vieux toit sous ses tuiles brisées.
La masse est emportée, et ses ais arrachés
Sont aux yeux des mortels chez le Chantre cachés.

(1) Peuples de Sarmatie, voisins de Borysthène.

P. 283.

CHANT CINQUIÈME.

L'Aurore cependant, d'un juste effroi troublée,
Des chanoines levés voit la troupe assemblée,
Et contemple long-temps, avec des yeux confus,
Ces visages fleuris qu'elle n'a jamais vus.
Chez Sidrac aussitôt Brontin d'un pied fidelle
Du pupitre abattu va porter la nouvelle.
Le vieillard de ses soins bénit l'heureux succès,
Et sur un bois détruit bâtit mille procès.
L'espoir d'un doux tumulte échauffant son courage,
Il ne sent plus le poids ni les glaces de l'âge;
Et chez le trésorier, de ce pas, à grand bruit,
Vient étaler au jour les crimes de la nuit.
Au récit imprévu de l'horrible insolence,
Le Prélat hors du lit impétueux s'élance,
Vainement d'un breuvage à deux mains apporté
Gilotin avant tout le veut voir humecté:
Il veut partir à jeun. Il se peigne, il s'apprête;
L'ivoire trop hâté deux fois rompt sur sa tête,
Et deux fois de sa main le buis tombe en morceaux:
Tel Hercule filant rompoit tous les fuseaux.
Il sort demi-paré. Mais déjà sur sa porte
Il voit de saints guerriers une ardente cohorte,
Qui tous, remplis pour lui d'une égale vigueur,
Sont prêts, pour le servir, à déserter le chœur.
Mais le vieillard condamne un projet inutile.
Nos destins sont, dit-il, écrits chez la Sibylle:
Son antre n'est pas loin; allons la consulter,
Et subissons la loi qu'elle nous va dicter.
Il dit: à ce conseil, où la raison domine,
Sur ses pas au barreau la troupe s'achemine,
Et bientôt, dans le temple, entend, non sans frémir,
De l'antre redouté les soupiraux gémir.

Entre ces vieux appuis dont l'affreuse grand'salle
Soutient l'énorme poids de sa voûte infernale,
Est un pilier fameux (1), des plaideurs respecté,
Et toujours de Normands à midi fréquenté.
Là, sur des tas poudreux de sacs et de pratique,
Hurle tous les matins une Sibylle étique :
On l'appelle *Chicane*; et ce monstre odieux
Jamais pour l'équité n'eut d'oreilles ni d'yeux.
La Disette au teint blême, et la triste Famine,
Les Chagrins dévorans, et l'infâme Ruine,
Enfans infortunés de ses raffinemens,
Troublent l'air d'alentour de longs gémissemens.
Sans cesse feuilletant les lois et la coutume,
Pour consumer autrui, le monstre se consume;
Et, dévorant maisons, palais, châteaux entiers,
Rend pour des monceaux d'or de vains tas de papiers.
Sous le coupable effort de sa noire insolence,
Thémis a vu cent fois chanceler sa balance.
Incessamment il va de détour en détour :
Comme un hibou, souvent il se dérobe au jour :
Tantôt, les yeux en feu, c'est un lion superbe;
Tantôt, humble serpent, il se glisse sur l'herbe.
En vain, pour le dompter, le plus juste des Rois
Fit régler le chaos des ténébreuses lois :
Ses griffes, vainement par Pussort (2) accourcies,
Se ralongent déjà, toujours d'encre noircies;
Et ses ruses, perçant et digues et remparts,
Par cent brèches déjà rentrent de toutes parts.
 Le vieillard humblement l'aborde et le salue ;
Et faisant, avant tout, briller l'or à sa vue :

(1) Le pilier des consultations.
(2) Conseiller d'état, qui a le plus contribué à faire le code.

Reine des longs procès, dit-il, dont le savoir
Rend la force inutile, et les lois sans pouvoir,
Toi, pour qui dans le Mans le laboureur moissonne,
Pour qui naissent à Caen tous les fruits de l'automne :
Si, dès mes premiers ans, heurtant tous les mortels,
L'encre a toujours pour moi coulé sur tes autels,
Daigne encor me connoître en ma maison dernière.
D'un Prélat qui t'implore exauce la prière.
Un rival orgueilleux, de sa gloire offensé,
A détruit le lutrin par nos mains redressé.
Épuise en sa faveur ta science fatale :
Du digeste et du code ouvre-nous le dédale ;
Et montre-nous cet art, connu de tes amis,
Qui, dans ses propres lois, embarrasse Thémis.

   La Sibylle, à ces mots, déjà hors d'elle-même,
Fait lire sa fureur sur son visage blême,
Et, pleine du démon qui la vient oppresser,
Par ces mots étonnans tâche à le repousser :

   Chantres, ne craignez plus une audace insensée.
Je vois, je vois au chœur la masse replacée :
Mais il faut des combats. Tel est l'arrêt du sort.
Et surtout évitez un dangereux accord.

   Là bornant son discours, encor toute écumante,
Elle souffle aux guerriers l'esprit qui la tourmente ;
Et dans leurs cœurs brûlans de la soif de plaider
Verse l'amour de nuire, et la peur de céder.

   Pour tracer à loisir une longue requête,
A retourner chez soi leur brigade s'apprête.
Sous leurs pas diligens le chemin disparoît,
Et le pilier, loin d'eux, déjà baisse et décroît.

   Loin du bruit cependant les chanoines à table
Immolent trente mets à leur faim indomptable.
Leur appétit fougueux, par l'objet excité,

Parcourt tous les recoins d'un monstrueux pâté ;
Par le sel irritant la soif est allumée :
Lorsque d'un pied léger la prompte Renommée,
Semant par tout l'effroi, vient au Chantre éperdu
Conter l'affreux détail de l'oracle rendu.
Il se lève, enflammé de muscat et de bile,
Et prétend à son tour consulter la Sibylle.
Evrard a beau gémir du repas déserté,
Lui-même est au barreau par le nombre emporté.
Par les détours étroits d'une barrière oblique,
Ils gagnent les dégrés, et le perron antique
Où sans cesse, étalant bons et méchans écrits,
Barbin vend aux passans des auteurs à tout prix (1).

Là le Chantre à grand bruit arrive et se fait place,
Dans le fatal instant que, d'une égale audace,
Le Prélat et sa troupe, à pas tumultueux,
Descendoient du palais l'escalier tortueux.
L'un et l'autre rival, s'arrêtant au passage,
Se mesure des yeux, s'observe, s'envisage ;
Une égale fureur anime leurs esprits :
Tels deux fougueux taureaux (2), de jalousie épris,
Auprès d'une génisse au front large et superbe
Oubliant tous les jours le pâturage et l'herbe,
A l'aspect l'un de l'autre embrasés, furieux,
Déja le front baissé, se menacent des yeux.
Mais Evrard, en passant coudoyé par Boirude,
Ne sait point contenir son aigre inquiétude :
Il entre chez Barbin, et, d'un bras irrité,
Saisissant du Cyrus un volume écarté,
Il lance au sacristain le tome épouvantable.

(1) Barbin se piquoit de savoir vendre les plus méchans livres.
(2) Virgile, Géorg. liv. III, v. 215.

CHANT CINQUIÈME.

Boirude fuit le coup : le volume effroyable
Lui rase le visage, et, droit dans l'estomac,
Va frapper en sifflant l'infortuné Sidrac.
Le vieillard, accablé de l'horrible Artamène,
Tombe aux pieds du Prélat, sans pouls et sans haleine:
Sa troupe le croit mort, et chacun empressé
Se croit frappé du coup dont il le voit blessé.
Aussitôt contre Evrard vingt champions s'élancent;
Pour soutenir leur choc les chanoines s'avancent.
La Discorde triomphe, et du combat fatal
Par un cri donne en l'air l'effroyable signal.

   Chez le libraire absent tout entre, tout se mêle :
Les livres sur Evrard fondent comme la grêle
Qui, dans un grand jardin, à coups impétueux,
Abat l'honneur naissant des rameaux fructueux.
Chacun s'arme au hasard du livre qu'il rencontre :
L'un tient l'Edit d'amour, l'autre en saisit la Montre (1);
L'un prend le seul Jonas qu'on ait vu relié;
L'autre un Tasse français (2), en naissant oublié.
L'élève de Barbin, commis à la boutique,
Veut en vain s'opposer à leur fureur gothique;
Les volumes, sans choix à la tête jetés,
Sur le perron poudreux volent de tous côtés :
Là, près d'un Guarini, Térence tombe à terre;
Là, Xénophon dans l'air heurte contre un la Serre.
Oh! que d'écrits obscurs, de livres ignorés,
Furent en ce grand jour de la poudre tirés!
Vous en fûtes tirés, Almerinde et Simandre :
Et toi, rebut du peuple, inconnu Caloandre (3),
Dans ton repos, dit-on, saisi par Gaillerbois,

   (1) De Bonnecorse.
   (2) Traduction de le Clerc.
   (3) Roman Italien, traduit par Scuderi.

LE LUTRIN.

Tu vis le jour alors pour la première fois.
Chaque coup sur la chair laisse une meurtrissure :
Déjà plus d'un guerrier se plaint d'une blessure.
D'un Le Vayer épais Giraut est renversé :
Marineau, d'un Brébeuf à l'épaule blessé,
En sent par tout le bras une douleur amère,
Et maudit la Pharsale aux provinces si chère.
D'un Pinchêne in-quarto Dodillon étourdi
A long-temps le teint pâle et le cœur affadi.
Au plus fort du combat le chapelain Garagne,
Vers le sommet du front atteint d'un Charlemagne,
(Des vers de ce poëme effet prodigieux !)
Tout prêt à s'endormir, bâille, et ferme les yeux.
A plus d'un combattant la Clélie est fatale :
Girou dix fois par elle éclate et se signale.
Mais tout cède aux efforts du chanoine Fabri.
Ce guerrier, dans l'église aux querelles nourri,
Est robuste de corps, terrible de visage,
Et de l'eau dans son vin n'a jamais su l'usage.
Il terrasse lui seul et Guibert et Grasset,
Et Gorillon la basse, et Grandin le fausset,
Et Gerbais l'agréable, et Guerin l'insipide.
Des chantres désormais la brigade timide
S'écarte, et du palais regagne les chemins.
Telle, à l'aspect d'un loup, terreur des champs voisins,
Fuit d'agneaux effrayés une troupe bêlante :
Ou tels devant Achille, aux campagnes du Xanthe,
Les Troyens se sauvoient à l'abri de leurs tours.
Quand Brontin à Boirude adresse ce discours :

Illustre porte-croix, par qui notre bannière
N'a jamais en marchant fait un pas en arrière,
Un chanoine lui seul triomphant du Prélat
Du rochet à nos yeux ternira-t-il l'éclat ?
                                              Non,

Non, non : pour te couvrir de sa main redoutable (1),
Accepte de mon corps l'épaisseur favorable.
Viens, et, sous ce rempart, à ce guerrier hautain
Fait voler ce Quinault qui me reste à la main.
A ces mots, il lui tend le doux et tendre ouvrage.
Le Sacristain, bouillant de zèle et de courage,
Le prend, se cache, approche, et, droit entre les yeux,
Frappe du noble écrit l'athlète audacieux.
Mais c'est pour l'ébranler une foible tempête.
Le livre sans vigueur mollit contre sa tête.
Le Chanoine les voit, de colère embrasé :
Attendez, leur dit-il, couple lâche et rusé,
Et jugez si ma main, aux grands exploits novice,
Lance à mes ennemis un livre qui mollisse.
A ces mots il saisit un vieil Infortiat (2),
Grossi des visions d'Accurse et d'Alciat,
Inutile ramas de gothique écriture,
Dont quatre ais mal unis formoient la couverture,
Entouré à demi d'un vieux parchemin noir,
Où pendoit à trois clous un reste de fermoir.
Sur l'ais qui le soutient auprès d'un Avicenne (3),
Deux des plus forts mortels l'ébranleroient à peine :
Le Chanoine pourtant l'enlève sans effort,
Et, sur le couple pâle et déjà demi-mort,
Fait tomber à deux mains l'effroyable tonnerre.
Les guerriers de ce coup vont mesurer la terre,
Et, du bois et des clous meurtris et déchirés,
Long-temps, loin du perron, roulent sur les dégrés.

 Au spectacle étonnant de leur chûte imprévue,
Le Prélat pousse un cri qui pénètre la nue.

---

(1) Iliade, liv. VIII, v. 267.
(2) Livre de droit d'une grosseur énorme.
(3) Auteur arabe.

Il maudit dans son cœur le démon des combats,
Et de l'horreur du coup il recule six pas.
Mais bientôt rappelant son antique prouesse
Il tire du manteau sa dextre vengeresse ;
Il part, et, de ses doigts saintement alongés,
Bénit tous les passans, en deux files rangés.
Il sait que l'ennemi, que ce coup va surprendre,
Désormais sur ses pieds ne l'oseroit attendre,
Et déjà voit pour lui tout le peuple en courroux
Crier aux combattans : *profanes, à genoux !*
Le Chantre, qui de loin voit approcher l'orage,
Dans son cœur éperdu cherche en vain du courage :
Sa fierté l'abandonne, il tremble, il cède, il fuit.
Le long des sacrés murs sa brigade le suit :
Tout s'écarte à l'instant ; mais aucun n'en réchappe ;
Par tout le doigt vainqueur les suit et les rattrape.
Evrard seul, en un coin prudemment retiré,
Se croyoit à couvert de l'insulte sacré :
Mais le Prélat vers lui fait une marche adroite :
Il l'observe de l'œil ; et, tirant vers la droite,
Tout-d'un-coup tourne à gauche, et d'un bras fortuné
Bénit subitement le guerrier consterné.
Le Chanoine, surpris de la foudre mortelle,
Se dresse, et lève en vain une tête rebelle ;
Sur ses genoux tremblans il tombe à cet aspect,
Et donne à la frayeur ce qu'il doit au respect.
Dans le temple aussitôt le Prélat plein de gloire
Va goûter les doux fruits de sa sainte victoire :
Et de leur vain projet les chanoines punis,
S'en retournent chez eux, éperdus et bénis.

P. 291.

CHANT SIXIÈME.

Tandis que tout conspire à la guerre sacrée,
La Piété sincère, aux Alpes retirée (1),
Du fond de son désert entend les tristes cris
De ses sujets cachés dans les murs de Paris.
Elle quitte à l'instant sa retraite divine :
La Foi, d'un pas certain, devant elle chemine ;
L'Espérance au front gai l'appuie et la conduit ;
Et, la bourse à la main, la Charité la suit.
Vers Paris elle vole, et, d'une audace sainte,
Vient aux pieds de Thémis proférer cette plainte :
Vierge, effroi des méchans, appui de mes autels,
Qui, la balance en main, règles tous les mortels,
Ne viendrai-je jamais en tes bras salutaires
Que pousser des soupirs et pleurer mes misères !
Ce n'est donc pas assez qu'au mépris de tes lois
L'Hypocrisie ait pris et mon nom et ma voix ;
Que, sous ce nom sacré, par tout ses mains avares
Cherchent à me ravir crosses, mitres, tiares !
Faudra-t-il voir encor cent monstres furieux
Ravager mes états usurpés à tes yeux !
Dans les temps orageux de mon naissant empire,
Au sortir du baptême on couroit au martyre.
Chacun, plein de mon nom, ne respiroit que moi :
Le fidèle, attentif aux règles de sa loi,
Fuyant des vanités la dangereuse amorce,
Aux honneurs appelé, n'y montoit que par force :
Ces cœurs, que les bourreaux ne faisoient point frémir,
A l'offre d'une mitre étoient prêts à gémir ;
Et, sans peur des travaux, sur mes traces divines
Couroient chercher le ciel au travers des épines.

(1) La grande chartreuse, dans les Alpes.

Mais, depuis que l'Eglise eut, aux yeux des mortels,
De son sang en tous lieux cimenté ses autels,
Le calme dangereux succédant aux orages,
Une lâche tiédeur s'empara des courages :
De leur zèle brûlant l'ardeur se ralentit ;
Sous le joug des péchés leur foi s'appesantit :
Le moine secoua le cilice et la haire ;
Le chanoine indolent apprit à ne rien faire ;
Le prélat, par la brigue aux honneurs parvenu,
Ne sut plus qu'abuser d'un ample revenu ;
Et pour toutes vertus fit, au dos d'un carrosse,
A côté d'une mitre armorier sa crosse.
L'Ambition par tout chassa l'Humilité ;
Dans la crasse du froc logea la Vanité.
Alors de tous les cœurs l'union fut détruite.
Dans mes cloîtres sacrés la Discorde introduite
Y bâtit de mon bien ses plus sûrs arsenaux ;
Traîna tous mes sujets au pied des tribunaux.
En vain à ses fureurs j'opposai mes prières ;
L'insolente, à mes yeux, marcha sous mes bannières.
Pour comble de misère, un tas de faux docteurs
Vint flatter les péchés de discours imposteurs ;
Infectant les esprits d'exécrables maximes,
Voulut faire à Dieu même approuver tous les crimes.
Une servile peur tint lieu de charité ;
Le besoin d'aimer Dieu passa pour nouveauté :
Et chacun à mes pieds, conservant sa malice,
N'apporta de vertu que l'aveu de son vice.
    Pour éviter l'affront de ces noirs attentats,
J'allai chercher le calme au séjour des frimats,
Sur ces monts entourés d'une éternelle glace
Où jamais au printemps les hivers n'ont fait place.
Mais, jusques dans la nuit de mes sacrés déserts,

CHANT SIXIEME.

Le bruit de mes malheurs fait retentir les airs.
Aujourd'hui même encore une voix trop fidelle
M'a d'un triste désastre apporté la nouvelle :
J'apprends que, dans ce temple où le plus saint (1) des rois
Consacra tout le fruit de ses pieux exploits,
Et signala pour moi sa pompeuse largesse,
L'implacable Discorde et l'infâme Mollesse,
Foulant aux pieds les lois, l'honneur et le devoir,
Usurpent en mon nom le souverain pouvoir.
Souffriras-tu, ma sœur, une action si noire?
Quoi! ce temple, à ta porte, élevé pour ma gloire,
Où jadis des humains j'attirois tous les vœux,
Sera de leurs combats le théâtre honteux !
Non, non, il faut enfin que ma vengeance éclate :
Assez et trop long-temps l'impunité les flatte.
Prends ton glaive, et fondant sur ces audacieux,
Viens aux yeux des mortels justifier les cieux.

   Ainsi parle à sa sœur cette vierge enflammée :
La grâce est dans ses yeux d'un feu pur allumée.
Thémis sans différer lui promet son secours,
La flatte, la rassure, et lui tient ce discours :

   Chère et divine sœur, dont les mains secourables
Ont tant de fois séché les pleurs des misérables,
Pourquoi toi-même, en proie à tes vives douleurs,
Cherches-tu sans raison à grossir tes malheurs?
En vain de tes sujets l'ardeur est ralentie;
D'un ciment éternel ton église est bâtie,
Et jamais de l'enfer les noirs frémissemens
N'en sauroient ébranler les fermes fondemens.
Au milieu des combats, des troubles, des querelles,
Ton nom encor chéri vit au sein des fidelles.

(1) Saint Louis, fondateur de la sainte Chapelle.

Crois-moi, dans ce lieu même où l'on veut t'opprimer,
Le trouble qui t'étonne est facile à calmer :
Et, pour y rappeler la paix tant désirée,
Je vais t'ouvrir, ma sœur, une route assurée.
Prête-moi donc l'oreille, et retiens tes soupirs.
   Vers ce temple fameux, si cher à tes désirs,
Où le ciel fut pour toi si prodigue en miracles,
Non loin de ce palais où je rends mes oracles,
Est un vaste séjour des mortels révéré,
Et de cliens soumis à toute heure entouré.
Là, sous le faix pompeux de ma pourpre honorable,
Veille au soin de ma gloire un homme incomparable (1).
Ariste, dont le Ciel et Louis ont fait le choix
Pour régler ma balance et dispenser mes lois.
Par lui dans le barreau sur mon trône affermie,
Je vois hurler en vain la chicane ennemie :
Par lui la vérité ne craint plus l'imposteur,
Et l'orphelin n'est plus dévoré du tuteur.
Mais pourquoi vainement t'en retracer l'image ?
Tu le connois assez ; Ariste est ton ouvrage.
C'est toi qui le formas dès ses plus jeunes ans :
Son mérite sans tache est un de tes présens.
Tes divines leçons, avec le lait sucées,
Allumèrent l'ardeur de ses nobles pensées.
Aussi son cœur, pour toi brûlant d'un si beau feu,
N'en fit point dans le monde un lâche désaveu ;
Et son zèle hardi, toujours prêt à paroître,
N'alla point se cacher dans les ombres d'un cloître.
Va le trouver, ma sœur : à ton auguste nom,
Tout s'ouvrira d'abord en sa sainte maison.
Ton visage est connu de sa noble famille ;

(1) M. de Lamoignon, premier président.

CHANT SIXIÈME.

Tout y garde tes lois, enfans, sœur, femme, fille.
Tes yeux d'un seul regard sauront le pénétrer;
Et, pour obtenir tout, tu n'as qu'à te montrer.

Là s'arrête Thémis. La Piété charmée
Sent renaître la joie en son âme calmée.
Elle court chez Ariste; et s'offrant à ses yeux:

Que me sert, lui dit-elle, Ariste, qu'en tous lieux
Tu signales pour moi ton zèle et ton courage,
Si la Discorde impie à ta porte m'outrage?
Deux puissans ennemis, par elle envenimés,
Dans ces murs, autrefois si saints, si renommés,
A mes sacrés autels font un profane insulte,
Remplissent tout d'effroi, de trouble et de tumulte.
De leur crime à leurs yeux va-t'en peindre l'horreur:
Sauve-moi, sauve-les de leur propre fureur.

Elle sort à ces mots. Le héros en prière
Demeure tout couvert de feux et de lumière.
De la céleste fille il reconnoît l'éclat,
Et mande au même instant le Chantre et le Prélat.

Muse, c'est à ce coup que mon esprit timide
Dans sa course élevée a besoin qu'on le guide,
Pour chanter par quels soins, par quels nobles travaux,
Un mortel sut fléchir ces superbes rivaux.

Mais plutôt, toi qui fis ce merveilleux ouvrage,
Ariste, c'est à toi d'en instruire notre âge.
Seul tu peux révéler par quel art tout-puissant
Tu rendis tout-à-coup le Chantre obéissant.
Tu sais par quel conseil rassemblant le chapitre
Lui-même, de sa main, reporta le pupitre;
Et comment le Prélat, de ses respects content,
Le fit du banc fatal enlever à l'instant.
Parle donc: c'est à toi d'éclaircir ces merveilles.
Il me suffit pour moi d'avoir su, par mes veilles,

Jusqu'au sixième chant pousser ma fiction,
Et fait d'un vain pupitre un second Ilion.
Finissons. Aussi-bien, quelque ardeur qui m'inspire,
Quand je songe au héros qui me reste à décrire,
Qu'il faut parler de toi, mon esprit éperdu
Demeure sans parole, interdit, confondu.
   Ariste, c'est ainsi qu'en ce sénat illustre
Où Thémis, par tes soins, reprend son premier lustre,
Quand, la première fois, un athlète nouveau
Vient combattre en champ clos aux joûtes du barreau,
Souvent sans y penser ton auguste présence
Troublant par trop d'éclat sa timide éloquence,
Le nouveau Cicéron, tremblant, décoloré,
Cherche en vain son discours sur sa langue égaré :
En vain, pour gagner temps, dans ses transes affreuses,
Traîne d'un dernier mot les syllabes honteuses ;
Il hésite, il bégaie ; et le triste orateur
Demeure enfin muet aux yeux du spectateur (1).

  (1) L'orateur demeurant muet, il n'y a plus d'auditeurs : il reste seulement des spectateurs.

ODES;
ÉPIGRAMMES;
ET
POÉSIES DIVERSES.

DISCOURS SUR L'ODE.

L'Ode suivante a été composée à l'occasion de ces étranges dialogues (1) qui ont paru depuis quelque temps, où tous les plus grands écrivains de l'antiquité sont traités d'esprits médiocres, de gens à être mis en parallèle avec les Chapelains et avec les Cotins, et où, voulant faire honneur à notre siècle, on l'a en quelque sorte diffamé, en faisant voir qu'il s'y trouve des hommes capables d'écrire des choses si peu sensées. Pindare y est des plus maltraités. Comme les beautés de ce poëte sont extrêmement renfermées dans sa langue, l'auteur de ces dialogues, qui vraisemblablement ne sait point de grec, et qui n'a lu Pindare que dans des traductions latines assez défectueuses, a pris pour galimatias, tout ce que la foiblesse de ses lumières ne lui permettoit pas de comprendre. Il a surtout traité de ridicules ces endroits merveilleux où le poëte, pour marquer un esprit entièrement hors de soi, rompt quelquefois de dessein formé la suite de son discours; et afin de mieux entrer dans la raison, sort, s'il faut ainsi parler, de la raison même, évitant avec grand soin cet ordre méthodique et ces exactes liaisons de sens qui ôteroient l'ame à la poësie lyrique. Le censeur dont je parle n'a pas pris garde qu'en attaquant ces nobles hardiesses de Pindare, il donnoit lieu de croire qu'il n'a jamais conçu le sublime des pseaumes de

(1) Parallèle des anciens et des modernes, en forme de dialogues.

David, où, s'il est permis de parler de ces saints cantiques à propos de choses si profanes, il y a beaucoup de ces sens rompus, qui servent même quelquefois à en faire sentir la divinité. Ce critique, selon toutes les apparences, n'est pas fort convaincu du précepte que j'ai avancé dans mon Art poëtique, à propos de l'Ode :

Son style impétueux souvent marche au hasard :
Chez elle un beau désordre est un effet de l'art.

Ce précepte effectivement, qui donne pour règle de ne point garder quelquefois de règles, est un mystère de l'art, qu'il n'est pas aisé de faire entendre à un homme sans aucun goût, qui croit que la Clélie et nos opéra sont les modèles du genre sublime; qui trouve Térence fade, Virgile froid, Homère de mauvais sens, et qu'une espèce de bizarrerie d'esprit rend insensible à tout ce qui frappe ordinairement les hommes. Mais ce n'est pas ici le lieu de lui montrer ses erreurs; on le fera peut-être plus à propos un de ces jours dans quelque autre ouvrage.

Pour revenir à Pindare, il ne seroit pas difficile d'en faire sentir les beautés à des gens qui se seroient un peu familiarisé le grec. Mais comme cette langue est aujourd'hui assez ignorée de la plupart des hommes, et qu'il n'est pas possible de leur faire voir Pindare dans Pindare même, j'ai cru que je ne pouvois mieux justifier ce grand poëte, qu'en tâchant de faire une Ode en françois à sa manière, c'est-à-dire, pleine de mouvemens et de transports, où l'esprit parût plutôt entraîné du démon de la poësie, que guidé par la raison. C'est le but que je me suis proposé dans l'Ode qu'on va voir. J'ai pris pour sujet la prise de Namur, comme la plus grande action de guerre qui se soit faite de nos jours, et comme la matière la plus propre à échauffer l'imagination d'un poëte. J'y ai jeté, autant que j'ai pu, la magnificence des mots ; et, à l'exemple des anciens poëtes dithyrambiques, j'y ai employé les figures les plus audacieuses, jusqu'à y faire un astre de la plume blanche que le Roi porte ordinairement à son chapeau, et qui est en effet comme une espèce de comète fatale à nos ennemis, qui se jugent perdus dès qu'ils l'aperçoivent. Voilà le dessein de cet ouvrage. Je ne réponds pas d'y avoir réussi ; et je ne sais si le public, accoutumé aux sages emportemens de Malherbe, s'accommodera de ces saillies et de ces excès pindariques. Mais, supposé que j'y aie échoué, je m'en consolerai du moins par le commencement de cette fameuse Ode latine d'Horace, *Pindarum quisquis studet aemulari*, etc. où Horace donne assez à entendre que s'il eût voulu lui-même s'élever à la hauteur de Pindare, il se seroit cru en grand hasard de tomber.

Au reste, comme, parmi les Épigrammes qui sont imprimées à la suite de cette Ode, on trouvera encore une autre petite Ode de ma façon que je n'avois point jusqu'ici insérée dans mes écrits ; je suis bien aise, pour ne me point brouiller avec les Anglois d'aujourd'hui, de faire ici ressouvenir le lecteur que les Anglois que j'attaque dans ce petit poëme, qui est un ouvrage de ma première jeunesse, sont les Anglois du temps de Cromwel.

J'ai joint aussi à ces Épigrammes un arrêt burlesque, donné au Parnasse, que j'ai composé autrefois, afin de prévenir un arrêt très-sérieux, que l'Université songeoit à obtenir du Parlement, contre ceux qui enseigneroient dans les écoles de philosophie d'autres principes que ceux d'Aristote. La plaisanterie y descend un peu bas, et est toute dans les termes de la pratique. Mais il falloit qu'elle fût ainsi, pour faire son effet, qui fut très-heureux, et obligea, pour ainsi dire, l'Université à supprimer la requête qu'elle alloit présenter (1).

Ridiculum acri
Fortiùs ac meliùs magnas plerumque secat res.

(1) Cet arrêt est dans le second volume

ODE
SUR LA PRISE DE NAMUR.

Quelle docte et sainte ivresse
Aujourd'hui me fait la loi ?
Chastes nymphes du Permesse,
N'est-ce pas vous que je voi ?
Accourez, troupe savante ;
Des sons que ma lyre enfante
Ces arbres sont réjouis.
Marquez-en bien la cadence:
Et vous, vents, faites silence ;
Je vais parler de Louis.

Dans ses chansons immortelles,
Comme un aigle audacieux,
Pindare, étendant ses ailes,
Fuit loin des vulgaires yeux.
Mais, ô ma fidelle lyre,
Si, dans l'ardeur qui m'inspire,
Tu peux suivre mes transports,
Les chênes des monts (1) de Thrace
N'ont rien ouï que n'efface
La douceur de tes accords.

Est-ce Apollon et Neptune
Qui, sur ces rocs sourcilleux,
Ont, compagnons de fortune (2)
Bâti ces murs orgueilleux ?

(1) Hémus, Rhodope et Pangée.
(2) Ils s'étoient loués à Laomédon pour rebâtir les murs de Troie.

De leur enceinte fameuse
La Sambre, unie à la Meuse,
Défend le fatal abord :
Et, par cent bouches horribles,
L'airain sur ces monts terribles
Vomit le fer et la mort.

Dix mille vaillans Alcides,
Les bordant de toutes parts,
D'éclairs au loin homicides
Font petiller leurs remparts :
Et, dans son sein infidèle,
Par-tout la terre y recèle
Un feu prêt à s'élancer,
Qui, soudain perçant son gouffre,
Ouvre un sépulcre de soufre
A quiconque ose avancer.

Namur, devant tes murailles
Jadis la Grèce eût, vingt ans,
Sans fruit vu les funérailles
De ses plus fiers combattans.
Quelle effroyable puissance
Aujourd'hui pourtant s'avance,
Prête à foudroyer tes monts !
Quel bruit, quel feu l'environne !
C'est Jupiter en personne,
Ou c'est le vainqueur de Mons.

N'en doute point, c'est lui-même ;
Tout brille en lui, tout est roi.
Dans Bruxelles Nassau blême
Commence à trembler pour toi.
En vain il voit le Batave,

Désormais

ODES.

Désormais docile esclave,
Rangé sous ses étendards:
En vain au lion belgique
Il voit l'aigle germanique
Uni sous les léopards.

Plein de la frayeur nouvelle
Dont ses sens sont agités,
A son secours il appelle
Les peuples les plus vantés :
Ceux-là viennent du rivage
Où s'énorgueillit le Tage
De l'or qui roule en ses eaux;
Ceux-ci, des champs où la neige
Des marais de la Norwége
Neuf mois couvre les roseaux.

Mais qui fait enfler la Sambre ?
Sous les Gémeaux effrayés (1),
Des froids torrens de décembre
Les champs par tout sont noyés.
Cérès s'enfuit éplorée
De voir en proie à Borée
Ses guérets d'épis chargés,
Et, sous les urnes fangeuses
Des Hyades orageuses,
Tous ses trésors submergés.

Déployez toutes vos rages,
Princes, vents, peuples, frimats;
Ramassez tous vos nuages,
Rassemblez tous vos soldats :

(1) Le siége se fit au mois de juin, et il tomba durant ce temps des pluies continuelles.

ODES.

Malgré vous, Namur en poudre,
S'en va tomber sous la foudre
Qui dompta Lille, Courtray,
Gand la superbe Espagnole,
Saint-Omer, Besançon, Dole,
Ypres, Mastricht et Cambray.

Mes présages s'accomplissent :
Il commence à chanceler ;
Sous les coups qui retentissent
Ses murs s'en vont s'écrouler.
Mars en feu, qui les domine,
Souffle à grand bruit leur ruine ;
Et les bombes, dans les airs
Allant chercher le tonnerre,
Semblent, tombant sur la terre,
Vouloir s'ouvrir les enfers.

Accourez, Nassau, Bavière,
De ces murs l'unique espoir:
A couvert d'une rivière,
Venez, vous pouvez tout voir.
Considérez ces approches :
Voyez grimper sur ces roches
Ces athlètes belliqueux ;
Et dans les eaux, dans la flamme,
Louis, à tout donnant l'ame,
Marcher, courir avec eux,

Contemplez dans la tempête
Qui sort de ces boulevards
La plume (1) qui sur sa tête
Attire tous les regards.

(1) Le Roi portoit toujours à l'armée une plume blanche.

ODES.

A cet astre (1) redoutable
Toujours un sort favorable
S'attache dans les combats;
Et toujours avec la gloire
Mars amenant la victoire
Vole, et le suit à grands pas.

Grands défenseurs de l'Espagne,
Montrez-vous, il en est temps.
Courage! vers la Méhagne (2)
Voilà vos drapeaux flottans.
Jamais ses ondes craintives
N'ont vu sur leurs foibles rives
Tant de guerriers s'amasser.
Courez donc; qui vous retarde?
Tout l'univers vous regarde:
N'osez-vous la traverser?

Loin de fermer le passage
A vos nombreux bataillons,
Luxembourg a du rivage
Reculé ses pavillons.
Quoi! leur seul aspect vous glace!
Où sont ces chefs pleins d'audace,
Jadis si prompts à marcher,
Qui devoient, de la Tamise
Et de la Drave (3) soumise,
Jusqu'à Paris nous chercher?

Cependant l'effroi redouble
Sur les remparts de Namur:

(1) Homère, Iliade, liv. XIX, v. 381, dit que l'aigrette d'Achille étinceloit comme un astre.
(2) Rivière près de Namur.
(3) Rivière qui passe à Belgrade en Hongrie.

Son gouverneur, qui se trouble,
S'enfuit sous son dernier mur.
Déjà jusques à ses portes
Je vois monter nos cohortes
La flamme et le fer en main ;
Et sur les monceaux de piques,
De corps morts, de rocs, de briques,
S'ouvrir un large chemin.

C'en est fait. Je viens d'entendre
Sur ces rochers éperdus
Battre un signal pour se rendre.
Le feu cesse : ils sont rendus.
Dépouillez votre arrogance,
Fiers ennemis de la France ;
Et, désormais gracieux,
Allez à Liége, à Bruxelles,
Porter les humbles nouvelles
De Namur pris à vos yeux.

Pour moi, que Phébus anime
De ses transports les plus doux,
Rempli de ce dieu sublime,
Je vais, plus hardi que vous,
Montrer que, sur le Parnasse,
Des bois fréquentés d'Horace
Ma muse dans son déclin
Sait encor les avenues,
Et des sources inconnues
A l'auteur du Saint-Paulin (1).

(1) Poëme héroïque de Perrault.

Sur un bruit qui courut, en 1656, que Cromwel et les Anglais alloient faire la guerre à la France (1).

Quoi! ce peuple aveugle en son crime,
Qui, prenant son roi pour victime,
Fit du trône un théâtre affreux,
Pense-t-il que le ciel, complice
D'un si funeste sacrifice,
N'a pour lui ni foudre ni feux?

Déjà sa flotte à pleines voiles,
Malgré les vents et les étoiles,
Veut maîtriser tout l'univers,
Et croit que l'Europe étonnée
A son audace forcenée
Va céder l'empire des mers.

Arme-toi, France; prends la foudre:
C'est à toi de réduire en poudre
Ces sanglans ennemis des lois.
Suis la victoire qui t'appelle,
Et va sur ce peuple rebelle
Venger la querelle des rois.

Jadis on vit ces parricides
Aidés de nos soldats perfides,
Chez nous, au comble de l'orgueil,
Briser tes plus fortes murailles,
Et, par le gain de vingt batailles,
Mettre tous tes peuples en deuil.

(1) Je n'avois que dix-huit ans quand je fis cette Ode; mais je l'ai raccommodée.

Mais bientôt le ciel en colère,
Par la main d'une humble bergère
Renversant tous leurs bataillons,
Borna leurs succès et nos peines :
Et leurs corps, pourris dans nos plaines,
N'ont fait qu'engraisser nos sillons.

ÉPIGRAMMES.

I. *A un Médecin.*

Oui, j'ai dit dans mes vers qu'un célèbre assassin,
Laissant de Gallien la science infertile,
D'ignorant médecin devint maçon habile :
Mais de parler de vous je n'eus jamais dessein,
  Perrault ; ma muse est trop correcte.
Vous êtes, je l'avoue, ignorant médecin,
  Mais non pas habile architecte.

II. *A Racine.*

 Racine, plains ma destinée.
 C'est demain la triste journée
 Où le prophête Desmarets,
 Armé de cette même foudre
 Qui mit le Port-Royal en poudre,
 Va me percer de mille traits.
 C'en est fait, mon heure est venue.
 Non que ma muse, soutenue
 De tes judicieux avis,
 N'ait assez de quoi le confondre :
 Mais, cher ami, pour lui répondre,
 Hélas ! il faut lire Clovis (1) !

III. *Contre Saint-Sorlin.*

 Dans le palais hier Bilain
 Vouloit gager contre Ménage
 Qu'il étoit faux que Saint-Sorlin
 Contre Arnauld eût fait un ouvrage.

(1) Poëme de Desmarets, ennuyeux à la mort.

Il en a fait, j'en sais le temps,
Dit un des plus fameux libraires.
Attendez..... C'est depuis vingt ans.
On en tira cent exemplaires.
C'est beaucoup! dis-je en m'approchant,
La pièce n'est pas si publique.
Il faut compter, dit le marchand,
Tout est encor dans ma boutique.

IV. *A Pradon et Bonnecorse, qui firent en même temps paroître contre moi chacun un volume d'injures.*

Venez, Pradon et Bonnecorse,
Grands écrivains de même force,
De vos vers recevoir le prix :
Venez prendre dans mes écrits
La place que vos noms demandent.
Linière et Perrin vous attendent.

V. *Sur une satire très-mauvaise que l'abbé Cotin avoit faite, et qu'il faisoit courir sous mon nom.*

En vain par mille et mille outrages
Mes ennemis, dans leurs ouvrages,
Ont cru me rendre affreux aux yeux de l'univers.
Cotin, pour décrier mon style,
A pris un chemin plus facile :
C'est de m'attribuer ses vers.

VI. *Contre le même.*

A quoi bon tant d'efforts, de larmes et de cris,
Cotin, pour faire ôter ton nom de mes ouvrages ?
Si tu veux du public éviter les outrages,
Fais effacer ton nom de tes propres écrits.

ÉPIGRAMMES.

VII. *Contre un Athée.*

ALIDOR, assis (1) dans sa chaise,
Médisant du ciel à son aise,
Peut bien médire aussi de moi.
Je ris de ses discours frivoles :
On sait fort bien que ses paroles
Ne sont pas articles de foi.

VIII. *Vers en style de Chapelain, pour mettre à la fin de son poëme de la* Pucelle.

MAUDIT soit l'auteur dur, dont l'âpre et rude verve,
Son cerveau tenaillant, rima malgré Minerve ;
Et, de son lourd marteau martelant le bon sens,
A fait de méchans vers douze fois douze cents (2) !

IX.

DE six amans contens et non jaloux,
Qui tour-à-tour servoient madame Claude,
Le moins volage étoit Jean, son époux :
Un jour pourtant, d'humeur un peu trop chaude,
Serroit de près sa servante aux yeux doux,
Lorsqu'un des six lui dit : Que faites-vous ?
Le jeu n'est sûr avec cette ribaude.
Ah ! voulez-vous, Jean-Jean, nous gâter tous ?

X. *A Climène.*

TOUT me fait peine,
Et depuis un jour
Je crois, Climène,
Que j'ai de l'amour.

---

(1) Il étoit tellement goutteux qu'il ne pouvoit marcher.
(2) La *Pucelle* a douze livres, chacun de douze cents vers.

Cette nouvelle
Vous met en courroux.
Tout beau, cruelle;
Ce n'est pas pour vous.

XI. *Épitaphe.*

Ci gît, justement regretté,
Un savant homme sans science,
Un gentilhomme sans naissance,
Un très-bon homme sans bonté.

XII. *Imitation de Martial.*

Paul, ce grand médecin, l'effroi de son quartier,
Qui causa plus de maux que la peste et la guerre,
Est curé maintenant, et met les gens en terre.
Il n'a point changé de métier.

XIII. *Sur une harangue d'un magistrat dans laquelle les procureurs étoient fort maltraités.*

Lorsque, dans ce sénat à qui tout rend hommage,
Vous haranguez en vieux langage,
Paul, j'aime à vous voir, en fureur,
Gronder maint et maint procureur;
Car leurs chicanes sans pareilles
Méritent bien ce traitement.
Mais que vous ont fait nos oreilles,
Pour les traiter si rudement?

XIV. *Sur l'Agésilas de Corneille.*

J'ai vu l'Agésilas.
Hélas !

XV. *Sur l'Attila du même auteur.*

Après l'Agésilas,
  Hélas!
Mais après l'Attila,
  Hola.

XVI. *Sur la manière de réciter du poëte Santeuil.*

Quand j'aperçois sous ce portique
Ce moine au regard fanatique,
Lisant ses vers audacieux,
Faits pour les habitans des cieux (1),
Ouvrir une bouche effroyable,
S'agiter, se tordre les mains,
Il me semble en lui voir le diable,
Que Dieu force à louer les Saints.

XVII. *Sur la fontaine de Bourbon, où l'auteur étoit allé prendre les eaux, et où il trouva un poëte médiocre qui lui montra des vers de sa façon.*

Il s'adresse à la fontaine.

Oui, vous pouvez chasser l'humeur apoplectique,
Rendre le mouvement au corps paralytique,
Et guérir tous les maux les plus invétérés,
Mais quand je lis ces vers par votre onde inspirés,
  Il me paroît, admirable Fontaine,
Que vous n'eûtes jamais la vertu d'Hippocrène.

XVIII. *L'amateur d'horloges.*

Sans cesse autour de six pendules,
De deux montres, de trois cadrans,

---

(1) Il a fait des hymnes latines à la louange des saints.

Lubin, depuis trente et quatre ans,
Occupe ses soins ridicules.
Mais à ce métier, s'il vous plaît,
A-t-il acquis quelque science ?
Sans doute ; et c'est l'homme de France
Qui sait le mieux l'heure qu'il est.

XIX. *Sur ce qu'on avoit lu à l'Académie des vers contre Homère et contre Virgile.*

Clio vint l'autre jour se plaindre au dieu des vers
Qu'en certain lieu de l'univers
On traitoit d'auteurs froids, de poëtes stériles,
Les Homères et les Virgiles. —
Cela ne sauroit être, on s'est moqué de vous,
Reprit Apollon en courroux :
Où peut-on avoir dit une telle infamie ?
Est-ce chez les Hurons, chez les Topinambous ?
C'est à Paris. C'est donc dans l'hôpital des fous ?
Non, c'est au Louvre, en pleine Académie.

XX. *Sur le même sujet.*

J'ai traité de Topinambous
Tous ces beaux censeurs, je l'avoue,
Qui, de l'antiquité si follement jaloux,
Aiment tout ce qu'on hait, blâment tout ce qu'on loue :
Et l'Académie, entre nous,
Souffrant chez soi de si grands fous,
Me semble un peu Topinamboue.

XXI. *Sur le même sujet.*

Ne blâmez pas Perrault de condamner Homère,
Virgile, Aristote, Platon.
Il a pour lui monsieur son frère,

ÉPIGRAMMES.

G... N... Lavau, Caligula, Néron,
  Et le gros Charpentier, dit-on.

XXII. *A Perrault, sur les livres qu'il a fait contre les anciens.*

Pour quelque vain discours sottement avancé
Contre Homère, Platon, Cicéron ou Virgile,
Caligula par tout fut traité d'insensé,
Néron de furieux, Adrien d'imbécille.
  — Vous donc qui, dans la même erreur,
Avec plus d'ignorance et non moins de fureur,
Attaquez ces héros de la Grèce et de Rome,
  Perrault, fussiez-vous empereur,
  Comment voulez-vous qu'on vous nomme?

XXIII. *Sur le même sujet.*

D'où vient que Cicéron, Platon, Virgile, Homère,
Et tous ces grands auteurs que l'univers révère,
Traduits dans vos écrits nous paroissent si sots?
Perrault, c'est qu'en prêtant à ces esprits sublimes
Vos façons de parler, vos bassesses, vos rimes,
  Vous les faites tous des Perraults.

XXIV. *Au même.*

  Ton oncle, dis-tu, l'assassin
  M'a guéri d'une maladie:
La preuve qu'il ne fut jamais mon médécin,
  C'est que je suis encore en vie.

XXV. *Au même.*

Le bruit court que Bacchus, Junon, Jupiter, Mars,
  Apollon le dieu des beaux arts,

ÉPIGRAMMES.

XXIX. *Réplique à une épigramme faite au nom des mêmes journalistes.*

Non, pour montrer que Dieu veut être aimé de nous,
Je n'ai rien emprunté de Perse ni d'Horace,
Et je n'ai point suivi Juvénal à la trace.
Car, bien qu'en leurs écrits ces auteurs, mieux que vous,
Attaquent les erreurs dont nos ames sont ivres;
    La nécessité d'aimer Dieu
Ne s'y trouve jamais prêchée en aucun lieu,
    Mes Pères, non plus qu'en vos livres.

XXX. *Sur le livre des flagellans, composé par mon frère le docteur de Sorbonne.*

AUX MÊMES.

Non, le livre des Flagellans
N'a jamais condamné, lisez-le bien, mes Pères,
    Ces rigidités salutaires
Que, pour ravir le ciel, saintement violens,
Exercent sur leurs corps tant de chrétiens austères.
Il blâme seulement cet abus odieux
    D'étaler et d'offrir aux yeux
Ce que leur doit toujours cacher la bienséance;
Et combat vivement la fausse piété
Qui, sous couleur d'éteindre en nous la volupté,
Par l'austérité même et par la pénitence
Sait allumer le feu de la lubricité.

POÉSIES DIVERSES.

STANCES A MOLIÈRE,

Sur sa comédie de l'Ecole des femmes, que plusieurs gens frondoient.

EN vain mille jaloux esprits,
Molière, osent avec mépris
Censurer ton plus bel ouvrage :
Sa charmante naïveté
S'en va pour jamais, d'âge en âge,
Divertir la postérité.

Que tu ris agréablement !
Que tu badines savamment !
Celui qui sut vaincre Numance (1),
Qui mit Carthage sous sa loi,
Jadis sous le nom de Térence,
Sut-il mieux badiner que toi ?

Ta muse avec utilité
Dit plaisamment la vérité ;
Chacun profite à ton école :
Tout en est beau, tout en est bon ;
Et ta plus burlesque parole
Est souvent un docte sermon.

Laisse gronder tes envieux :
Ils ont beau crier en tous lieux
Qu'en vain tu charmes le vulgaire,

(1) Scipion.

Que tes vers n'ont rien de plaisant.
Si tu savois un peu moins plaire,
Tu ne leur déplairois pas tant.

Sonnet sur une de mes parentes qui mourut toute jeune entre les mains d'un charlatan.

Nourri dès le berceau près de la jeune Orante,
Et non moins par le cœur que par le sang lié,
A ses jeux innocens enfant associé,
Je goûtois les douceurs d'une amitié charmante :

Quand un faux Esculape, à cervelle ignorante,
A la fin d'un long mal vainement pallié,
Rompant de ses beaux jours le fil trop délié,
Pour jamais me ravit mon aimable parente.

Oh ! qu'un si rude coup me fit verser de pleurs !
Bientôt, la plume en main signalant mes douleurs
Je demandai raison d'un acte si perfide.

Oui, j'en fis dès quinze ans ma plainte à l'univers ;
Et l'ardeur de venger ce barbare homicide
Fut le premier démon qui m'inspira des vers.

Autre Sonnet sur le même sujet.

Parmi les doux transports d'une amitié fidelle,
Je voyois près d'Iris couler mes heureux jours :
Iris que j'aime encore, et que j'aimai toujours,
Brûloit des mêmes feux dont je brûlois pour elle :

Quand, par l'ordre du ciel, une fièvre cruelle
M'enleva cet objet de mes tendres amours ;
Et, de tous mes plaisirs interrompant le cours,
Me laissa de regrets une suite éternelle.

Ah ! qu'un si rude coup étonna mes esprits !
Que je versai de pleurs ! que je poussai de cris !
De combien de douleurs ma douleur fut suivie !

Iris, tu fus alors moins à plaindre que moi :
Et, bien qu'un triste sort t'ait fait perdre la vie,
Hélas ! en te perdant j'ai perdu plus que toi.

FABLE D'ÉSOPE.

Le Bûcheron et la Mort.

Le dos chargé de bois, et le corps tout en eau,
Un pauvre bûcheron, dans l'extrême vieillesse,
Marchoit en haletant de peine et de détresse.
Enfin, las de souffrir, jetant-là son fardeau,
Plutôt que de s'en voir accablé de nouveau,
Il souhaite la Mort, et cent fois il l'appelle.
La Mort vint à la fin : que veux-tu ? cria-t-elle.
Qui ? moi ! dit-il alors prompt à se corriger :
    Que tu m'aides à me charger.

Le Débiteur reconnoissant.

    Je l'assistai dans l'indigence ;
    Il ne me rendit jamais rien.
    Mais, quoiqu'il me dût tout son bien,
    Sans peine il souffroit ma présence.
    Oh ! la rare reconnoissance !

Énigme.

Du repos des humains implacable ennemie (1),
J'ai rendu mille amans envieux de mon sort.
Je me repais de sang, et je trouve ma vie
Dans les bras de celui qui recherche ma mort.

(1) Une puce.

Vers pour mettre au-devant de la Macarise, roman allégorique de l'abbé d'Aubignac, où l'on expliquoit toute la morale des Stoïciens.

LACHES partisans d'Epicure,
Qui, brûlant d'une flamme impure,
Du portique (2) fameux fuyez l'austérité,
Souffrez qu'enfin la raison vous éclaire.
Ce roman plein de vérité
Dans la vertu la plus sévère
Vous peut faire aujourd'hui trouver la volupté.

Sur un portrait de Rossinante, cheval de Don Quichotte.

TEL fut ce roi des bons chevaux,
Rossinante, la fleur des coursiers d'Ibérie,
Qui, trottant jour et nuit et par monts et par vaux,
Galopa, dit l'histoire, une fois en sa vie.

Vers à mettre en chant.

VOICI les lieux charmans où mon ame ravie
Passoit à contempler Sylvie.
Ces tranquilles momens si doucement perdus.
Que je l'aimois alors ! que je la trouvois belle !
Mon cœur, vous soupirez au nom de l'infidelle :
Avez-vous oublié que vous ne l'aimez plus ?
C'est ici que souvent, errant dans les prairies,
Ma main des fleurs les plus chéries
Lui faisoit des présens si tendrement reçus.
Que je l'aimois alors ! que je la trouvois belle !
Mon cœur, vous soupirez au nom de l'infidelle :
Avez-vous oublié que vous ne l'aimez plus ?

(1) L'école de Zénon.

Chanson à boire, que je fis au sortir de mon cours de philosophie, à l'âge de dix-sept ans.

Philosophes rêveurs, qui pensez tout savoir,
Ennemis de Bacchus, rentrez dans le devoir :
   Vos esprits s'en font trop accroire.
  Allez, vieux fous, allez apprendre à boire.
   On est savant quand on boit bien :
   Qui ne sait boire ne sait rien.

S'il faut rire ou chanter au milieu d'un festin,
Un docteur est alors au bout de son latin :
   Un goinfre en a toute la gloire.
  Allez, vieux fous, allez apprendre à boire.
   On est savant quand on boit bien :
   Qui ne sait boire ne sait rien.

Chanson à boire, faite à Bâville, où étoit le P. Bourdaloue.

  Que Bâville me semble aimable,
  Quand des magistrats le plus grand
  Permet que Bacchus à sa table
  Soit notre premier président !

  Trois muses, en habit de ville,
  Y président à ses côtés :
  Et ses arrêts par Arbouville (1)
  Sont à plein verre exécutés.

  Si Bourdaloue un peu sévère
  Nous dit, craignez la volupté ;
  Escobar, lui dit-on, mon Père,
  Nous la permet pour la santé.

(1) Gentilhomme, parent du premier président.

Contre ce docteur authentique
Si du jeûne il prend l'intérêt,
Bacchus le déclare hérétique,
Et janséniste, qui pis est.

Sur Homère.

Quand, la dernière fois, dans le sacré vallon,
La troupe des neuf sœurs, par l'ordre d'Apollon,
 Lut l'Iliade et l'Odyssée ;
Chacune à les louer se montrant empressée :
Apprenez un secret qu'ignore l'univers,
 Leur dit alors le dieu des vers :
Jadis avec Homère, aux rives du Permesse,
Dans ce bois de lauriers où seul il me suivoit,
Je les fis toutes deux ; plein d'une douce ivresse,
 Je chantois, Homère écrivoit.

Vers pour mettre sous le buste du Roi, fait par Girardon, l'année que les Allemands prirent Belgrade.

C'est ce Roi si fameux dans la paix, dans la guerre,
Qui seul fait à son gré le destin de la terre.
Tout reconnoît ses lois, ou brigue son appui.
De ses nombreux combats le Rhin frémit encore ;
Et l'Europe en cent lieux a vu fuir devant lui
Tous ces héros si fiers que l'on voit aujourd'hui
Faire fuir l'Ottoman au-delà du Bosphore.

Vers pour mettre au bas d'un portrait du duc du Maine, alors encore enfant, et dont on avoit imprimé un petit volume de lettres, au-devant desquelles ce prince étoit peint en Apollon, avec une couronne sur sa tête.

        Quel est cet Apollon nouveau
        Qui, presque au sortir du berceau,
        Vient régner sur notre Parnasse ?
        Qu'il est brillant ! qu'il a de grâce !
Du plus grand des héros je reconnois le fils :
Il est déjà tout plein de l'esprit de son père ;
        Et le feu des yeux de sa mère
        A passé jusqu'en ses écrits.

Vers pour mettre au bas du portrait de mademoiselle de Lamoignon.

Aux sublimes vertus nourrie en sa famille,
        Cette admirable et sainte fille
En tous lieux signala son humble piété ;
Jusqu'aux climats où naît et finit la clarté (1),
Fit ressentir l'effet de ses soins secourables ;
Et, jour et nuit pour Dieu pleine d'activité,
Consuma son repos, ses biens et sa santé,
A soulager les maux de tous les misérables.

A madame la présidente de Lamoignon, sur le portrait du P. Bourdaloue qu'elle m'avoit envoyé.

Du plus grand orateur dont la chaire se vante
M'envoyer le portrait, illustre présidente,

---

(1) Mademoiselle de Lamoignon, sœur du premier président faisoit tenir de l'argent à beaucoup de missionnaires jusques dans les Indes orientales et occidentales.

C'est me faire un présent qui vaut mille présens.
J'ai connu Bourdaloue ; et dès mes jeunes ans
Je fis de ses sermons mes plus cheres délices.
Mais lui, de son côté, lisant mes vains caprices,
Des censeurs de Trévoux n'eut point pour moi les yeux.
Ma franchise surtout gagna sa bienveillance.
Enfin, après Arnauld, ce fut l'illustre en France
Que j'admirai le plus et qui m'aima le mieux.

Vers pour mettre au bas du portrait de Tavernier, le célèbre voyageur.

DE Paris à Delli (1), du couchant à l'aurore,
Ce fameux voyageur courut plus d'une fois :
De l'Inde et de l'Hydaspe (2) il fréquenta les Rois ;
Et sur les bords du Gange on le révère encore.
En tous lieux sa vertu fut son plus sûr appui ;
Et, bien qu'en nos climats de retour aujourd'hui
   En foule à nos yeux il présente
Les plus rares trésors que le soleil enfante (3),
Il n'a rien rapporté de si rare que lui.

Vers pour mettre au bas du portrait de mon père, greffier de la grand'chambre du parlement de Paris.

  CE greffier doux et pacifique
  De ses enfans au sang critique
  N'eut point le talent redouté :
  Mais, fameux par sa probité,
  Reste de l'or du siècle antique,
  Sa conduite, dans le palais

---

(1) Ville et royaume des Indes.
(2) Fleuve du même pays.
(3) Il étoit revenu des Indes avec près de trois millions en pierreries.

Par tout pour exemple citée,
Mieux que leur plume si vantée
Fit la satire des Rolets.

Épitaphe de la mère de l'auteur.

C'est elle qui parle.

Épouse d'un mari doux, simple, officieux,
Par la même douceur je sus plaire à ses yeux :
Nous ne sûmes jamais ni railler ni médire.
Passant, ne t'enquiers point si de cette bonté
Tous mes enfans ont hérité ;
Lis seulement ces vers, et garde-toi d'écrire.

Sur un frère aîné que j'avois, et avec qui j'étois brouillé.

De mon frère, il est vrai, les écrits sont vantés ;
Il a cent belles qualités :
Mais il n'a point pour moi d'affection sincère.
En lui je trouve un excellent auteur,
Un poëte agréable, un très-bon orateur :
Mais je n'y trouve point de frère.

Vers pour mettre sous le portrait de la Bruyère, au-devant de son livre des Caractères du temps.

C'est lui qui parle.

Tout esprit orgueilleux qui s'aime
Par mes leçons se voit guéri,
Et dans mon livre si chéri
Apprend à se haïr soi-même.

Épitaphe de M. Arnauld.

Au pied de cet autel de structure grossière,
Gît sans pompe, enfermé dans une vile bière,

Le plus savant mortel qui jamais ait écrit,
Arnauld, qui, sur la grâce instruit par Jésus-Christ,
Combattant pour l'Eglise, a, dans l'Eglise même,
Souffert plus d'un outrage et plus d'un anathême.
Plein du feu qu'en son cœur souffla l'Esprit divin,
Il terrassa Pélage, il foudroya Calvin,
De tous les faux docteurs confondit la morale.
Mais, pour fruit de son zèle, on l'a vu rebuté,
En cent lieux opprimé par leur noire cabale,
Errant, pauvre, banni, proscrit, persécuté ;
Et même par sa mort leur fureur mal éteinte
N'auroit jamais laissé ses cendres en repos,
Si Dieu lui-même ici de son ouaille sainte
A ces loups dévorans n'avoit caché les os.

Vers pour mettre au bas du portrait de M. Hamon, médecin.

Tout brillant de savoir, d'esprit et d'éloquence,
Il courut au désert chercher l'obscurité :
Aux pauvres consacra ses biens et sa science ;
Et, trente ans, dans le jeûne et dans l'austérité,
  Fit son unique volupté
  Des travaux de la pénitence.

Vers pour mettre au bas du portrait de Racine.

Du théâtre français l'honneur et la merveille,
Il sut ressusciter Sophocle en ses écrits ;
Et, dans l'art d'enchanter les cœurs et les esprits,
Surpasser Euripide, et balancer Corneille.

SUR MON PORTRAIT.

M. Le Verrier, mon illustre ami, ayant fait graver mon portrait par Drevet, célèbre graveur, fit mettre au bas de ce portrait quatre vers où l'on me fait ainsi parler :

Au joug de la raison asservissant la rime,
Et, même en imitant, toujours original,
J'ai su dans mes écrits, docte, enjoué, sublime,
Rassembler en moi Perse, Horace, et Juvénal.

A quoi j'ai répondu par ces vers :

Oui le Verrier, c'est là mon fidèle portrait;
    Et le graveur, en chaque trait,
A su très-finement tracer sur mon visage
De tout faux bel esprit l'ennemi redouté.
Mais, dans les vers pompeux qu'au bas de cet ouvrage
Tu me fais prononcer avec tant de fierté,
    D'un ami de la vérité
    Qui peut reconnoître l'image ?

Pour un autre portrait du même.

    Ne cherchez point comment s'appelle
    L'écrivain peint dans ce tableau :
A l'air dont il regarde et montre la Pucelle,
    Qui ne reconnoîtroit Boileau ?

Vers pour mettre au bas d'une méchante gravure qu'on a faite de moi.

Du célèbre Boileau tu vois ici l'image.
Quoi ! c'est là, diras-tu, ce critique achevé !
D'où vient le noir chagrin qu'on lit sur son visage ?
    C'est de se voir si mal gravé.

Sur le buste de marbre qu'a fait de moi Girardon,
premier sculpteur du Roi.

GRACE au Phidias de notre âge,
Me voilà sûr de vivre autant que l'univers :
Et, ne connût-on plus ni mon nom ni mes vers,
Dans ce marbre fameux taillé sur mon visage,
De Girardon toujours on vantera l'ouvrage.

AVERTISSEMENT
AU LECTEUR.

Madame de Montespan et madame de Thianges sa sœur, lasses des opéra de Quinault, proposèrent au Roi d'en faire faire un par Racine, qui s'engagea assez légèrement à leur donner cette satisfaction, ne songeant pas dans ce moment-là à une chose dont il étoit plusieurs fois convenu avec moi, qu'on ne peut jamais faire un bon opéra, parce que la musique ne sauroit narrer; que les passions n'y peuvent être peintes dans toute l'étendue qu'elles demandent; que d'ailleurs elle ne sauroit souvent mettre en chant les expressions vraiment sublimes et courageuses. C'est ce que je lui représentai quand il me déclara son engagement, et il m'avoua que j'avois raison; mais il étoit trop avancé pour reculer. Il commença dès-lors en effet un opéra, dont le sujet étoit la chûte de Phaéton. Il en fit même quelques vers qu'il récita au Roi, qui en parut content. Mais comme Racine n'entreprenoit cet ouvrage qu'à regret, il me témoigna résolument qu'il ne l'acheveroit point que je n'y travaillasse avec lui, et me déclara avant tout qu'il falloit que j'en composasse le prologue. J'eus beau lui représenter mon peu de talent pour ces sortes d'ouvrages; et que je n'avois jamais fait de vers d'amourette; il persista dans sa résolution, et me dit qu'il me le feroit ordonner par le Roi. Je songeai donc en moi-même à voir de quoi je serois capable, en cas que je fusse absolument obligé de travailler à un ouvrage si opposé à mon génie et à mon inclination. Ainsi, pour m'essayer, je traçai, sans en rien dire à personne, non pas même à Racine, le canevas d'un prologue, et j'en composai une première scène. Le sujet de cette scène étoit une dispute de la Poësie et de la Musique qui se querelloient sur l'excellence de leur art, et étoient enfin toutes prêtes à se séparer, lorsque tout-à-coup la déesse des accords, je veux dire l'*Harmonie*, descendoit du ciel avec tous ses charmes et tous ses agrémens, et les réconcilioit. Elle devoit dire ensuite la raison qui la faisoit venir sur la terre, qui n'étoit autre que de divertir le prince de l'univers le plus digne d'être servi, et à qui elle devoit le plus, puisque c'étoit lui qui la maintenoit dans la France, où elle régnoit en toutes choses. Elle ajoutoit ensuite que pour empêcher que quelque audacieux ne vînt troubler, en s'élevant contre un si grand prince, la gloire dont elle jouissoit avec lui, elle vouloit que dès aujourd'hui même, sans perdre de temps, on représentât sur la scène la chûte de l'ambitieux Phaéton. Aussitôt tous les poëtes et tous les musiciens, par son ordre, se retiroient et s'alloient habiller. Voilà le sujet de mon prologue, auquel je travaillai trois ou quatre jours avec un assez grand dégoût, tandis que Racine de son côté, avec non moins de dégoût, continuoit à disposer le plan de son opéra, sur lequel je lui prodiguois mes conseils. Nous étions occupés à ce misérable travail, dont je ne sais si nous nous serions bien tirés, lorsque tout-à-coup un heureux incident nous tira d'affaire. L'incident fut que Quinault s'étant présenté au Roi les larmes aux yeux, et lui ayant remontré l'affront qu'il alloit recevoir, s'il ne travailloit plus au divertissement de sa majesté; le Roi, touché de compassion, déclara franchement aux dames dont j'ai parlé, qu'il ne pouvoit se résoudre à lui donner ce déplaisir. *Sic nos servavit Apollo*. Nous retournâmes donc, Racine et moi, à notre premier emploi, et il ne fut plus mention de notre opéra, dont il ne resta que quelques vers de Racine, qu'on n'a point trouvé dans ses papiers après sa mort, et que vraisemblablement il avoit supprimés par délicatesse de conscience, à cause qu'il y étoit parlé d'amour. Pour moi, comme il n'étoit point question d'amourette dans la scène que j'avois composée, non-seulement je n'ai pas jugé à propos de la supprimer, mais je la donne, persuadé qu'elle fera plaisir aux lecteurs, qui ne seront peut-être pas fâchés de voir de quelle manière je m'y étois pris pour adoucir l'amertume et la force de ma poësie satirique, et pour me jeter dans le style doucereux. C'est de quoi ils pourront juger par le fragment que je leur présente ici, avec d'autant plus de confiance, qu'étant fort court, s'il ne les divertit, il ne leur laissera pas du moins le temps de s'ennuyer.

PROLOGUE.

PROLOGUE.

LA POÉSIE, LA MUSIQUE.

LA POÉSIE.

Quoi ! par de vains accords et des sons impuissans,
Vous croyez exprimer tout ce que je sais dire ?

LA MUSIQUE.

Aux doux transports qu'Apollon vous inspire
Je crois pouvoir mêler la douceur de mes chants.

LA POÉSIE.

Oui, vous pouvez au bord d'une fontaine
Avec moi soupirer une amoureuse peine,
Faire gémir Thyrsis, faire plaindre Climène.
Mais, quand je fais parler les héros et les dieux,
   Vos chants audacieux
Ne me sauroient prêter qu'une cadence vaine :
  Quittez ce soin ambitieux.

LA MUSIQUE.

Je sais l'art d'embellir vos plus rares merveilles.

LA POÉSIE.

On ne veut plus alors entendre votre voix.

LA MUSIQUE.

Pour entendre mes sons, les rochers et les bois
  Ont jadis trouvé des oreilles.

LA POÉSIE.

Ah ! c'en est trop, ma sœur, il faut nous séparer.
   Je vais me retirer :
Nous allons voir sans moi ce que vous saurez faire.

LA MUSIQUE.

  Je saurai divertir et plaire :
Et mes chants moins forcés n'en seront que plus doux.

PROLOGUE.

LA POÉSIE.

Hé bien, ma sœur, séparons-nous.

LA MUSIQUE.

Séparons-nous.

LA POÉSIE.

Séparons-nous.

CHŒUR DE POÈTES ET DE MUSICIENS.

Séparons-nous, séparons-nous.

LA POÉSIE.

Mais quelle puissance inconnue
Malgré moi m'arrête en ces lieux?

LA MUSIQUE.

Quelle divinité sort du sein de la nue?

LA POÉSIE.

Quels chants mélodieux
Font retentir ici leur douceur infinie?

LA MUSIQUE.

Ah! c'est la divine Harmonie
Qui descend des cieux!

LA POÉSIE.

Qu'elle étale à nos yeux
De grâces naturelles!

LA MUSIQUE.

Quel bonheur imprévu la fait ici revoir!

LA POÉSIE ET LA MUSIQUE.

Oublions nos querelles,
Il faut nous accorder pour la bien recevoir.

CHŒUR DE POÈTES ET DE MUSICIENS.

Oublions nos querelles,
Il faut nous accorder pour la bien recevoir.

POESIES LATINES.

EPIGRAMMA

in novum Causidicum, rustici lictoris filium.

Dum puer iste fero natus lictore perorat,
   Et clamat medio, stante parente, foro;
Quæris quid sileat circumfusa undique turba?
   Non stupet ob natum, sed timet illa patrem.

Alterum in Marullum, versibus Phaleucis antea malè laudatum.

Nostri quid placeant minùs Phaleuci,
Jamdudum tacitus, Marulle, quæro,
Cùm nec sint stolidi, nec inficeti,
Nec pingui nimium fluant Minervâ.
Tuas sed celebrant, Marulle, laudes:
O versus stolidos et inficetos !

SATIRA.

Quid numeris iterum me balbutire latinis
Longè Alpes citra natum de patre sicambro,
Musa, jubes? Istuc puero mihi profuit olim,
Verba mihi sævo nuper dictata magistro
Cùm pedibus certis conclusa referre docebas.
Utile tunc Smetium manibus sordescere nostris:
Et mihi sæpe udo volvendus pollice textor
Præbuit adsutis contexere carmina pannis.
Sic Maro, sic Flaccus, sic nostro sæpe Tibullus
Carmine disjecti, vano pueriliter ore
Bullatas nugas sese stupuere loquentes. . . .
. . . .

FIN DU TOME PREMIER.

www.ingramcontent.com/pod-product-compliance
Lightning Source LLC
Chambersburg PA
CBHW052115230426
43671CB00009B/1012